成都理工大学哲学社会科学研究基金重点项目（YJ2022-ZD014）资助

陈 兴 余正勇 等 / 著

乡村民宿助力乡村振兴：
探索与反思

Rural Homestays Contribute to Rural Revitalization:
Exploration and Reflection

中国财经出版传媒集团

经济科学出版社
Economic Science Press
·北京·

图书在版编目(CIP)数据

乡村民宿助力乡村振兴:探索与反思 / 陈兴等著 .
北京:经济科学出版社,2025.1. -- ISBN 978-7-5218-
6708-4

Ⅰ. F726.92;F320.3

中国国家版本馆 CIP 数据核字第 2025N33K00 号

责任编辑:杜　鹏　胡真子
责任校对:王京宁
责任印制:邱　天

乡村民宿助力乡村振兴:探索与反思
XIANGCUN MINSU ZHULI XIANGCUN ZHENXING;TANSUO YU FANSI

陈　兴　余正勇　等/著

经济科学出版社出版、发行　新华书店经销
社址:北京市海淀区阜成路甲 28 号　邮编:100142
编辑部电话:010-88191441　发行部电话:010-88191522
网址:www. esp. com. cn
电子邮箱:esp_bj@ 163. com
天猫网店:经济科学出版社旗舰店
网址: http://jjkxcbs. tmall. com
固安华明印业有限公司印装
710×1000　16 开　17.5 印张　300000 字
2025 年 1 月第 1 版　2025 年 1 月第 1 次印刷
ISBN 978-7-5218-6708-4　定价:118.00 元
(图书出现印装问题,本社负责调换。电话:010-88191545)
(版权所有　侵权必究　打击盗版　举报热线:010-88191661
QQ:2242791300　营销中心电话:010-88191537
电子邮箱:dbts@esp. com. cn)

前　言

　　近年来，随着乡村振兴战略的实施和乡村旅游的转型升级，乡村民宿迅速崛起。作为乡村旅游的重要业态，乡村民宿已成为带动乡村经济增长的重要动力和助力全面推进乡村振兴的重要抓手，也因此被写进中央一号文件。在政策和市场的双重驱动下，乡村民宿发展从单体民宿到品牌化、连锁化，现阶段已呈现集群化发展趋势。乡村民宿的发展，有效地盘活了乡村资产，激活了乡村的空间价值，对促进农民就地创业、在地就业和农民增收等有着显著的现实意义。在新的时代背景下，通过乡村民宿高质量发展，有效带动乡村产业及集体经济融合发展，提升乡村"造血功能"，构建和谐社会关系，增强乡村居民的幸福感、获得感，实现共同富裕，成为把握新发展阶段、贯彻新发展理念、构建新发展格局、巩固拓展脱贫攻坚成果、全面推进乡村旅游高质量发展和乡村振兴的重要现实需求。

　　国内外对乡村民宿的研究伴随着乡村民宿的发展实践，研究涵盖管理学、经济学、文化学、社会学、心理学、消费者行为学、建筑学等多个学科视角。在乡村民宿与乡村发展方面，国外研究较为关注乡村民宿发展对乡村空间的影响。国内研究在美丽乡村建设、新型城镇化、乡村振兴等相关政策的影响下，主要侧重乡村民宿发展中的经营模式与产业融合、乡土性与景观规划设计、社区参与与可持续发展等议题。关于乡村民宿发展与乡村振兴，现有研究普遍认为，乡村民宿的发展从盘活闲置住房、保护传统村落、带动农村居民创业就业、改善农村居住环境、推动产业融合发展等方面带动了乡村振兴，但也存在功能单一、与乡村产业结合度不够、产品同质化较为严重、品牌特色不明显、民宿经营行为对村庄建设的带动性不足、缺少乡土文化内涵、可持续经营能力差等问题。相关研究提出，应完善相关法规，以全域旅游促进民宿发展，注入更多乡土元素，注重生态性，带动周边环境与设施建设，吸引乡村创客，提高从业人员素质，注重社区参与。在旅游新发展阶段，乡村民宿呈现集聚化、品牌化、主题化、多元化、场景化和品质化发展趋势，应站在城乡统筹发展的高度，全面认识乡村民宿发展的经济意义、社会意义和文化意义，以乡村民宿发展为重心，构建城乡旅游一体化新发展格局，探索实现共同富裕中的乡村民宿发展路径。

本书作者自2018年起关注乡村民宿发展与乡村振兴，多年来与研究团队先后完成相关课题10余项，在国内外现有研究的基础上，借鉴地理学、经济学、社会学、管理学等多学科理论，立足乡村产业、文化、社会、空间等要素特征，主要围绕乡村民宿发展对乡村产业、文化、生态、人才等方面的驱动与影响进行探析，形成一系列研究成果。本书系团队研究成果的集成，共分为乡村旅游基础研究、乡村民宿的开发、乡村民宿的影响三个篇章。第一篇乡村旅游基础研究，重点对乡村旅游资源分类与评价、生态文明与传统村落保护、乡村旅游地空间表征、乡村旅游的人民性进行了系统论述；第二篇乡村民宿的开发，重点对乡村民宿消费空间感知与建构、乡村消费空间生产、生态文明建设与乡村民宿旅游耦合发展、民宿对乡村文化的传承创新、民宿旅游网络关注度及时空差异性、乡村民宿人才培养、乡村民宿景观设计进行了深入探索；第三篇乡村民宿的影响，重点对民宿影响下的乡村空间重构、民宿对乡村空间的叠写与地方性生产、民宿对乡土景观的空间表征、民宿发展与乡村"家"空间演变、乡村民宿真实性感知、民宿对乡村生态振兴的影响进行了创新思考。

本书系成都市哲学社会科学规划一般项目（2019R38）结项成果。同时，本书为成都理工大学哲学社会科学研究基金重点项目（YJ2022 - ZD014）的阶段性成果之一。

本书的完成，要特别感谢成都理工大学社科处和地理与规划学院各位领导的支持和鼓励。同时，要感谢成都理工大学旅游开发与管理系各位同事对本书相关研究提供的帮助，还要感谢研究生团队吴倩、毛绮、李磊、彭满洪、余正勇、张喆、郭思颖、张慧雾、李巧凤及指导的本科生兰伟、游贤雨、王楠、何昊、陈铭馨多年来的参与与协助。

由于作者水平有限，书中疏漏之处在所难免，恳请广大读者批评指正。

陈　兴

2024 年 12 月于成都理工大学砚湖畔

目　录

第二篇　乡村民宿的开发

第三篇 乡村民宿的影响

第一篇

乡村旅游基础研究

基于乡土景观识别的乡村旅游资源分类与评价*

陈 兴 吴 倩 兰 伟

　　旅游资源的分类与评价在旅游规划与发展中起着重要的基础性作用。然而，旅游资源的类型多样性与空间分布的地域性特征导致在旅游资源的分类与评价工作中，分类评价标准与实施对象的匹配常常存在差异，最终造成评价结果不准确。随着我国旅游产业结构和旅游市场结构的转型，乡村旅游发展逐渐走向深入，乡村休闲度假成为乡村旅游的主要发展方向，作为乡村旅游本质的"乡村性"体验需求进一步凸显；加之国家乡村振兴战略的实施要求，使得乡村旅游规划与发展更加注重乡村空间的结构性呈现，也因此对乡村旅游资源的分类与评价提出了更高的要求。我国现行的《旅游资源分类、调查与评价》（GB/T 18972—2017）标准，虽然较 2003 版作了较大调整，在旅游资源分类上更加准确和细化，但由于对实践运用普适性的考虑，仍然很难兼顾对特定领域和特定区域旅游资源的针对性。其中，对乡村旅游资源的分类与评价就未能充分体现乡村空间的结构性特

　　* 陈兴，吴倩，兰伟. 基于乡土景观识别的乡村旅游资源分类与评价［J］. 国土资源科技管理，2021（5）：13.

征，缺少对"乡村性"本质体验的衔接性，在实际运用中容易造成对乡村旅游资源的辨识性遗漏及价值判断不准确，进而影响乡村旅游的规划与发展。

现有乡村旅游资源的相关研究中，研究案例虽然丰富，然而却未曾达成对乡村旅游资源概念和分类体系的一致性意见，相应的评价标准也体现出多样性。其中，多数研究以国标《旅游资源分类、调查与评价》（GB/T 18972—2003）中的旅游资源分类与评价为基础，有个别新型方法也多是针对特定省域进行的探讨，存在地域局限性（张健等 2017；尹占娥等，2007；胡娟等，2009；胡粉宁等，2012；王敏等，2015；杜忠潮等，2009）。另外，还有部分研究中将农业观光园、特色农事体验、乡村度假场所、乡村科普科研场所等纳入乡村旅游资源分类（李会琴等，2016），这实质上是混淆了乡村旅游资源与乡村旅游产品的概念，也无法体现乡村旅游资源应具有的本质特征。一些研究未对乡村旅游资源进行分类，仅是对乡村旅游资源进行了综合评价（刘庆友，2005；林雄斌等，2010；谭根梅等，2007；唐黎等，2014；于霞，2016）。同时，源于对乡村旅游资源概念及分类体系理解的差异，现有研究中对乡村旅游资源评价指标的遴选和评价标准的确定在匹配度和准确性上还存在较多不足。

一、乡村旅游资源的内涵与特性

旅游资源被认为是"自然界和人类社会凡能对旅游者产生吸引力，可以为旅游业开发利用，并可产生经济效益、社会效益和环境效益的各种事物和因素"[1]，其核心是吸引力要素。因此，乡村旅游资源也同样具备旅游吸引性、可开发性和效益性三个特性，其中，资源自身价值所构成的旅游吸引性是界定乡村旅游资源的主导因素。源于乡村旅游本质是乡村性体验的认识（Lane et al.，1994；黄震方等，2015；明庆忠等，2016；尤海涛等，2012），乡村旅游资源的核心，即乡村旅游吸引力的本源，也应是乡村性表征。事实上，对广大旅游者而言，这正是构成非惯常性的差异所在。

乡村性表征包含了乡村空间的各个层面，是乡村生态、生产、生活景观的综合呈现。同时，基于人地关系地域系统，乡村性表征受地域影响较大，乡村

---

[1] 《旅游资源分类、调查与评价》（GB/T 18972—2017）。

地方性主导了乡村性表征的内容与特点，也因此强化了对旅游者的吸引。因此，对乡村旅游资源内涵的把握应将重点放在基于乡村地方性的乡村性表征，而能够响应乡村地方性并承载乡村性表征的实践产物是乡土景观，故而推论，乡村旅游资源的本体应是乡土景观体系。对乡村旅游资源的分类与评价也应基于对乡土景观的识别与地方感知。

二、基于乡土景观识别的乡村旅游资源分类体系

(一) 乡土景观概念辨析

乡土景观是一个具有浓厚文化意味和社会指向的概念，这一特质导致乡土景观的概念和属性至今仍然不确定。与乡土景观的概念和属性相关的学术概念和研究主题包括乡村景观、乡村文化景观、农村文化景观、传统乡村地域文化景观、村落文化景观，这些概念主题虽然在定义和范畴上与乡土景观具有不一致性，但实质上都认同该类景观的文化和地理特性以及人地关系的本质。乡土在文化上是虚拟的，它是中国自农业的社会特征确立以来在农业生产地域上形成的形态上特殊但形象上一致的文化概念。中国人对乡土抱有的共同文化印象受到了源流长远的"田园诗"的影响，从《诗经》中对田园场景的朴实描述到东晋陶潜、唐代王维、南宋范成大等田园诗名家的佳句名章（刘蔚，2013；刘丽，2008），以传统农业生产、农村生活、乡村环境为基质的乡土田园映像在中国人的脑海中深深扎根。城乡二元结构是中国城市与农村之间最广泛和深刻的差异，在此影响下城市和农村的经济、社会和文化形态有着显著的区别，这使得大多数人对城乡区别的感知具有敏感性，而地理差异则是这种感知的重要维度。因此，在中国人的一般印象中，乡土多指向传统的、记忆的、地方的、自然的等。

理解了乡土含义后便不难认识乡土景观。在众多概念中，乡土景观的本质皆被阐述为人地关系的反映，其内涵的落脚点各有区别，包括一种文化景观（黄昕珮，2008）、文化现象的复合体（孙新旺等，2008）、生活方式的呈现（任维等，2016）、地域综合体（肖笃宁等，1998）、乡村复合生态系统（向岚麟等，2010）等，出现这种差异的原因在于研究者所依据的地理学、人类学、风景园林学、景观生态学等不同的学科背景（李畅，2016）。首先，乡土景观是属于景观，即乡土景观具有景观"任意空间尺度上的空间异质性"（俞孔坚

等，2005）的本质内涵；其次，乡土景观属于一类文化景观，具有文化景观"呈现文化脉络在地理空间上的异质性"的内涵。另外，依据新文化地理学观点，文化景观是文化的表征与实践的产物，可视性是文化景观结构的核心（岳邦瑞等，2012），而这种可视性强调文化景观表征与实践中观看者的位置和视像。因此，结合对乡土和景观两个关键概念的探讨，本文认为，乡土景观是"存在于乡村地域内的，自然发生和存续的，具有地方文化特性的可视事物"。

（二）乡土景观的要素与结构

乡土景观的要素指的是构成乡土景观形态和意涵的，存在于乡土空间的各种背景、素材和符号，也称作乡土景观的构成元素（李金霞，2015）。乡土景观发生、存续的场所是乡村物理空间和乡土文化空间的同构，因此，构成乡土景观的要素体系分为乡村自然要素和乡土文化要素。乡村自然要素为气候、地形、土壤、水文、生物等要素体系，乡土文化要素既具有物质性要素（包括乡土聚落、农业事物、生活事物），也具有非物质性要素。乡土文化中的非物质要素并非一致可见的或不可见的，而是具有外显的遗产性要素和内隐的意识性要素两种本质划分。外显性的非物质文化要素指能通过主体实践、展演、表现等方式实现视觉化和物质性特征的乡土文化，包括集体记忆、乡土印象、文艺、民俗；内隐性的非物质文化要素指隐含于一定的符号形式与景观形态之中，需经由信息接收、知识沉淀、反思、创造等思维活动才可感知的文化意义（包括地制、宗法、礼制、差序格局、观念、信仰）。综上所述，乡土景观要素体系划分如图1所示。

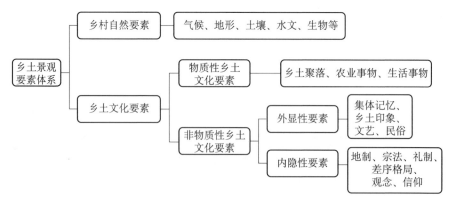

图1 乡土景观要素体系

乡土景观的结构指乡土景观体系中各部分的基本划分和组合，是依据乡土景观受人类活动影响的程度和表现的人地关系基本形式对乡土景观基本性质的区分。在乡土空间中，由气候、地形、土壤、水文、生物等要素构成的乡土自然环境是受人类活动影响最小的自然景观，而其余乡土景观皆受人类活动较大程度的影响，属于文化景观。按照乡土文化景观表现的人地关系基本形式，可将其划分为生产性景观、生活性景观和社会性景观。乡土景观结构如图 2 所示。

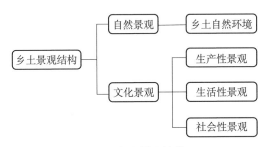

图 2　乡土景观结构

（三）乡土景观的类型体系

基于乡土景观的要素体系与结构划分，按照成因控制、主体功能划分、形态划分相结合的原则，并借鉴相关乡土景观分类成果（岳邦瑞等，2012；彭兆荣，2018；彭兆荣等，2018），可将乡土景观体系界定为大类、类、亚类三个层级，包括乡土自然环境系统、传统乡村基础设施、传统农业系统、乡土聚落系统、乡土文化形态 5 个乡土景观大类，气候、交通设施、田地景观等 17 个乡土景观类，道路、生产水利、水田等 54 个乡土景观亚类，并对部分类型列举了典型景观予以说明（见表 1）。

表 1　乡土景观类型体系

大类	类	典型景观
乡土自然环境系统	气候	高山云雾
	地形	—
	土壤与矿产	盐井
	水体与水资源	—
	植被	—
	动物	蜜蜂、蚂蚁、鼹鼠

续表

大类	类	典型景观
传统乡村基础设施	交通设施	陆路、水道、滑道
		石步、独木桥、石拱桥、溜索
		草棚
	水利设施	沟渠、池塘、水车
		井、竹水管、水缸、排水渠道
		河堤、闸门、拦水筐
传统农业系统	田地景观	—
		—
		湖面、河面、海面
		—
		经济林、果树林
		羊群、马群、鸟群
	共生或寄生系统	稻鱼共生
		玉米和大豆共生
		鳝鳅虾蟹螺蚌同池共生
	田地生物多样性	—
		—
	传统生产技术	风斗、犁、锄、钯、镰、箕
		晒谷子、辣椒辫、玉米辫、稻草垛
乡土聚落系统	村落环境	河流阶地、山腰
		条带状、棋盘状、纺锤状、阶梯状
		八卦式、放射式、平行式、散点式
		花草、盆栽
		乡村中的狗
	乡土建造	—
		—
		梯形屋、方形屋、蒙古包、哈尼蘑菇房、吊脚楼等
		—

大类	类	典型景观
乡土聚落系统	乡土建筑	戏台、广场
		—
		—
		寺庙、道观
		祠堂、牌坊
		村口大树、村门、中心建筑物
		风水林、风水渠
		篱笆、分界林、围墙、边坡
		晒坝、盐田、磨坊、鸭棚
乡土文化形态	乡土物景	食材、制作过程、饮食方式
		具体呈现、制造技术
		金银花、艾草、仙茅、蒲葵
		儿童玩具、竹象转轮、秋千
		土地神像、家仙
		家谱
		田契、地契
		传统度量衡
	乡土事景	木船、竹排、驴车
		口音、谚语、顺口溜
		神鬼故事、名人轶事、先辈传说
		戏、舞、乐、歌
		典、礼、仪、节、庆、会、宴
		卖货郎、麦客、剃头匠、磨刀匠、锔碗匠

（四）基于乡土景观的乡村旅游资源分类

依据乡土景观类型体系，可转化出如表2所示的乡村旅游资源分类体系。

表2　　　　　　　　乡村旅游资源分类体系

主类	亚类	基本类型
A 乡土自然环境系统	AA 气候	—
	AB 地形	—
	AC 土壤与矿产	—
	AD 水体与水资源	—
	AE 植被	—
	AF 动物	—
B 传统乡村基础设施	BA 交通设施	BAA 道路　BAB 路桥　BAC 路亭
	BB 水利设施	BBA 生产水利　BBB 生活水利　BBC 防洪水利
C 传统农业系统	CA 田地景观	CAA 水田　CAB 旱地　CAC 农业水域　CAD 草地　CAE 林地　CAF 动物群
	CB 共生或寄生系统	CBA 植物与动物　CBB 植物与植物　CBC 动物与动物
	CC 田地生物多样性	CCA 田地野生植物　CCB 田地野生动物　CCC 田地微生物
	CD 传统生产技术	CDA 生产工具　CDB 生产技术　CDC 生产习俗
D 乡土聚落系统	DA 村落环境	DAA 村落地理方位　DAB 村落空间形态　DAC 村落空间结构　DAD 观赏植物　DAE 守护动物
	DB 乡土建造	DBA 建筑材料　DBB 建造工艺　DBC 建筑形态　DBD 建筑符号
	DC 乡土建筑	DCA 乡村公共空间　DCB 住宅　DCC 坟墓　DCD 宗教建筑　DCE 宗族建筑　DCF 地标象征物　DCG 风水建筑　DCH 边界建筑　DCI 生产场所与设施
E 乡土文化形态	EA 乡土物景	EAA 食物　EAB 生活用品与器具　EAC 服饰装束　EAD 日用植物　EAE 休闲娱乐用具　EAF 信仰物景　EAG 宗族物景　EAH 地权物景　EAI 交易工具　EAJ 交通工具
	EB 乡土事景	EBA 方言土语　EBB 传说与历史　EBC 戏剧与民谣　EBD 习俗与风俗　EBE 乡土行当

三、基于乡土景观感知的乡村旅游资源评价

(一) 乡村旅游资源评价释义

根据对乡村旅游资源内涵的理解，乡村旅游资源评价是对基于乡村地方性的乡村性表征进行价值评估，评价对象是基于乡土景观转化的单体乡村旅游资源，评价目的是科学指导乡村旅游开发，设计研发适合的乡村旅游产品，发挥乡村旅游的综合效益。

(二) 评价指标选取

从广泛的旅游资源评价研究案例可知，尽管国家标准（GB/T 18972—2017）规定以"资源要素价值、资源影响力、附加值"三个项目组成旅游资源评价标准体系，研究者仍认为旅游资源的价值评价应包括资源自身价值、开发条件、开发效益三个方面的综合评价（曾瑜晳等，2017；黄细嘉等，2011；梁修存等，2002）。从不同主体出发对旅游资源的价值认知有所不同，包括从旅游者需求出发的市场认知、从专家专业技术出发的资源质量认知以及从社区居民、政府等利益相关者角度的综合认知等（许春晓等，2017）。现有研究中对乡村旅游资源评价指标的选取，主要考虑的是资源价值和开发条件，在此基础上，有学者将乡村性指标纳入对乡村旅游资源的评价，并从乡村就业、人口结构、人口密度、人口迁移、居住条件、土地利用、偏远性等方面建立了评价指标（杜忠潮等，2009；刘庆友，2005），但这些乡村性的评价指标与乡村旅游资源评价的内涵之间还存在一定差异。也有学者将乡村性纳入了对资源价值的评价，确定了典型性、观赏性、文化性、科普性四个评价因子（李会琴等，2016），但这些评价因子与一般意义上的资源评价无异，并未真正体现乡村旅游资源的乡村性内涵。

从旅游资源评价目的的综合性出发，本文认为，乡村旅游资源标准也应该具有资源自身价值、开发条件、开发效益等多个面向，而乡村旅游资源基于乡村地方性的乡村性表征特性决定了基于乡土景观的地方感影响因素对乡村旅游资源自身价值的决定性意义。因此，在资源自身价值评价中，在考虑资源一般

意义上的观赏游憩价值（审美性）、历史文化科学艺术价值（历史性、文化性）、珍稀奇特程度（独特性）的同时，应基于乡土景观的乡村地方性感知，重点考虑资源的原真性、场景性、功能性和情感性。因此，本文通过层次分析法，拟定了乡村旅游资源评价指标体系（见表3）。

表3 乡村旅游资源评价指标体系

评价目标	评价项目	评价因子	指标说明
A 乡村旅游资源价值	B1 资源自身价值	C1 原真性	原始风貌和形态保留的程度
		C2 历史性	存续历史时期的长短
		C3 场景性	符合乡村居民历史记忆的程度/符合旅游者乡村意象的程度
		C4 独特性	特征或风格与他者区别的程度
		C5 功能性	对乡村居民发挥实用功能的程度和不可替代性
		C6 审美性	高雅或优美特性给人的欣赏程度
		C7 文化性	彰显本地文化和蕴含意义的程度
		C8 情感性	可能引致旅游者依恋的程度和怀念表现
	B2 开发条件	C9 区位和市场条件	所属区域的社会经济状况和潜在市场规模
		C10 可达性	从客源地或集散地到此地的交通容易程度
		C11 知名度和影响力	资源在特定范围内知名或具有品牌效应
		C12 适游期或使用范围	适宜游览日期每年天数和面向游客的比例范围
	B3 开发效益	C13 经济效益	资源开发带来预期经济收益大小
		C14 社会效益	资源开发对乡土社会文明的促进
		C15 环境效益	资源开发对环境保护的推动作用

（三）确定评价指标权重

通过专家调查和赋值计算求得指标权重。选取乡村旅游相关领域的22位专家开展问卷调查，通过专家对乡村旅游资源评价指标的重要程度进行赋值获得权重数据，以评价指标重要程度数据的平均值计算得出各指标具体的权重，计算公式如下：

$$W_i = \frac{L_i}{\sum_{j=1}^{n} L_j} \tag{1}$$

其中，W_i 为第 i 个评价指标的权重；L_i 为第 i 个评价指标的重要程度平均值；L_j 为第 j 个评价指标的重要程度平均值；n 为各类旅游资源评价指标的数量。

根据式（1）计算，得出各类乡村旅游资源评价指标权重（见表4）。

表4　　　　　　　　　　乡村旅游资源各评价指标权重

指标类	编号	评价指标	重要程度平均值	权重
资源自身价值（0.3951）XA（8项）	XA - 1	原真性	4.23	0.1582
	XA - 2	历史性	4.05	0.1356
	XA - 3	场景性	3.59	0.0790
	XA - 4	独特性	4.09	0.1412
	XA - 5	功能性	3.91	0.1186
	XA - 6	审美性	3.77	0.1017
	XA - 7	文化性	4.14	0.1469
	XA - 8	情感性	3.91	0.1188
小计			3.96	1
开发条件（0.2350）XB（4项）	XB - 1	区位和市场条件	3.91	0.2453
	XB - 2	可达性	4.05	0.3019
	XB - 3	知名度和影响力	4.05	0.3019
	XB - 4	适游期或使用范围	3.68	0.1509
小计			3.92	1
开发效益（0.3699）XC（4项）	XC - 1	经济效益	3.91	0.2951
	XC - 2	社会效益	4.14	0.2350
	XC - 3	环境效益	4.18	0.4699
小计			4.08	1

（四）乡村旅游资源评价标准

根据乡村旅游资源评价指标及其说明，将每项指标的评价依据分为四个等级，并按100分赋值，每个评价等级赋分分别为75～100分、50～74分、25～49分、0～24分，见表5。

表5		乡村旅游资源评价标准	
评价项目	评价因子	评价依据	赋值
资源自身价值 （100分）	原真性 （100分）	原始风貌和形态保存得非常好	75～100
		原始风貌和形态保存得比较好	50～75
		原始风貌和形态保存得一般	25～50
		原始风貌和形态已发生变化	0～25
	历史性 （100分）	古代存续至今	75～100
		近代存续至今	50～75
		中华人民共和国成立后存续至今	25～50
		改革开放存续至今	0～25
	场景性 （100分）	与乡村居民历史记忆或旅游者乡村意象十分吻合	75～100
		与乡村居民历史记忆或旅游者乡村意象基本吻合	50～75
		与乡村居民历史记忆或旅游者乡村意象部分吻合	25～50
		与乡村居民历史记忆或旅游者乡村意象欠吻合	0～25
	独特性 （100分）	特征或风格十分独特，具有唯一性	75～100
		特征或风格与他者相较，有明显区别	50～75
		特征或风格与他者相较，有区别但不明显	25～50
		特征或风格与他者基本无区别	0～25
	功能性 （100分）	对乡村居民的生产生活具有功能依赖性，不可替代	75～100
		能对乡村居民的生产生活发挥较大的实用功能，但在一定程度上可替代	50～75
		能对乡村居民的生产生活发挥一定的实用功能，但基本可替代	25～50
		对乡村居民生产生活的实用功能已不明显，完全可替代	0～25
	审美性 （100分）	整体给人非常高雅或优美之感	75～100
		整体有一定的美感	50～75
		局部有一定美感	25～50
		较为粗陋，美感不明显	0～25

续表

评价项目	评价因子	评价依据	赋值
资源自身价值 （100分）	文化性 （100分）	凸显本地文化，具有很强的文化意义	75～100
		基本体现了本地文化，并具有一定的文化意义	50～75
		能够体现一定的本地文化，但文化意义不明显	25～50
		本地文化特征和文化意义不明显	0～25
	情感性 （100分）	可充分激起旅游者地方依恋，引发强烈情感共鸣	75～100
		可在一定程度上激起旅游者地方依恋，引发一定的情感共鸣	50～75
		可激起旅游者地方依恋的程度较弱	25～50
		基本不能激起旅游者地方依恋	0～25
开发条件 （100分）	区位和市场条件（100分）	所属区域的社会经济发达，市场规模较大	75～100
		所属区域的社会经济比较发达，有一定的市场规模或市场潜力较大	50～75
		所属区域社会经济发展处于上升期，初具市场规模或有一定的市场潜力	25～50
		所属区域社会经济发展缓慢，市场规模较小	0～25
	可达性 （100分）	从客源地或集散地可1小时内直达，极为便捷	75～100
		从客源地或集散地可2小时内到达，比较便捷	50～75
		从客源地或集散地4小时内可达	25～50
		从客源地或集散地需4小时以上到达	0～25
	知名度和影响力 （100分）	全国知名或本省著名，或拥有全国性品牌	75～100
		在本省范围内知名，或拥有本省品牌	50～75
		在周边区域范围内知名，或拥有本地品牌	25～50
		仅在县域范围内知名，没有品牌	0～25
	适游期或使用范围（100分）	适宜游览的日期每年超过300天，或适宜于所有游客使用和参与	75～100
		适宜游览的日期每年超过250天，或适宜于80%左右的游客使用或参与	50～75
		适宜游览的日期每年超过150天，或适宜于60%左右的游客使用或参与	25～50
		适宜游览的日期每年超过100天，或适宜于40%左右的游客使用或参与	0～25

评价项目	评价因子	评价依据	赋值
开发效益 （100分）	经济效益 （100分）	资源开发能带来显著的经济收益，并直接带动相关产业发展	75～100
		资源开发能带来较为可观的经济收益，并对助推相关产业发展起到一定作用	50～75
		资源开发可适当增加经济收益	25～50
		资源开发对经济收益无明显作用	0～25
	社会效益 （100分）	资源开发有助于全面宣传普及乡土社会文化，深度推动乡土社会文明的进步	75～100
		资源开发可在一定范围内宣传普及乡土社会文化，在一定程度上推动乡土社会文明进步	50～75
		资源开发能起到宣传乡土社会文化的效果，但对乡土社会文明进步的推动效果不明显	25～50
		资源开发对乡土社会文化的宣传非常有限，对乡土社会文明基本无推动作用	0～25
	环境效益 （100分）	资源开发对环境无影响，并能使环境安全和优化得到保障	75～100
		资源开发对环境无影响，并有助于强化环境保护意识	50～75
		资源开发对环境无影响，但对环境保护的推动作用不明显	25～50
		资源开发对环境基本无影响，对环境保护也基本无推动作用	0～25

（五）评价模型

乡村旅游资源单体评价中，各评价指标权重乘以各评价指标相对应的评估标准分值，相加所得总和为乡村旅游资源单体总价值分值，其计算公式如下：

$$S = \sum_{i=1}^{n} W_i P_i \qquad (2)$$

其中，S 为乡村旅游资源单体总价值分值；W_i 为第 i 个评价指标的权重；P_i 为第 i 个评价指标所对应的评估标准分值；n 为各亚类旅游资源评价指标的数量。

通过对乡村旅游资源单体总价值分值的计算，参考国标将其从高级到低级划分为五个等级，见表6。

项目	≥90分	75~89分	60~74分	45~59分	30~44分
等级	五级	四级	三级	二级	一级

表6　　　　　　　　　　乡村旅游资源单体评价等级

五级资源，得分值域≥90分。

四级资源，得分值域75~89分。

三级资源，得分值域60~74分。

二级资源，得分值域45~59分。

一级资源，得分区域≤44分。

其中，五级资源称为"高品质乡村旅游资源"，五级、四级、三级资源统称为"优质性乡村旅游资源"，二级、一级资源统称为"一般性乡村旅游资源"。

四、结论与讨论

乡村旅游资源的内涵与特性体现在乡村性表征，由乡村空间各个层面受地方性主导的乡土景观具体呈现。因此，乡村旅游资源的本体应是乡土景观体系，对乡村旅游资源的分类与评价应基于对乡土景观的识别与地方感知。根据乡土景观类型体系构建，可将乡村旅游资源分为乡土自然环境系统、传统乡村基础设施、传统农业系统、乡土聚落系统、乡土文化形态5大主类和17个亚类、54个基本类型。乡村旅游资源的评价应把握综合性原则，评价标准包括资源自身价值、开发条件和综合效益三个部分，共15个评价因子，其中，对资源自身价值的评价应注重结合乡村居民及旅游者的地方感知影响因素。

研究中虽通过对乡土景观结构与要素的梳理，对乡村旅游资源的分类体系做了较全面地构建，但基于地域性差异，乡村旅游资源的分类尚需结合各地乡土景观分布的实际情况做进一步补充和完善；同时，乡村旅游资源的评价指标及评价标准还需在实践运用中进行调试，后续研究将结合实证研究，对此进行检验与完善，以提高其适用性。

参考文献

[1] 杜忠潮，李磊，金萍.陕西关中地区乡村旅游资源综合性定量评价研究 [J].西北农林科技大学学报（社会科学版），2009（2）：62－67.

[2] 国家旅游局.旅游资源分类、调查与评价（GB/T 18972—2017）[S].北京：国家质量监督检验检疫总局，2017.

[3] 胡粉宁，丁华，郭威.陕西省乡村旅游资源分类体系与评价 [J].生态经济（学术版），2012（1）：217－220.

[4] 胡娟，师谦友，范化冬.西安乡村旅游资源定量评价研究 [J].江西农业大学学报（社会科学版），2009（2）：117－121.

[5] 黄细嘉，李雪瑞.我国旅游资源分类与评价方法对比研究 [J].南昌大学学报（人文社会科学版），2011（2）：96－100.

[6] 黄昕珮.论乡土景观——《Discovering Vernacular Landscape》与乡土景观概念 [J].中国园林，2008（7）：87－91.

[7] 黄震方，陆林，苏勤，等.新型城镇化背景下的乡村旅游发展——理论反思与困境突破 [J].地理研究，2015（8）：1409－1421.

[8] 李畅.从乡居到乡愁——文化人类学视野下中国乡土景观的认知概述 [J].中国园林，2016（9）：29－32.

[9] 李会琴，王林，宋慧冰，等.湖北省乡村旅游资源分类与评价研究 [J].国土资源科技管理，2016（5）：26－31.

[10] 李金霞.湘西永顺山区土家族村落乡土景观的探究 [D].西安：西安建筑科技大学，2015.

[11] 梁修存，丁登山.国外旅游资源评价研究进展 [J].自然资源学报，2002（2）：253－260.

[12] 林雄斌，颜子斌，徐丽丽，等.基于 AHP 的宁波市乡村旅游资源评价 [J].浙江农业科学，2010（4）：880－882.

[13] 刘丽.从生活到审美——兼论陶渊明之前田园诗赋的流变 [J].贵州师范大学学报（社会科学版），2008（5）：70－73.

［14］刘庆友. 乡村旅游资源综合评价模型与应用研究［J］. 南京农业大学学报（社会科学版），2005（4）：93 - 98.

［15］刘蔚. 新世纪古代田园诗研究综述［J］. 南通大学学报（社会科学版），2013（3）：59 - 64.

［16］明庆忠，刘宏芳. 乡村旅游：美丽家园的重塑与再造［J］. 云南师范大学学报（哲学社会科学版），2016（4）：79 - 87.

［17］彭兆荣，田沐禾. 重建我国乡土景观："名录"的启示［J］. 西北民族研究，2018（2）：72 - 79，91.

［18］彭兆荣. 生生不息：乡土景观模型的建构性探索［J］. 思想战线，2018（1）：138 - 147.

［19］任维，张雪葳，钱云，等. 浙西南少数民族地区乡土景观研究——以景宁县环敕木山地区传统畲族聚落景观为例［J］. 浙江农业学报，2016（5）：802 - 809.

［20］孙新旺，王浩，李娴. 乡土与园林——乡土景观元素在园林中的运用［J］. 中国园林，2008（8）：37 - 40.

［21］谭根梅，柳军，胡汉辉. 基于层次分析法的乡村旅游资源评价——以千年古村：江西婺源江湾村为例［J］. 农业经济，2007（4）：20 - 21.

［22］唐黎，刘茜. 基于 AHP 的乡村旅游资源评价——以福建长泰山重村为例［J］. 中南林业科技大学学报，2014（11）：155 - 160.

［23］王敏，陈国忠，孙文秀. 乡村旅游资源分类与评价体系探讨——以山东临清市乡村旅游规划为例［J］. 齐鲁师范学院学报，2015（4）：91 - 96.

［24］向岚麟，吕斌. 新文化地理学视角下的文化景观研究进展［J］. 人文地理，2010（6）：7 - 13.

［25］肖笃宁，钟林生. 景观分类与评价的生态原则［J］. 应用生态学报，1998（2）：217 - 221.

［26］许春晓，胡婷. 文化旅游资源分类赋权价值评估模型与实测［J］. 旅游科学，2017（1）：44 - 56.

［27］尹占娥，殷杰，许世远. 上海乡村旅游资源定量评价研究［J］. 旅

游学刊，2007（8）：59－63.

[28] 尤海涛，马波，陈磊．乡村旅游的本质回归：乡村性的认知与保护 [J]．中国人口·资源与环境，2012（9）：158－162.

[29] 于霞．乡村旅游资源评价指标体系研究 [J]．四川旅游学院学报，2016（5）：51－53.

[30] 俞孔坚，王志芳，黄国平．论乡土景观及其对现代景观设计的意义 [J]．华中建筑，2005（4）：123－126.

[31] 岳邦瑞，郎小龙，张婷婷，等．我国乡土景观研究的发展历程、学科领域及其评述 [J]．中国生态农业学报，2012（12）：1563－1570.

[32] 曾瑜皙，钟林生．中国旅游资源评价研究回顾与展望 [J]．湖南师范大学自然科学学报，2017（2）：1－10.

[33] 张健，董丽嫒，华国梅．我国乡村旅游资源评价研究综述 [J]．中国农业资源与区划，2017，38（10）：19－24.

[34] Lane B，Bramwell B．What is rural Tourism [J]．Journal of Sustainable Tourism，1994（1）：7－21.

生态文明建设背景下传统村落的
价值认定与保护策略*

王　楠　余正勇　陈　兴　何昊

　　传统村落指具有悠久历史、丰富的传统资源以及历史、科学、艺术、社会
等方面价值（聂湘玉等，2015），应予以保护的村落。在时代发展进程中，传
统村落受到来自工业文明各方面的冲击，乡土性、原真性逐渐消解（彭兆荣，
2018；张天新等，2015），传统村落保护与发展相关的理论与实践研究逐渐成
为学界关注的焦点（余压芳等，2019）。

　　相较于国外，中国的传统村落保护实践起步较晚，早期受西方主流文化影
响大，往往遵从西方主流遗产保护理念，缺乏对本土文化差异实际的思考（张
天新等，2015），在传统村落保护方面大多借鉴和沿用遗产、文物方面的措施
及经验。由于传统村落自身丰富的价值内涵，其保护历程大致呈现被动式保护
到主动性保护、物质保护到文化保护、局部保护到整体保护、静态保护到活态
保护的阶段特征（鲁可荣等，2016；黄艳，2018）。随着传统村落保护的研究

---

　　* 王楠，余正勇，陈兴，何昊. 生态文明建设背景下传统村落的价值认定与保护策略［J］. 乐山师
范学院学报，2021（5）：9.

成果不断丰富，相关研究越发注重传统村落的多价值、全要素、深层次的保护。在保护方式上以多元活态传承措施对接村落的动态延续性，其价值体系不断丰富，并在新时代背景下有了新的目标和内涵。当下，生态文明建设已经上升为国家战略层面，结合生态文明理论为新时代传统村落的保护及发展探索提供了有效途径，对传统村落价值认定和保护策略探讨具有重要意义。

然而，现有文献中关于二者的研究多将传统村落与当地风景地貌的经济、生态、社会、文化等属性在时间和空间上进行整合研究（崔海洋等，2019），注重从措施方法层面探讨传统村落依托生态优势向生态博物馆（黄艳，2018）、养老特色村（方园等，2019）、康体疗养地等发展模式的转变，但在传统村落整体人文生态与自然生态、文化空间等的关系内涵上缺乏系统、全面的研究，不利于传统村落生态多价值的保护与发展。生态文明建设理论与传统村落的传承与发展具有内在的契合性，本文基于生态文明建设背景，立足传统村落保护的价值认定维度与价值内涵，通过深刻理解生态文明建设与传统村落内在联系，聚焦传统村落可持续发展的现实需要，尝试将习近平生态文明思想贯穿传统村落保护的全方面与全过程。

一、生态文明与传统村落保护内在联系

生态文明建设与传统村落保护之间有着内在一致性。在传统村落中，正确处理好人、自然、社会之间的关系，实现生态文明建设是村落振兴的重要部分，而村落可持续发展是传统村落保护的终极目标。因此，传统村落在环境保护、文化传承、经济发展、社会治理的过程中融入生态文明理念是传统村落保护的迫切需要。

（一）生态文明建设的内在要求

生态文明的内涵具有丰富性，而传统村落保护不仅和生态文明中的人文生态与自然生态有密切联系，还在文明更迭和文明延伸的动态过程中体现。

纵向来看，在文明更迭的过程中，从原始文明到农业文明，再到工业文明，最后到生态文明，变化的核心线索是人与自然关系的演变。在原始社会，人类崇拜自然，并将自然作为生活生产的重要来源；在农业文明阶段，人类的

主观能动性增强，开始利用自然；在工业文明阶段，人类尝试利用技术改造和征服自然；在生态文明阶段，人类开始认知人与自然和谐共生发展（于翠英，2015）。传统村落成型于农耕文明时期，人们因为安全、耕作等聚族而居，世代血脉相承，自由生长。在工业文明时期，由于人们生产力的提高和生活、消费方式的改变，传统的村落环境和人们的需求开始不匹配，传统村落乡村性逐渐消解。传统村落并不是在某个特定时期的静态定格，而是有一定规律和肌理的动态延续。在生态文明时期，在人与自然的关系由以人为核心转变到以自然为核心的前提下，传统村落的内生动力将会重新被激发，将以一种新的模式进行动态延续，这是文明发展更迭下传统村落的必然发展趋势。

横向来看，生态文明是一种与物质文明、政治文明和精神文明并列的文明形式（任倩，2019）。要保证整个社会的和谐和可持续发展，就必须协调四者关系，在生产、生活、消费的过程中将自然生态置于重要位置。党的十八大作出了"大力推进生态文明建设"的战略决策，明确指出把生态文明放在突出地位。因此，传统村落作为基本社会系统单元，在保护的过程中，不仅要强调村落的经济建设、管理制度和模式的提升以及村落文化传承，还要关注村落的生态环境，注重人与自然、景观与自然、社会与自然的协调性，更要将生态文明理念运用和融入村落的产业发展、景观修复、文化传承等的全过程，这是文明发展视角下传统村落文明系统和谐发展的必然要求。

（二）传统村落可持续发展的迫切需求

尽管传统村落保护不断被重视，但部分村落的保护效益不高，仍有一部分的传统村落正处于保护边缘，这一现象多缘于传统村落在环境保护、经济发展、社会治理、文化传播方面的特殊性。

传统村落在环境保护方面的特殊性着重体现在传统村落自然属性和环境系统性两个方面。传统村落产生于农耕文明时期，人们为了耕作和生活便捷，选择在靠山近水、负阴抱阳的地方聚居（胡燕等，2014），并选用当地的石材或者木材作为材料修建房屋、根据当地的自然环境优势选择生产生活方式，充分体现出了"天人合一"的理念（马航，2006）。这是村落的自然属性体现，也是在村落保护的过程中不可忽略的因素，更是传统村落能够经久不衰的原因。

村落环境系统性在存续的过程中呈现出山、水、人、村落和谐共生的格局,人们按照自然规律生活耕作,尊重农时,是生态文化的重要体现。

传统村落在经济发展方面的特殊性主要体现在环境保护与经济发展的矛盾上,即绿水青山和金山银山的矛盾。随着生产力的提高,原本的小农经济不再适合传统村落。因此,在传统村落的保护过程中,如何实现传统村落经济模式的转型升级、找到经济发展与村落保护的平衡点至关重要。从环境生产力视角出发(李炯,2016),正确处理"绿水青山"与"金山银山"之间的关系,更加注重生态环境,才能更好地发展经济。

传统村落在社会治理方面的特殊性体现在独特的社会关系上。传统村落是典型的熟人社会,以"己"为中心,以血亲地缘关系为核心形成"差序格局"(费孝通,2004),这种社会关系让村落在一定时期内保持了凝聚力。但在现代化进程中,所有的优势资源在城镇集中,出现"离土离乡"的热潮,这种关系的稳定性不断被打破。因此,如何将村落治理体系融入村落肌理,促进人、自然、社会的和谐,提升村落凝聚力显得至关重要。

传统村落的文化传承方面的特殊性体现在村落孕育的乡土文化中。乡土文化是扎根于中国大地、基于地域特色在中国乡村发展过程中形成的文化形态,是传统村落的灵魂支撑。乡土文化既以特色服饰、传统建筑、村落景观等物质类形态存在,也以乡风文明、信仰观念、道德规范等非物质形态存在(曲延春等,2019)。不同属性的乡土文化因基于不同的传统村落而存在,具有独有性和非常高的研究价值。同时,乡土文化与土地、环境联系密切,决定了其与生态文明建设的内生联系,基于乡土文化进行生态文明建设不仅具有广泛的社会与群众基础(索晓霞,2018),还能为传统村落保护探索新的发展路径。

由于传统村落的特殊性,在传统村落的保护过程中,不仅要关注村落的自然属性,还要有系统全面的视角。传统村落的特殊性决定了在传统村落保护过程中融入生态文明理念的迫切性。

二、生态文明建设背景下传统村落价值认定维度

2012年发布的传统村落试行评价指标主要包含传统建筑、村落选址和格局

及村落承载的非物质文化遗产三个层面，强调了村落与周围环境的协调性。将生态文明理念融入传统村落的核心价值认定，其维度发生了变化。生态文明建设和传统村落保护的内在联系反映了二者之间的耦合关系，要确定生态文明建设背景下传统村落的价值认定维度，先要找到二者的耦合点。从传统村落自身属性出发，传统村落保护的主要目的是激发传统村落的内生动力，让其作为一个能够正常运行的系统并且具备一定抵御风险和干扰的能力。作为一个系统，村落必须具备生存空间、发展动力、稳定基础和存续源泉，对应村落的环境、经济、社会和文化。如图 1 所示，从生态文明视角探索传统村落，基于传统村落在环境保护、经济发展、社会治理、文化传承方面的特殊性，以村落可持续发展为目标，在其中融入生态文明理念，将环境活力、经济活力、社会活力、文化活力作为传统村落价值认定的维度。

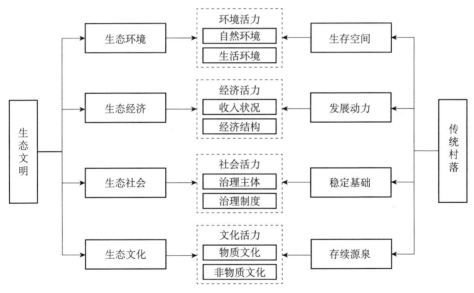

图 1　生态文明建设背景下传统村落价值认定维度

（一）环境活力

生态文明建设过程中人和自然环境的和谐是基础，而在传统村落中人与自然的作用空间为自然环境和生活环境。自然环境是传统村落能够存续至今的根本，生活环境是影响村民生活及村落存续的关键。因此，将自然环境和生活环境作为传统村落环境活力评价的重要因子。

村落自然环境中不同形态的山体、植被和水系以及村落文化共同作用构成了村落的整体外观风貌，主要考虑其景观美学、保存完好度及协调性等几个方面。传统村落的景观呈现不仅体现在自然景观上，还体现在村落的内部空间上，即生活环境。生活环境主要包括空间格局、基础设施和传统民居，其特色性、文化性、完整性是需要考虑的关键。空间格局指村落街巷以及主要节点。街巷可以体现村民的生活轨迹和村落的演变肌理，其纹理、色彩与周围的协调度是在街巷修缮的过程中必须考虑的因素，街巷特色、完整性和连续性是影响传统村落价值的重要因素。主要节点是街巷的汇集点，也是村落中重要的社交场所，如村落中的小广场、戏台等。基础设施是居民日常生活的保障，包括水、电、气以及垃圾处理设施等。很多传统村落居民在生活方式上较传统，多使用柴木，垃圾处理也较不合理，给生态环境造成一定的压力。传统村落建筑不仅要在建筑形式上体现村落文化、展现地域特色，还要做到在修复、重建的过程中选材上的地域性。

（二）经济活力

生态文明背景下，传统村落保护要求其在经济发展的过程中注意生态环境及资源的保护，并尽可能地减少经济活动给生态环境带来的压力。生态文明建设的过程中以人与社会和谐为前提建设的生态经济是动力，在传统村落保护过程中人与社会的和谐主要体现在经济活力上。

经济活力的评价因子包含村民的收入状况和村落的经济结构。很多村落都被当作静态式的文物保护，忽略了村落系统的自身活力。很多学者认为村落的空心化是由于村落的人口的流失，所以提出加大基础设施投入、创新组织管理模式的措施。其实空心化最根本的原因是村落产业的缺失，像农村产业发达的地区基本没有空心化形态（刘永飞等，2014），所以居民收入状况和村落经济结构就成为传统村落保护的重要维度。居民的收入状况影响居民的消费能力及保护意愿等，只有在解决了基本的温饱问题后，才会进一步考虑村落的保护状况。村落的经济结构主要考虑村落的产业结构、产业功能、发展模式等，通过产业融合和产业功能的拓展，开创出适合村路发展的特色模式。例如，以农业为主的传统村落，通过文旅、农旅的深入融合，实现农业向生态、生活功能的拓展，基于现有的农田，建设旅游配套设施、展示场所、农耕体验产品、特色产品展示及服务项目，同时利用农产品展售推动观光、体验、科普、研学等的发展，形成一个完整的农业生态旅游产业链。

（三）社会活力

在生态文明建设过程中生态社会是关键，体现在村落的社会活力上，要求将生态文明中"和谐"的思想融入其中。社会治理主体以及治理体制是传统村落特殊性体现，也是传统村落价值认定维度中社会活力的主要评价因子。

传统村落的治理主体呈现出多元化的特点（张宏等，2016），不仅包括村民、村集体、政府，还包括外界的专家、规划人员、社会团体等。村民更加关注公共服务及设施，村落活动参与度较高，但保护行动易缺乏科学性；政府注重宏观层面的村落整体保护，执行力强，但是资金持续动力不足；专家规划人员在注重村落整体保护的同时，更加注重如何唤起社会的保护意识，但参与性较弱；社会团体能够为传统村落保护带来资金支持及动力，但一般更加注重村落带来的经济效益，对村落缺乏保护意识。所以，不同主体之间的作用占比决定了村落的整体治理模式。例如，在"自上而下"模式中，村委会发挥重要的作用；在"自下而上"模式中，村民的能动性以及村集体发挥重要作用；在"复合治理"模式中，村落的规划、融资发挥重要作用。但不同主体之间的容易发生矛盾，例如，在传统村落旅游开发的过程中，外界干预过度，导致村落的商业化比较严重，所以生态文明理念的融入显得至关重要。村落的治理体制包括村落的乡约村规、规划治理原则等，一方面，这些治理体制要与村落实际契合；另一方面，需要让村民有认同感。

（四）文化活力

在传统村落文化保护的过程中，一方面，要注重采用生态文明的方式将文化传承下来；另一方面，还应将生态文明植入人们的意识形态当中。传统村落的文化活力不仅取决于其高价值性与独特性，还与其保护现状紧密相连。文化活力的评定主要从物质遗产与非物质文化遗产切入。

物质遗产包括房屋、庙宇、古树、古井等。传统村落在的房屋主要分三类，分别是保留至今仍在使用的、无法使用或者已经出现破损的以及新修建的（张燕，2016）。对于第一类主要注重日常维护，第二类重点在建筑修复，第三类要求在修建的过程中建筑的外观与周围的环境相协调，并与村落内的其他建筑保持相对的一致性。对于庙宇、古树、古井要求尽量在保持其原真性的基础上进行动态管理。由于这些物质遗产已经在村落的整体系统中稳定存在，基本上处于平衡状态，所以是否需要人为干预需要科学的评估。非物质文化遗产主要包括村落文化、特色节庆、传说故事等。对于非物质文化遗产活力主要体现在文化传承、文化宣传、文化展示几个方面。文化传承过程中培养村民的文化认同感非常重要。另外，非物质文化传承人也非常重要。目前，在一些偏远地区，主要以口授、行为传授等方式进行文化传承，一些技艺只有当地少数老人比较精通。所以，在完成文化存档的同时，培养年青一代的村落文化继承人，让其热爱当地传统文化，愿意展示和继承传统文化非常重要。传统文化不仅是传统村落自身价值的体现，还是外界了解其的窗口。基于不同地域文化及背景形成的村落文化具有差异性，文化趋同是村落文化活力逐渐消解的原因之一。

三、生态文明建设背景下传统村落保护策略

生态文明不只是一种生态观，从环境生产力视角切入，还可以作为一种经济发展模式。生态文明理念融入传统村落保护的关键点在于如何激活传统村落，使村落处于动态延续和活态传承的状态。和谐社会的生态内涵包括自然生态和谐、社会经济生态和谐、社会生态和谐以及人类社会的技术、体制、文化在管理层面的系统生态和谐（王如松等，2009）。所以，生态文明背景下的传统村落保护不仅要保持村落的原真性，还要保证村落在可持续发展前提下实现村落产业、文化、社会等的振兴。

（一）生态环境：顺应自然，融合创新

传统村落的生态环境的保护需要将生态理念、生态理论与生态技术融合，结合村落地理环境特征，从系统性角度切入，维持传统村落整体环境格局与风貌的稳定性、协调性与可持续性。稳定性是指村落的山水格局与居住环境的稳定性。由村落的形成肌理可知，村落在初建时便充分考虑了各种因素，规避了

泥石流、山体滑坡等地质灾害风险（辛儒鸿等，2019），这是村落内在稳定性的体现。同时，由于村落的外部自然生态环境系统已经在一定时间内稳定存在，应尽量避免或者减少人工干预，并划定相应的核心生态保护区。传统村落的建筑主要用砖、石、木作原材料，在传统的建筑修复中主要遵循"修旧如旧"的原则，采用当地的原材料和配合比让建筑物在外观上基本保持原样，但是在抗震、防火等方面没有实质性的提升（袁宁，2018）。所以，居住环境稳定性的提升还需要新技术的融入，对建筑的结构和墙体进行加固。在已经出现破坏或者因发展需要增加相关要素时，需要考虑其与原环境的协调性，以保持整体风貌与格局的统一性。可持续性是生态环境保护的最终目标，在能源利用及垃圾处理等方面体现。由于新能源的利用成本相对较高，转化的效益相对较低，在村落中更多的是作为一种补充性能源，可以通过与新技术的结合，降低能源使用成本、提升能源转化率。在垃圾处理方面，可以在村落宣传垃圾分类的理念，同时创新废物的二次循环利用。以日本的高知县四十万市为例，其利用当地的废旧报纸制作农产品包装，非常巧妙地传达了生态文明的理念。

（二）生态经济：绿色发展，产业带动

在保证村落整体生态环境得到保护前提下，应秉持绿色发展理念，结合村落优势资源及地理环境气候特征，探索村落的特色产业发展模式。农业是传统村落的产业基础，但要让农业成为传统村落经济效益的主要支撑，需要将生态文明理念融入，发展科技农业、创意农业、休闲农业及复合农业，同时拓展农业功能，推动农业与旅游、文化产业等的深入融合，实现农业向生态、生活、生产功能的拓展。基于现有的集中农田，建设旅游配套设施、展示场所、农耕体验产品、特色产品展示及服务项目，利用农产品展售推动村落观光、体验、科普等的发展。对于不适于发展现代农业的传统村落，可以通过地域文化的挖掘与展示或借助外部力量发展特色产业。以阿者科村为例，阿者科村位于云南红河州，在遵循房屋不租不售、不引进社会资本、不放任村民无序经营、不破坏传统的原则的基础上，恢复传统生活设施，主打预约式精品旅游接待，发展深度体验游。另外，村落成立了合作公司，村民以房屋、梯田等形式入股，村集体和村民经营利润三七开。阿者科村采用预约的方式接待游客，在充分尊重当地文化和自然生态的基础上发展经济，结合社区，创造了一种传统村落的生态保护新模式。传统村落依托其资源优势进行旅游开发为村落带来了造血功能，但该村落是否适合发展旅游、适合发展什么样的旅游需要经过科学的评估。

（三）生态社会：多方共建，留住乡愁

传统村落的社会治理需要遵循生态文明中人与人、人与社区和谐的思想，在多个治理参与主体中找到平衡点，多方共建，科学治理。对于部分已经出现严重"空心化"的村落，村落的社会关系网已经断裂，单维的治理对于村落社会活力的激活作用是非常小的，如何重构与强化社会关系是关键。一方面，可以通过村落的原真性保护及村落记忆呈现从情感上唤起年青一代的"乡愁"（王云庆等，2017）；另一方面，可以通过项目扶植及政策倾斜鼓励年青一代返村创业。由于村落优质的环境条件及独特的文化价值具备很强的吸引力，有部分村落通过"共享租养"的形式吸引"新村民"。租养是在共享经济的基础上发展起来的，让闲置的资源通过共享的方式得到合理的利用，并实现价值最大化（伽红凯，2017）。例如，福建省屏南县厦地村利用"互联网＋传统村落建筑租养"的模式，将村落中整理出的空置萧条的传统建筑经由互联网平台推向市场，由自然人承租并修缮。租养人"轻租重修、以用为养"，为传统村落的存续注入新的生活力。同时，共享租养的模式通过资源的重新整合，在满足租养人和提供者双方需求的基础上，让村落具备了新的造血功能，并在开放的过程中发展，在发展的过程中被保护，不仅是传统村落保护的新模式，也为村落的社会关系重构开辟了新路径。

（四）生态文化：文化为魂，平台助推

文化是传统村落的核心价值体现，如何保持文化的独特性及原真性是传统村落保护的重点。村落的文化保护不仅要通过深入挖掘不断完善村落档案，还需要借助相关平台将文化活化，提升文化的影响力及活力。目前，借助地理信息系统及数字化技术建立传统村落的动态监测及信息交互平台已经在探索实践的过程中。数字化技术最开始运用在文物保护上，通过技术和文化产业的结合开拓出博物馆的线上展示窗口，能够实现从声音、图像、文字等多个层面对于

文物进行介绍。数字技术在传统村落中的运用主要集中在传统村落空间数据和文化信息的保存与存档、传统村落文化遗产的虚拟修复与过程模拟、传统村落创意产品的数字化辅助设计以及传统村落文化遗产的虚拟现实和展示传播四个领域。数字化技术不仅能够非常好地完成传统村落的全方面保护，同时也践行了生态文明理念，以一种生态、无压力、可持续的形式推动传统村落的保护和发展，让传统村落保护进入智慧时代。

四、结论与讨论

传统村落的保护具有系统性和复杂性，本文认为，在传统村落的保护过程中既要关注到村落的实际发展需要，也要注意传统村落保护的特殊性，将生态文明的思想融入传统村落保护的全方位和全过程。此外，更要注重将生态文明作为激活传统村落创新发展、传统文化创造转化的新型经济模式，围绕环境、社会、经济、文化四个维度对传统村落价值进行再认定，并提出顺应自然，融合创新、绿色发展，产业带动、多方共建，留住乡愁、文化为魂，平台助推等传统村落发展保护的适应性策略与路径。

然而，在传统村落的价值认定中，不仅要注重历史文化要素，还要综合考虑村落的生态环境、经济和社会。由于传统村落的复杂性和差异性，适用的保护模式也不尽相同，具体的案例实践需要从多个层面进行思考，因地制宜地探索科学有效的保护策略，才能在传统村落保护中实现对生态文明建设的关照，进而促进乡村振兴及美丽乡村建设。

参考文献

[1] 崔海洋，苟志宏. 传统村落保护与利用研究进展及展望 [J]. 贵州民族研究，2019（12）：66－73.

[2] 方园，刘声，祝立雄，阮一晨. 多维生态位视角下的乡村养老特色村研究——以浙江西北部为例 [J]. 经济地理，2019（8）：160－167.

[3] 费孝通. 乡土中国 [M]. 北京：北京出版社，2004：342.

[4] 伽红凯，王思明. 分享经济视角下的中国传统村落利用及其保障机制

研究［J］．中国农史，2017（6）：114－121．

　　［5］胡燕，陈晟，曹玮，曹昌智．传统村落的概念和文化内涵［J］．城市发展研究，2014（1）：10－13．

　　［6］黄艳．生态博物馆理念嵌入民族村寨文化遗产保护研究［J］．广西民族研究，2018（6）．

　　［7］李炯．习近平"两山"论创新性及其现代化价值［J］．中共宁波市委党校学报，2016（3）：95－102．

　　［8］刘永飞，徐孝昶，许佳君．断裂与重构：农村的"空心化"到"产业化"［J］．南京农业大学学报（社会科学版），2014（3）：16－22．

　　［9］鲁可荣，胡凤娇．传统村落的综合多元性价值解析及其活态传承［J］．福建论坛（人文社会科学版），2016（12）：115－122．

　　［10］马航．中国传统村落的延续与演变——传统聚落规划的再思考［J］．城市规划学刊，2006（1）：102－107．

　　［11］聂湘玉，张琰，孙立硕，翟杨杨，刘秉良．传统村落类型与价值认定——以河北石家庄市域传统村落为例［J］．规划师，2015（S2）：198－202．

　　［12］彭兆荣．乡村振兴战略中的"乡土性"景观［J］．北方民族大学学报（哲学社会科学版），2018（3）．

　　［13］曲延春，宋格．乡村振兴战略下的乡土文化传承论析［J］．理论导刊，2019（12）：110－115．

　　［14］任倩．生态文明概念解析［D］．呼和浩特：内蒙古大学，2019．

　　［15］索晓霞．乡村振兴战略下的乡土文化价值再认识［J］．贵州社会科学，2018（1）：4－10．

　　［16］王如松，胡聃．弘扬生态文明　深化学科建设［J］．生态学报，2009（3）：1055－1067．

　　［17］王云庆，向怡泓．从社会记忆角度探索传统村落保护开发新思路［J］．求实，2017（11）：85－96．

　　［18］辛儒鸿，曾坚，黄友慧．基于生态智慧的西南山地传统村落保护研究［J］．中国园林，2019（9）：95－99．

［19］于翠英．我国首都生态文明建设评价指标体系及预警研究［M］．北京：北京理工大学出版社，2015.

［20］余压芳，庞梦来，张桦．我国传统村落文化空间研究综述［J］．贵州民族研究，2019，40（12）：74－78.

［21］袁宁．传统村落民居保护性改造新技术研究［D］．重庆：重庆大学，2018.

［22］张宏，胡英英，林楠．乡村规划协同下的传统村落社会治理体系重构——以广东省碧江村为例［J］．规划师，2016（10）：40－44.

［23］张天新，王敏．中国村落遗产保护中活态文化标准的可能性分析——从亚太地区文化遗产保护奖与中国传统村落评定的比较说起［J］．中国园林，2015（4）：46－49.

［24］张燕．四川阿坝州色尔古藏寨传统聚落与民居建筑研究［D］．西安：西安建筑科技大学，2016.

地方性视角下乡村旅游地的
空间表征[*]

兰 伟 陈 兴

在乡村旅游发展、规划和管理过程中，表达乡村特殊文化意蕴、建设乡村优美旅游环境、开发乡村特色体验产品是决定乡村旅游可持续发展的关键，因此，研究乡村旅游发展过程中旅游环境与物质空间的表征具有重要意义。从理论发展与研究进展方面看，地方性研究的实证主体多关注历史城镇与特色街区（胡宪洋等，2015；姜辽等，2016；孙九霞等，2017），而将旅游发展语境下的乡村作为主体的研究大多关注乡村居民和游客地方感的变化及其对乡村旅游发展的影响效应（孙九霞等，2015；尹立杰等，2012；Xue et al.，2017；徐文燕等，2016）。乡村与乡土社会是我国文化、历史、社会生长和发展的基础（费孝通，2013）；地方感与地方性联系紧密，二者只是"地方"这一概念的两个不同方面（宦震丹等，2015），地方性就是地方主体构建的能被外部群体识别的本地独特的地方感（胡宪洋等，2015）。在旅游发展成为乡村地方性演变重

---

*　兰伟，陈兴. 地方性视角下乡村旅游地的空间表征［J］. 地理与地理信息科学，2022（4）：82 - 87.

要营力的背景下，由乡村旅游地地方感过渡和引申到乡村旅游地的地方性研究具有必要性和重要意义。因此，本文拟基于地方性理论视角，运用新文化地理学中"表征"与"非表征"这一重要的理论工具，解读乡村旅游地的空间结构与要素，确定乡村旅游地空间表征的相关要素，提出乡村旅游地空间表征的系列路径。

一、乡村旅游地空间分析的理论工具

（一）地方性理论的界定与述评

地方性（placeness）是指特定地方的特殊性，表现在物质和意识两方面：在物质方面指此地与他地空间的、地理的差别，在意识层面指此地与他地文化的、心理的差别，这两类特殊性通过地方性辨识主体——当地人相互联结。关于地方性的理论认识与经验分析存在人文主义与结构主义两种视角。人文主义地理学派认为，地方性是特定人地关系长期交互作用下形成的地方精神特质与文化现象（黄文炜等，2015），是关于地方人文本质的描述。人文主义视域下的地方性从长期性看是历史的，从阶段性看是建构的（高权等，2016），人在地方性识别与生产中具有主体性，表现在人的经验既是地方性的重要构成部分，也是解释地方性的手段（周尚意等，2011）。文化地理学者多强调特定社会群体所持情感意义对地方性构成的决定意义，认为地方性是由具有地方认同的群体定义的（高权等，2016）。在人文主义地理学的地方性中，若某地对于地方主体而言缺乏地方感，则认为该地"无地方性"或"非真实"，这实质上是地方历史与认同的断裂（李凡等，2013）。结构主义地理学派认为，地方性是地方与生俱来的、固有的特殊性，这种特殊性因地方存在于整个区域中及其与其他地方之间的地理差异而自明，即地方性由地方在整个区域系统中的位置决定，否认了人文主义地理学派关于"特定人群对地方的情感认同和主体意识形成地方性"的观点（周尚意等，2011）。经济地理学者将"区位"的空间意义赋予地方，认为地方在与全球网络形成经济联系的过程中确立了地方性，其由全球政治经济格局造就。结构主义视域下的地方性并没有丧失其建构性，在全球化的背景下地方固有的社会边界、文化边界及其含义在被现代性要素消解之时，全球化政治与经济地理网络关系体系的更新也为地方性重赋意义（李凡等，2013），这并非去地方化，而是马西（Massey，2001）所称的"全球的地方"。

自文化地理学研究受到人文主义、女性主义、身体现象学、非表征理论等的影响之后，文化地理学者开始重视情感、具身、实践等在地方建构与空间塑造中的重要性，在此影响下，情感与景观、符号、文本共同成为地方性实证研究与深入解读的理论工具（高权等，2016）。

（二）表征与非表征理论的界定与述评

表征（representation）与非表征（non-representation）是"家"（home）的地理学研究常用的两种分析工具（Blunt，2005），新文化地理学者研究"家"热衷于将日常生活实践、全球化语境下的空间生产、具身与情感（封丹等，2015）作为分析素材。表征手法以与"家"间接相关的意识、文化、历史、政治、权力、经济等因素为素材，通过文本、图像展示"家"的地方意义实践过程（尹铎等，2016），具有抽象性和符号性，新文化地理学者认为表征的景观注重通过元素、符号与情景展示表征主体与观看者间的社会权力关系，借用表征权力传达文化意涵（王敏等，2017）。受身体现象学、后结构主义等的影响，行动者网络、展演、具身与情感等的研究为视觉与景观研究提供了新思路，非表征手法应运而生（王敏等，2017）。区别于文本与图像所建构的"家"的形象，非表征手法认为许多地方意义由直接、即时、动态的空间体验生产（尹铎等，2016），人在所处的地理情境中通过具身性的实践与情感体验逐渐理解和建构着"家"的地方意义。此外，受唯物主义影响，非表征手法强调文化符号与实践情景的再物质化（re-materialization），其表征的景观应该是日常的、实践的、具体的。表征与非表征手法的结合，将象征抽象化的"家"的形象与具身物质性的地理意义相联系，具有对"空间化情感"更显著的解释能力和实践意义。

二、乡村旅游地的空间解构

（一）乡村旅游地的空间结构

格雷戈里等（Gregory et al.，2017）将空间结构描述为"空间经由自然或社会过程的运作而被组织起来的方式"，空间结构的解析应包括空间特性或空间区分、空间联系、空间运动机制三方面的认知。列斐伏尔的空间生产理论为认识空间提供了全新的理论工具，在其分析框架中，原本被马克思视作资本主义生产背景的"空间"，其实质是一种生产要素，空间在资本主义运作逻辑中不断被生产，而空间生产是由空间的实践（spatial practice）、空间的表征（representations of space）和表征的空间（space of representations）共同作用的复杂体系（明庆忠等，2014；郭文，2016），3 种空间生产实践对应着 3 类不同的空间，包括感知的空间（perceived space）、构想的空间（conceived space）和生活的空间（lived space）（孙九霞等，2014）。

乡村旅游地是一种复杂的空间与场域，在大众旅游这一社会性、现代性和资本特色明显的经济活动冲击下，原本相对单纯和传统的乡村空间也不免具有空间生产所指示的复杂空间属性，呈现 3 种空间的划分（见表 1）。旅游地空间结构随着旅游发展阶段的深入而不断演进，逐渐呈现出 3 种空间区分的特点（郭文等，2015），而伴随着旅游发展阶段变化，3 种空间生产作用也表现出不同的互动关系和相互影响（孙九霞等，2015），资本、权力、阶层则成为空间运动背后的驱动因素（郭文，2016）。

表 1   乡村旅游地空间划分

空间生产作用	空间类型	空间性质描述
旅游空间的实践	感知的空间	旅游世界构成物生产的空间，乡土景观再生产和乡村旅游资源转化的生产实践，体现最基本的旅游经济生产循环
旅游空间的表征	构想的空间	旅游开发与规划、旅游经济运行、旅游管理中社会关系与权力场域的表征，主体意识对乡土景观资源化、乡村旅游资源资本化的控制
表征的旅游空间	生活的空间	旅游体验的存在空间，由居民的生存世界和旅游者的旅游世界共同组成，是以身体为媒介感知文化、意义、符号、景观等的场所

（二）乡村旅游地的空间要素

现有关于空间要素的研究多关注城市空间的构成要素，其中，凯文·林奇提出的构成城市意象的道路、边界、区域、节点、标志物 5 种要素具有代表性（凯文·林奇，2017），有研究者将城市空间要素分为物质和非物质要素，物质要素包括用地结构、功能结构和道路结构（韦玉臻，2017）。刘琎（2015）认为，乡村空间要素从性质上分为物质和非物质要素，其中非物质要素由生活空间、生产空间、文化建构构成，物质要素则包括点、线和面要素。

　　乡村旅游地是社会性、现代性影响下的复杂乡土空间，具有旅游空间生产下的三重实践和空间结构，应从乡村旅游地空间结构的解析入手，判别构成乡村旅游综合空间的部分和单元划分。结合现有关于空间要素的研究，提出乡村旅游地空间要素系统（见图 1），其中核心要素是乡土景观体系。

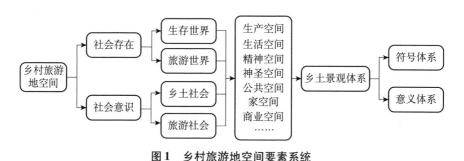

图 1　乡村旅游地空间要素系统

三、乡村旅游地空间表征的要素

（一）乡村旅游地空间边界

　　空间边界在性质上存在物质边界和意识边界两种区分，在形态上又不拘泥于一维、二维、三维等表现形式。村落边界是传统乡村最基本的空间特征之一，乡土社会在组织、内容、形式、实质上都要求用边界表征乡土社会内生秩序。此外，从乡村地方性的构成看，村落边界构成的实体内部是地方性存在的区域，它是不同乡村地方性区别的空间化显现。传统乡村的村落边界存在地理边界和文化边界两种基本形态（孟凡行，2017），其中，地理边界表现为地形、河流、特殊植被、土地、界桩、道路、建筑物、隐性标志物等乡土景观，文化边界的表现则十分复杂，可循的案例包括姓氏、方言、群体认同、文化默契等意象。

乡村旅游地介于旅游景区与旅游目的地之间，旅游景区是具有明确边界构成的一定面积的地理区域（国家旅游局，2004），旅游目的地是以地理区划为基础却无明确边界的较大区域。旅游场中的乡村具有与传统乡村相似的边界特征，其边界却会受旅游影响而增强或削弱。例如，成都市三圣花乡的花乡农居、荷塘月色、东篱菊园、幸福梅林、江家菜地5个旅游村落的边界体系由土地、建筑、道路、特殊植被、指示标牌等典型景观组成，不同植被所形成的村落意象则是地理边界与文化边界作用的结果。

空间边界的作用在乡村旅游地规划和发展中非常重要，村落边界是形成并彰显乡村旅游地地方性的重要载体。边界的利用在旅游地空间内部建构中还有更多表现，包括为道路、地标象征物、建筑空间、体验空间等景观和微空间塑形。

（二）乡村旅游地空间秩序

空间秩序是乡土社会秩序的构成部分，也是乡村社区道德、信仰、共同精神和差序格局的空间化显现，是村落治理的空间化表征（黄晓星等，2015）。在乡村旅游地的规划和发展过程中，空间秩序的重构实质上是旅游情境下乡土社会秩序的再建构，这对于旅游乡村社区的稳定和可持续发展有重要意义。在旅游发展时代到来之前，乡土社会已在几千年的演变中发展出稳定而平衡的社会结构和权力场域，这些乡村秩序体现在乡村空间中，即表现为当地居民拥有相对平等的空间利用和占有权利。乡村旅游发展情境中，资本逐利和权力使用的习惯影响了乡土社会原有的空间秩序，使当地各主体之间的不平等凸显出来。这是旅游开发初期场域运作的寻常现象，易导致旅游发展中利益诉求不平衡所致的矛盾激化甚至冲突，最终危及旅游地的可持续发展。

乡村旅游地发展建设与规划管理的过程中，应促进当地居民、政府各部门、旅游发展力量三方的交流互动，社区、村委会等群众组织应担负对村民需求满足和权利保护的责任，或成立乡村旅游合作社以重构旅游发展情境中的乡土社会秩序，而这些应通过积极合理的乡村旅游地内部空间的分区、划界、调节、整合以实现。

（三）乡村旅游地空间意象

空间意象（space image）是人们对客观物体空间特征的认知结果，是人的意识对地理空间信息的主动与积极的形象化感知（魏鹏等，2015），空间意象是可识别的、想象的、图景化、情景式的。受中国古代田园诗派和地域文化差异根深蒂固的影响，中国人天然抱有对传统乡村特色鲜明的意象。中国古村落景观具有山水意象、生态意象、宗族意象、趋吉意象四方面的基本空间意象，这些空间意象通过地域性的乡土景观组合表达，如东北林海雪原聚落、华北平原聚落、山东丘陵聚落、黄土聚落、江南水乡、徽州古村落、客家古村落、岭南广府聚落、滇黔桂少数民族村寨、巴蜀沿江场镇（李畅等，2015）。

旅游者在不同行为阶段具有不同的目的地形象（destination image），区别于旅游体验后形成的综合形象，原生形象和引致形象对游客旅游动机的产生和出游决策的形成具有重要影响（吕兴洋等，2014），目的地的原生形象和引致形象与其空间意象在本质上具有同构性。因此，通过旅游形象定位、旅游宣传语有效传达和塑造乡村旅游地空间意象是乡村旅游发展中的重要问题。本文收集整理了以国家 AAAAA 级景区为代表的乡村旅游地宣传语，分析乡村旅游地形象定位所需展示的不同空间意象及其景观表达（见表2）。

表2　　　　国家 AAAAA 级景区（乡村旅游地）旅游宣传语与空间意象

景区名称	旅游宣传语	空间意象	景观表达
保定市安新白洋淀景区	华北明珠 京南水乡	湿地生态与华北水乡风情	水体与水资源、植被、交通设施和交通工具、传统生产技术
吐鲁番市葡萄沟风景区	火焰山下的避暑山庄	绿洲农业与维吾尔民族风情	田地景观、乡土自然环境系统、乡土聚落系统、乡土物景和事景
阿勒泰地区喀纳斯景区：禾木村、白哈巴村、喀纳斯村	人间有净土 新疆喀纳斯	温带自然风光与蒙古族民族风情	乡土自然环境系统、村落环境、乡土建筑、乡土物景和事景
新疆伊犁那拉提旅游风景区	空中草原那拉提	草原自然风光与哈萨克民族风情	乡土自然环境系统、草地、动物群、建筑形态、乡土物景与事景
安徽省黄山市皖南古村落：西递宏村	桃花源里人家 中国画里乡村	田园风光与徽州古村落	乡土聚落系统、水体与水资源、传统乡村基础设施

景区名称	旅游宣传语	空间意象	景观表达
梅州市雁南飞茶田景区	雁南飞 茶中情	客家文化与茶文化意境	田地景观、地形、传统生产技术、建筑形态、乡土物景
福建省土楼（永定·南靖）旅游景区	世遗土楼 故里南靖	客家古村落与客家文化意境	乡土聚落系统、地形、植被、乡土物景与事景
安徽省宣城市绩溪龙川景区	感受中国真正的风水宝地	风水文化意境与名人故里	乡土聚落系统、地形、水体与水资源、传统乡村基础设施
黄山市古徽州文化旅游区：呈坎景区	世界风水在中国 中国风水在呈坎	风水文化意境	乡土聚落系统、水体与水资源、传统乡村基础设施
漠河北极村旅游区	相约天然氧吧 感受生态漠河	中国最北端与自然生态	气候、植被、村落环境、乡土建筑、习俗与风俗
海南槟榔谷黎苗文化旅游区	讲述海南黎村的故事	黎苗民族风情	乡土物景与事景、气候、植被、乡土建造与建筑
青海省海东市互助土族故土园景区	中国土族 彩虹故乡	土族民族风情	乡土物景与事景、乡土建造与建筑

作为一种地方感，乡愁是乡村旅游地空间意象所需传达和塑造的最终感受，其对游客的旅游动机和旅游行为具有重要影响。周尚意等（2015）认为乡愁的道德评价具有空间性，意即乡愁的对象是具有尺度的（见表3），乡愁发生的场所是具有距离远近差异的，乡愁的存续是具有移动性和转移性的。因此，注重乡村旅游地空间意象的层级性和不同层级的尺度转换、关注时空距离远近在空间意象传达中的特殊作用、运用好乡村旅游地空间意象的移动性和转移性是乡村旅游市场营销取得突破的重要方法。

表3　　　　　　　　　　旅游空间意象的尺度性案例

大尺度	中尺度		小尺度
清新福建	清新福建·有福之州	清新福建·美丽厦门	清新福建·泰宁生活
	清新福建·花样漳州	清新福建·海丝泉州	清新福建·乐享永泰
	清新福建·悠然三明	清新福建·欢乐龙岩	清新福建·慢游新罗
	清新福建·绿色宁德	清新福建·平潭蓝	清新福建·精美漳平
	清新福建·妈祖圣地（莆田市）		清新福建·快乐武夷

四、乡村旅游地空间表征的路径

（一）表征手法下乡村旅游地的地理想象

乡村旅游资源吸引力来源于乡土景观所内含的乡村地方性对旅游者"异地性"体验的满足，而无论是对于乡土景观还是乡村旅游地，异地性存在的本质是其所含的地方性。乡土景观是乡村地方性的可视化涌现，乡村旅游地空间意象对旅游者产生吸引力的根本路径是通过恰当的乡土景观组合表达旅游乡村所富有的地方性。表征理论及其工具为塑造和传达乡村旅游地地方性的空间意象提供了重要技术手法。表征手法善于利用文本和图像建构的意象来隐喻素材背后隐含的意识、文化、历史、权力和社会关系。表征主体可借用文本和图像来表征特定地方的地方性。以文本而言，莫言通过乡土景观、民俗风情、人物个性等文本建构了微小独特的高密东北乡①，陈忠实通过麦田、农家人、宗族信仰等文本建构了陇上乡村白鹿原②。图像素材也是建构地方空间意象的有效手段，例如，电影《指环王Ⅰ》通过草原风光、淳朴民风建构了弗罗多家乡的美好形象，电影《阿凡达》通过自然风光和原始部落建构了纳威人的潘多拉。

将表征手法运用于乡村旅游地空间意象表达中需经过两个环节。首先是对基于乡土景观的乡村旅游地地方性的深刻认识和把握，这一地方性是后续表征运用必须一贯坚持和围绕的核心；其次是梳理分析蕴含地方特性的意识、观念、文化、历史、社会关系素材，并创造借由文本和图像将其叙述和呈现的方式，这些表征方式是乡村旅游营销创新的答案。

（二）非表征手法下乡土景观实践与具身体验

表征手法形成了旅游者对乡村旅游地地方性感知期望，非表征手法提供了旅游者在旅游世界中满足地方性感知欲求的工具。人文主义地理学者深刻认识到地方性所具有的主体性和建构性，受身体现象学、后结构主义、女性主义等

---

① 莫言. 红高粱家族 ［M］. 上海：上海文艺出版社，2008.
② 陈忠实. 白鹿原 ［M］. 北京：人民文学出版社，2012.

哲学认识论的影响，新文化地理学者将地方性的主体性和建构性进一步阐释和发展，认为地方性并不是先验的、结构化的、历史的，而是存在于世、动态演变、现时的，由此衍生出地方性与生活世界同步共存的理论共识，新文化地理学者将其地方性建构阐述为非表征的地方。非表征理论的地方性伴随主体的身体行为产生，由身体互动、身体经验、情感等行为细节共同诠释。

在非表征手法下，乡村旅游地通过当地居民景观实践中具有日常性、实践性、具体性的形式提供给旅游者，旅游者在经历这些"陌生"的日常实践中反复模拟景观持有者的心态，在实践性、具体性的景观体验行为中产生身体经验和身体记忆，并借由与当地居民共同的、寻常的景观实践经验产生情感，旅游者所感知的地方意义及其依托乡土景观的地方感也同期形成。

（三）乡村旅游地的地方性生产

表征与非表征手法提供了乡村旅游地地方性表达和塑造的有力工具，乡村旅游发展情境中，并不是所有的乡村主体都能在现代性语境下还保留着完整的地方性，更不论学者们所担忧的大众旅游对乡村地方性的解构或消弭作用。学界普遍认为，在全球化和现代性语境下，地方性呈现出建构性（余文婷，2021），对历史街区和城镇空间地方性重构的研究尤其佐证了这一观点，但对于乡村旅游情境下乡村地方性重构的机制却少有整体性分析。

乡土景观是乡村地方性的集中涌现，以乡土景观为本底的乡村旅游资源更是乡村旅游发展的首要关注点。在乡村旅游开发与规划过程中，乡土景观体系被有意地挖掘、发现、审视并转化为旅游产品，政府、规划者、景区管理者、当地居民、游客连同景观体系共同构成行动者网络，这一进程促进了乡村自有地方性的显现。随着乡村旅游发展阶段的深入，乡村旅游地空间逐渐转向构想空间和生活空间，行动者也开始以新的共同目标来审视乡土景观。新行动者网络下，符号体系和意义体系被重新诠释和定义，出现了消费社会意指下对乡土景观的符号消费，乡土景观符号的能指系统和所指系统也被动发生变化，这种现象抑或是文化人类学者所称的"舞台化"。乡土景观体系、乡土景观符号体系和意义体系在乡村旅游发展的整个过程中，见证着乡村旅游地地方性的延续或演变，行动者主体若能在旅游发展过程中保持对乡村地方性的认知理性，乡土景观、符号、意义的变化运动则将有益地促进乡村旅游地地方性的彰显或再建构。

五、结论

乡村旅游地是当代中国特征明显、情境复杂的一类乡土空间，对其空间解构、表征要素及表征路径的研究弥补了乡土空间地方性研究的短缺。本文认为，地方性理论和表征与非表征理论是理解和解决乡村旅游地空间再建构问题的理论工具，并得出以下结论：（1）乡村旅游的空间生产包括空间实践、空间表征、表征空间3类行动，在此作用下依次形成感知的空间、构想的空间和生活的空间，其空间要素表现为以乡土景观体系为核心的复合系统；（2）乡村旅游地空间表征的要素包括空间边界、空间秩序和空间意象，3类要素是乡村旅游地空间实践和空间表征的核心内容；（3）乡村旅游地空间表征的路径包括表征手法下乡村旅游地的地理想象、非表征手法下乡土景观实践与具身体验以及乡村旅游地的地方性生产等。本文为实施乡村振兴战略下乡村地方性保留与传承提供了一定的理论参考。在广泛而深刻变化的乡村旅游发展与城乡统筹协调的实践背景下，把握乡村空间重塑的格局、尺度、过程等现实难题，仍需从文化地理学与景观地理学的角度分析、研究更多实践案例与现实规律。

参考文献

［1］费孝通．乡土中国（修订本）［M］．上海：上海人民出版社，2013.

［2］封丹，李鹏，朱竑．国外"家"的地理学研究进展及启示［J］．地理科学进展，2015（7）：809－817.

［3］高权，钱俊希．"情感转向"视角下地方性重构研究：以广州猎德村为例［J］．人文地理，2016（4）：33－41.

［4］郭文，王丽．文化遗产旅游地的空间生产与认同研究：以无锡惠山古镇为例［J］．地理科学，2015（6）：708－716.

［5］郭文．空间的生产与分析：旅游空间实践和研究的新视角［J］．旅游学刊，2016（8）：29－39.

［6］国家旅游局．旅游景区质量等级的划分与评定［S］．2004.

［7］胡宪洋，白凯．拉萨八廓街地方性的游客认同建构［J］．地理学报，2015（10）：1632 – 1649.

［8］宦震丹，王艳平．地方感与地方性的异同及其相互转化［J］．旅游研究，2015（2）：64 – 68.

［9］黄文炜，袁振杰．地方、地方性与城中村改造的社会文化考察：以猎德村为例［J］．人文地理，2015（3）：42 – 49.

［10］黄晓星，郑姝莉．作为道德秩序的空间秩序：资本、信仰与村治交融的村落规划故事［J］．社会学研究，2015（1）：190 – 214.

［11］姜辽，苏勤．旅游对古镇地方性的影响研究：基于周庄的多案例考察［J］．地理科学，2016（5）：766 – 771.

［12］凯文·林奇．城市意象［M］．方益萍，何晓军，译．北京：华夏出版社，2017.

［13］李畅，杜春兰．乡土聚落景观的场所性诠释：以巴渝古镇为例［J］．建筑学报，2015（4）：76 – 80.

［14］李凡，杨俭波，何伟财．快速城市化背景下佛山传统祠堂文化景观变化以及地方认同的建构［J］．人文地理，2013（6）：9 – 16.

［15］刘珊．顺德乡村空间要素认知研究［D］．广州：华南理工大学，2015.

［16］吕兴洋，徐虹，林爽．品牌劫持：旅游目的地形象异化演进过程研究［J］．旅游学刊，2014（6）：67 – 75.

［17］孟凡行．村落边界和"村落边缘"：陕西关中平原 G 村空间结构考察［J］．社会科学家，2017（5）：147 – 153.

［18］明庆忠，段超．基于空间生产理论的古镇旅游景观空间重构［J］．云南师范大学学报（哲学社会科学版），2014（1）：42 – 48.

［19］孙九霞，黄秀波，王学基．旅游地特色街区的"非地方化"：制度脱嵌视角的解释［J］．旅游学刊，2017（9）：24 – 33.

[20] 孙九霞,苏静.旅游影响下传统社区空间变迁的理论探讨:基于空间生产理论的反思 [J].旅游学刊,2014 (5):78 – 86.

[21] 孙九霞,张士琴.民族旅游社区的社会空间生产研究:以海南三亚回族旅游社区为例 [J].民族研究,2015 (2):68 – 77.

[22] 孙九霞,周一.遗产旅游地居民的地方认同:"碉乡"符号、记忆与空间 [J].地理研究,2015 (12):2381 – 2394.

[23] 王敏,江荣灏,朱竑.人文地理学的"视觉"研究进展与启示 [J].人文地理,2017 (3):10 – 19.

[24] 韦玉臻.自然要素对四川藏区河谷型城镇空间结构影响研究 [D].成都:西南交通大学,2017.

[25] 魏鹏,石培基,杜婷.基于空间意象的旅游者空间决策过程研究 [J].旅游学刊,2015 (9):43 – 51.

[26] 徐文燕,钟丽莉.基于地方依恋视角的旅游地居民对乡村旅游支持度研究 [J].哈尔滨商业大学学报(社会科学版),2016 (3):100 – 110.

[27] 尹铎,钱俊希,朱竑.城市新区作为"家"的表征与实践:以鄂尔多斯康巴什新区为例 [J].地理科学进展,2016 (12):1517 – 1528.

[28] 尹立杰,张捷,韩国圣,等.基于地方感视角的乡村居民旅游影响感知研究:以安徽省天堂寨为例 [J].地理研究,2012 (10):1916 – 1926.

[29] 余文婷."地方"理论在中国的演化与发展评述 [J].地理与地理信息科学,2021 (2):100 – 105.

[30] 周尚意,成志芬.关于"乡愁"的空间道德和地方道德评价 [J].人文地理,2015 (6):1 – 6.

[31] 周尚意,杨鸿雁,孔翔.地方性形成机制的结构主义与人文主义分析:以798和M50两个艺术区在城市地方性塑造中的作用为例 [J].地理研究,2011 (9):1566 – 1576.

[32] Blunt A. Cultural geography:cultural geographies of home [J].Progress in Human Geography,2005 (4):505 – 515.

［33］Gregory D, Johnston R, Pratt G, et al. The dictionary of human geography ［M］. 5th ed. Malden: Wiley-Blackwell, 2017.

［34］Massey D. Space, place and gender ［M］. Minneapolis: University of Minnesota Press, 2001.

［35］Xue L, Kerstetter D, Hunt C. Tourism development and changing rural identity in China ［J］. Annals of Tourism Research, 2017 (9): 170 – 182.

乡村振兴背景下国内旅游的人民性反思与实践探索*

余正勇 陈 兴 张 喆 郭思颖

经过多年的探索与实践，我国旅游发展取得了巨大成就，目前已进入了大众化旅游发展阶段。随着社会经济的发展与人民生活质量的提升，旅游已然成为人们生活的重要组成部分，是每个社会成员的消费权利，人民性则是旅游发展的突出特征。乡村振兴背景下，旅游发展面临着新的发展机遇与挑战，而对旅游进行人民性反思有助于明晰新时期旅游实践诉求，把握旅游未来发展方向。

在行业发展方面，自 1978 年开始，改革开放推动了中国旅游业的产业化发展，使其成为以创汇为主的经济产业。我国旅游业形成以政府为主导的特色产业模式，伴随旅游发展活力及优势的凸显，旅游业由经济增长点转变为国民经济重要产业。旅游业成为我国战略性支柱产业，并融入国民寻常的消费生活中。旅游的兴起顺应了人民生活需要，旅游发展越发注重和体现以人民为中心的关键特征，关乎人民福祉与高层次精神满足。这不仅是我国社会主义性质使

———————————

* 余正勇，陈兴，张喆，等. 乡村振兴背景下国内旅游的人民性反思与实践探索［C］//中国旅游研究院. 2021 中国旅游科学年会论文集，2021.

然，也是旅游顺畅运行和可持续发展的必然选择。一方面，关于人民性的中心论述深刻影响着旅游业发展实践，坚持把人民放在心中最高的位置，为人民服务，努力为人民谋取利益和幸福。旅游发展也是如此，如何体现和突出人民更高层次的需求，以旅游的高质量发展满足人民日益增长的、个性化和多样化的出游需求显得尤为重要。为此，国内旅游行业相关部门围绕人民需求作出了系列探索实践，并取得了巨大的成就（见表1）。另一方面，旅游业的兴起是人民生活水平和消费需求达到一定程度后催生的新的生活消费方式，其发展必然要满足人民的需求，符合大众的口味，才能成为大众愿意参与并为之付费的消费选择。自2016年李克强提出建设旅游、文化等五大幸福产业后，2018年的全国旅游工作会议中更是将旅游列为五大幸福产业之首。2016"中国幸福"的调查显示，达90.8%的受访者曾在旅游经历中体验到幸福的感觉，旅游作为一种显性的精神消费，已然成为关系人民生活幸福指数的重要方式。

表1　　　　　　　　　　　　2009 年以来国内旅游人民性发展事件

年份	文件/会议	人民性体现
2009	《国务院关于加快发展旅游业的意见》	将旅游业首次定位为国民经济的战略性支柱产业
2011	国务院将每年的5月19日确定为"中国旅游日"	标志着旅游业迈入满足大众化旅游需求的新时代
2013	国务院发布《国民旅游休闲纲要（2013—2020年）》	推行带薪休假制度，颁布实施中国第一部旅游基本法，标志着中国旅游业进入了依法治旅、依法兴旅的新阶段
2015	全国旅游工作会议提出了"515战略"	围绕富民强国等五大目标，推出旅游十大行动，开展52项举措
2016	李克强在天津出席夏季达沃斯论坛开幕式	首次提出旅游、文化、体育、健康和养老为五大幸福产业旅游消费已成为人们释放幸福感的明显需求信号
2017	党的十九大报告	我国社会主要矛盾已转化为"人民日益增长的美好生活需要和不平衡不充分的发展之间的矛盾"。国内开展了"幸福指数"的调查研究
2018	全国旅游工作会议	旅游业已被列为"五大幸福产业"之首
	"中国旅游日"的主题	全域旅游和向优质旅游发展阶段转型，同时明确点出服务于人民日益增长的美好生活需要
2019	亚洲文明对话大会"文化旅游与人民交往"分论坛	"旅游是促进文化交流和人民交往最具活力的渠道。"以"一带一路"服务中国公民到世界各地旅游的同时，也为当地居民旅游提供更好服务，通过双向交流和互动，进一步促进文化交流与人民交往

在理论研究方面,最早的旅游研究始于19世纪末20世纪初,德国、意大利等西欧学者为旅游相关研究作出了开创性工作(王晓华等,2009)。旅游最初研究大都从经济学视角出发,将旅游视为经济产业,其中,学者马里奥蒂(Mariotti)于1927年首次从经济学角度系统剖析和论证了旅游现象,奠定了旅游作为经济产业的研究基础(Dann et al.,1988)。伴随旅游行业发展实践,国内外相关理论研究围绕旅游概念定义、旅游内涵外延、旅游研究对象、旅游性质、旅游学科体系塑造和旅游学科理论构建等方面展开了广泛而深入的探讨,在积累优质丰富研究成果的同时,不断深化学界和业界对旅游这一新兴产业的学理认识。然而,关于旅游研究的相关论述尚未出现统一的论断,存在众说纷纭的现象。旅游研究视角由最初单一的经济视角逐渐向产业、现象学、系统论和人本主义等视角拓展,其中,旅游研究从经济研究转向人文现象的研究尤为重要,真正实现了以人为本的研究价值取向。以人为核心主体的研究导向凸显了旅游作为人民生活存在方式及精神消费方式的重要性,让人们意识到大众旅游时期旅游的多功能价值。旅游作为一种综合的社会文化现象不仅具有经济产业价值,更在于其文化价值(郭胜,2007)、教育价值(刘录护等,2010)、社会价值(唐晓云,2015)、审美价值、生态价值等的实现。这在一定程度上也从更加全面和广泛的人本主义视角补齐了科学主义下旅游研究的不足(马凌等,2018),将作为人类主要活动之一的旅游置于社会和文化框架之中进行阐述,更有利于构建人民满意、社会利好的旅游幸福产业。例如,不少学者基于人学和系统论探讨了旅游本质,认为旅游是人的一种自我发展和完善的活动和经历,并伴随人类的发展和发展(马耀峰等,2007)。同时,需要将人文关怀融入体验旅游发展,构建以人为本的旅游产品设计体系,更加关注弱势群体的利益和人民公正平等的发展权利,才能从旅游角度助力和谐社会的构建(叶德辉,2012)。

新时期对旅游发展而言是机遇更是挑战,如何更好地积极应对国民基本矛盾的转变,做好旅游端与乡村振兴的有效衔接,充分发挥旅游为民、旅游富民、旅游利民的优势效应成为新的发展之问。而究其本质,在于旅游发展过程中对人民性的充分关照与体现。因此,旅游在全面推进乡村振兴战略行动过程中要能担大任、有所作为，则有必要审视和强调旅游人民性的关键属性，对以往旅游行动进行人民性反思，明晰旅游发展的现实困境，整体把握之后很长一段时期内旅游人民性的实践诉求和发展方向，进而更好发挥旅游的乡村振兴效能。

一、旅游学科体系建设的人民性渊源

梳理旅游学科自出现到不断发展和完善过程中的人民性渊源，是反思旅游人民性实践的重要基础。人民性贯穿旅游学科体系的建设的整个过程中，具体包括在旅游概念、旅游活动、旅游本质、旅游理论系统等多个方面中的人本位体现。

在旅游概念方面。学界关于旅游概念的界定尚未达成一致观点，张凌云（2008）、陈海波（2016）分别基于现象学和类型学视角对国内外相关旅游定义加以梳理回顾，并做了进一步的概念界定。如表2所示，分析目前学界主要的旅游概念不难发现，无论是旅游概念的现象说、体验说还是活动论之中，皆是基于人本位前提进行的。围绕诸家观点，旅游通常被视为人特有的活动形式，作为一种异常环境中短暂的自由、审美等多种功能性体验和现象，并逐渐成为人们不可获缺的一种生存生活方式。

表2　　　　　　　　　　　　旅游概念定义的文献梳理

学者/机构	旅游概念定义
联合国世界旅游组织（UNWTO）	旅游是一个人离开其惯常环境（usual environment）24小时以上，不超过一年，并在到访地不从事报酬的活动
哈维（Harvey，1989）	旅游业是游客等"他者"想象生产的产业，这些想象重构了人和地方
张凌云（2008）	旅游是由于人的这种与生俱来的需要和行为得到满足和释放时，所产生的社会关系和现象的总和
李天元（2009）	旅游（活动）是人们出于移民和就业之外的目的，暂时离开自己生活的惯常环境，前往他乡开展旅行和逗留访问活动
吴必虎等（2009）	旅游（活动）是人们基于和平目的而移动至惯常环境之外的地方并在那里短暂逗留的活动
谢彦君（2011）	个人利用其自由时间并以寻求愉悦为目的而在异地获得的一种短暂的休闲体验
王玉海（2010）	旅游是人们利用闲暇时间对非惯常环境的一种体验，是一种短暂的生活方式和生存状态
曹诗图（2013）	旅游是人们以消遣、审美、求知等为主要目的，利用余暇到日常生活与工作环境之外的地方的旅行、游览和逗留等各种身心自由的体验

旅游活动作为旅游理论体系基础概念之一，首先是人的活动，然后才是各种类型旅游者为更高层次的体验需求而开展或参与的活动形式。旅游作为人的基本需要，在一定程度上也是人权的范畴，美国、德国等西方国家支持和鼓励旅游的发展并不仅仅局限于经济利益的获得，更多是为了培育和影响人民的文化素养。旅游活动作为人与人之间、人与自然事物、人与社会环境进行交互和实践的媒介形式，深刻影响着人民的生活诉求和福利获得（余书炜，1997）。同时，旅作为游实践活动旅游科学的研究对象，理应作为旅游科学研究的逻辑起点，通过各种资源配置与获得增进人类福利（戴斌，1997）。

在旅游本质方面。事物的本质是事物区别于其他事物的专有属性，具有内在的稳定性。基于西方哲学的视野下，学界认为本质理论与现象学成为旅游本质探讨中主要的两大类，最终表现为"体验"与"人诗意的栖居"（邓勇勇，2019）。学界围绕旅游本质展开了激烈的探讨，相关学者分别从伦理学、人学和系统学、现象学等方面提出旅游的本质是人的全面发展、人的自觉经历与活动、人的体验等论点（见表3）。自谢彦君（2010）提出旅游体验的本质论之后，深刻影响了之后的旅游研究。然而，这也引发了不同的观点争论。张斌（2012）以黑色旅游质疑了旅游体验说，杨振之（2014）更是将体验视为旅游的基本特征，认为旅游的本质是诗意的栖居。但无论怎样，旅游本质的探讨仍旧没有偏离人本位的主线，都将人作为旅游活动的主体，依托人的需要而存在，离开人的需要的旅游活动是不存在的。即便是旅游学科体系框架的探讨中，都紧密契合人的需求满足，人的活动内容供给方面，这一观点从以往关于学科体系建构的"六要素说""三体说""旅游产业说""过夜说"研究中方能得到验证。从旅游者到旅游需求、旅游活动、旅游供给、旅游产品、旅游服务、旅游配套设施、旅游体验等一系列的设定与开发，都是依靠于民、服务于民的产业基准。

表3　　　　　　　　　　　学界关于旅游本质探讨的主要观点

学者	旅游本质观点
曹国新等（2004）	伦理学的角度认为，旅游的本质是复归人的全面发展
马耀峰等（2007）	从人学以及系统论的视角认为，旅游的本质是人的一种自觉活动或经历

学者	旅游本质观点
谢彦君（2010）	通过胡塞尔现象学的研究方法对自己先前的观点进行了调整，认为旅游的本质是体验
张斌（2012）	旅游的本质并不是体验，因为红色旅游和黑色旅游并不符合审美、消遣、愉悦的体验目的
杨振之（2014）	体验是旅游的基本特征，而旅游的本质是人诗意地栖居，体验不是旅游的本质
邓勇勇（2019）	旅游的本质只能在一定的旅游活动中得到生成、体现和确证

二、旅游行业发展的人民性实践体现

人民性不仅深刻融入旅游学理研究和学科体系设置，更是突出彰显于旅游行业的人民性实践与发展。吴必虎（1998）基于系统论视角提出的游憩系统对阐释旅游行业的人民性实践具有良好的适应性。依据其研究观点，旅游系统包括客源市场系统、支持系统、出行系统、目的地系统四部分（见图1），而旅游的持续运行依赖于各个系统的正常运作和协调衔接，其中，人民则是该系统得以运转的原动力。

在客源市场系统中，行业部门对客源市场进行阶梯性梳理分析的目的在于更加深入地了解和把握旅游市场情况，最终对作为旅游者的人民群体进行画像，精准知晓该群体的基本特征和消费能力等内外因素影响下所具有和呈现的旅游需求，从而有目的、有方向地开发旅游景区、规划旅游产品、策划旅游活动、提供相应的旅游服务，对接游客群体的需求，这也是旅游产业的发展向好的前提保障。

在支持系统中，政策法规、环境保证和人力资源教育涉及各级政府、教育培训、企业集团等多个组织机构，其目的在于保障人民旅游实现的安全和品质。政府制定政策法规有利于保障人民在旅游系列过程和环节中的人身财产安全和权利享受。环境保证虽然没有直接体现于人民群体，但通过对自然资源和社会人文的保护，间接性地保障了人民群体长久性、持续性的旅游需求实现。人力资源教育的开展为培养专业的旅游开发者、规划者、服务者提供了前提保证，从而更好地服务和满足人民的旅游需求。

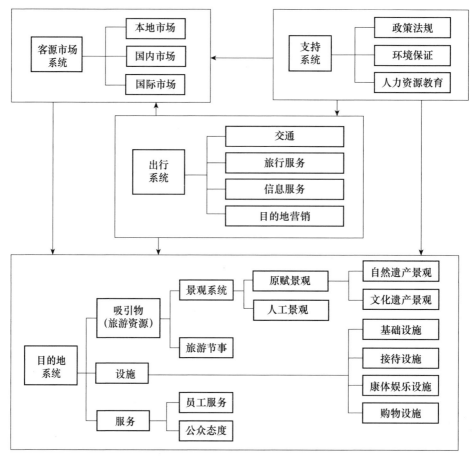

图1　吴必虎（1998）的游憩系统观点

在出行系统中，交通、旅行服务、信息服务和目的地营销等为旅游人民群体从客源地到目的地搭建起了桥梁。增加旅游人民群体对目的地的认识、相关信息咨询服务的获得、交通媒介的提供等都是旅游实现的必要保证。

在目的地系统中，吸引物、设施、服务都是建构目的地形象的关键要素，也是人民群体实现旅游体验的直接场所。非惯常环境的资源景观宣传、人文风情展演、服务体验的塑造不仅展示了目的地人民对旅游发展的内在诉求和自我呈现，更在于对外来旅游人民旅游需求的敏感识别与反馈，在内外的交流互动中有效地将需要与供给、生产与服务进行衔接，有序地开展人民性的旅游实践与发展。

三、人民性本位缺失阻碍乡村旅游振兴

经过多年的经验探索，我国旅游发展取得了突破性进展。随着第一个百年奋斗目标的如期完成，人民旅游需求发生从"有没有"向"好不好"的转变，国民旅游消费需求也逐渐显现出多样化、特色化和品质化趋势（戴斌，2021）。然而，回顾当前旅游发展，仍存在着诸多不和谐的发展现象及困境，突出表现为旅游发展过程中人民性本位缺失和偏离，严重阻碍了今后旅游的品质化建设，影响着国民旅游幸福感和获得感，甚至引发乡村旅游振兴疲软局面。据上海旅游智库报告，中国的旅游景区只有5%在盈利，却有95%的景区在亏钱！同时，旅游在乡村振兴背景下被作为乡村振兴的抓手，争相在全国各地开展、模仿，一时之间旅游几乎席卷了整个乡村。但真正能带动乡村振兴发展的旅游案例却并不显著，一些案例甚至在一定程度上阻碍了乡村的振兴发展。究其原因，主要在于旅游发展实践过程中人本位的缺失，未能充分实现对人民性需求的考量和对人民主体规律的尊重。主要体现在以下两点。

（1）官员学者规划和研究不接地气，偏离了人民性需求，难以带动地方旅游发展振兴，也难以满足人民旅游服务和发展需求。

在旅游规划开发中，规划者、政府官员、学者等群体相较于人民群体而言处于强势地位，不少官员往往选择将旅游发展作为政绩需求，未能充分评估地方资源基础和承载能力。没有条件就创造条件，大张旗鼓、大兴土木搞旅游，但旅游收益难以为继，面临无人问津的局面。虽然在基础设施上对地方有了一定的改善，但更多的是造成资源的耗损、闲置和浪费。同时，研究和规划群体在旅游开展过程中存在为了研究而研究，为了规划而规划，失去了规划和研究的初心，偏离了以人民为中心的道路，不接触基层旅游工作者，不走访和了解人民群体的需求和愿望。相关成果没有来自人民大众，自然也难以适用于人民需求发展之中（戴斌，2020）。

（2）旅游发展与乡村振兴中缺乏对人民主体性的尊重，未能充分保证人民的主体权益。

由于缺乏对乡村振兴内涵的正确认知，大多振兴行动中往往将产业、人才

和资本等作为地方振兴的核心所在，相关研究就产业谈振兴、就人才谈振兴，忽略了人民的主体性需求和主体权益保障，导致旅游实践路径下的乡村振兴偏离了"三农"问题的关键。

因此，在新的发展时期从人本视角审视旅游发展研究已然成为必要，大量研究从人学、人本视角重新审视了当下旅游学研究问题、旅游发展社会群体需求差异及其规划响应、并面向人的存在对旅游功能进行再认识研究（马凌等，2018；郑伯红等，2019）。例如，邱建生（2016）认为，乡村振兴不能回避地方人民的权利问题，并从农民的养猪、技术、合作三个方面阐述乡村振兴过程中人民权利流失的现状。吴殿廷（2019）否定了乡村振兴以房为本、以路为本、以景为本的思路，强调了以人为本的可持续发展道路，统筹带动乡居人、乡籍人、乡愁人、乡游人促进乡村繁荣与兴旺。

四、乡村振兴战略下旅游人民性实践策略

综合前面对旅游学理研究与行业实践发展中的人民性梳理与回顾，可知人民性是旅游发展研究的重要特性，而随着人本主义的转向与新时期社会基本矛盾的转变，这一特性在未来将更加关键和显著。与此同时，相关旅游实践中由于人民性本位的缺失也警示着当下旅游发展的危机与困境。乡村振兴战略背景下，旅游坚持人民性的发展准则，可围绕以下策略开展。

（一）坚持旅游为民，做好旅游关键时期转型衔接

中国式现代化加速推进背景下，如何总结旅游扶贫经验和效应，发挥旅游在脱贫攻坚向乡村振兴转变中的有效衔接作用，以旅游巩固拓展脱贫成果，助力乡村产业、经济、社会和文化等多方面振兴，成为新的现实命题。在这样的转型时期，要做好旅游发展部署，认清旅游发展的现实情况，坚持旅游为民，以人民利益为重，满足人民日益增长的旅游文化需求，做好旅游关键时期转型衔。补齐发展短板，持续推进全域旅游建设、加强文旅融合的深度及广度、强力推进智慧旅游和数字文旅建设，充分发挥"旅游＋"和"＋旅游"的双向模式效应，多途径、全方位地满足人民出游需求。例如，近年来乡村民宿业的发展不失为乡村旅游振兴中的创新探索实践。民宿业因平民化、平价化、亲民

化而广受游客之喜好，以其景观特色、主人文化、温情服务一路走高，成为乡村旅游和乡村振兴的有效抓手，在乡村经济发展、地方文化传承、旅游品质创新方面发挥着显著作用。乡村振兴战略下，相关旅游项目及产品规划应当紧密结合大众的生活态度与美好诉求，基于人民立场和需求谈创新、讲开发、谋发展。

（二）坚持旅游靠民，激发乡村内生振兴长效机制

旅游作为人民的一种生活方式，关系着人民的精神满足和体验需求，人民需求的满足成为旅游发展的不竭动力，但旅游的持续发展也离不开人民的参与。例如，乡村目的地社区不仅承载了旅游者的旅游体验空间，更是地方居民主体的生活空间，目的地规划开发的过程中不仅要满足旅游的观光游览需求，也要满足地方主体的生活发展诉求，这个过程也是内外居民协商妥协的过程。践行旅游靠民的思路，在于充分调动人民主体性和积极性，共同参与到旅游发展、决策和建设之中，发挥在地性知识和资源优势促进旅游景区营造。同时，乡村振兴的过程中要防止返贫，则不能一味地依赖于外源输血式发展，应发挥地方主体的创造力和创新性，围绕有效的帮扶机制、领导体制、动态监测体系等构建乡村内生振兴的长效机制。坚持旅游靠民，乡村振兴战略中需要引导带动人民积极参与乡村产业发展、乡村组织治理、乡村传统文化传承、乡村生态修复等多方面事业，构建共建共治共享共乐的示范社区。

（三）坚持旅游利民，谱写旅游稳健发展的新篇章

旅游的发展是否成功，旅游效益好不好，最重要的衡量指标和权利应当交给人民，只有人民说了才算，舍弃和严防以大为好、以多为好的发展评价误区，建立科学化、人性化的监测评价指标。坚持旅游利民，一方面，要严格把控旅游发展带来的负面效应，不能对地方居民的发展造成消极影响，充分发挥旅游经济价值之外的教育、文化、社会、生态和审美等溢出价值。另一方面，旅游的发展要保障人民的出游权利、收益权利、参与权利等多种权利，协调好利益相关者权利，构建公平公正公开的参与机制和办事机制，将旅游发展紧扣"三农"问题，扎根人民群体，做有价值的研究，做有效益的规划，写接地气的文章和规划。同时，契合美丽乡村建设、乡村振兴等战略政策，坚持以人民为本的价值取向，谱写旅游稳健、优质发展的新篇章。坚持旅游利民，统筹协调乡村旅游转型升级与乡村振兴全面推进，实现乡村宜居、乡民富裕、乡味浓郁的发展目标。

参考文献

[1] 曹国新，宋修建. 旅游的发生、发展及其本质——一种基于发生学的考察 [J]. 华东师范大学学报（哲学社会科学版），2004（3）：116 – 120.

[2] 曹诗图. 对"旅游"概念的进一步探讨——兼与王玉海教授等商榷 [J]. 人文地理，2013（1）：116 – 120.

[3] 陈海波. 旅游概念界定与旅游学科框架构建的一个新视角 [J]. 旅游学刊，2016（4）：62 – 70.

[4] 戴斌. 关于构建旅游学理论体系的几点看法——兼评余书炜同学论文《论旅游理论研究内容的框架》[J]. 旅游学刊，1997（6）：42 – 45.

[5] 戴斌. 旅游强国进程中的理论建设与文化自信 [J]. 中国旅游评论，2020（4）：1 – 6.

[6] 戴斌. 以新发展理念凝聚高质量发展共识 [N]. 中国旅游报，2021 – 01 – 11（001）.

[7] 邓勇勇. 旅游本质的探讨——回顾、共识与展望 [J]. 旅游学刊，2019（4）：132 – 142.

[8] 郭胜. 旅游文化的功能及其品牌塑造 [J]. 社会科学家，2007（6）：117 – 119.

[9] 李天元. 旅游学概论（第六版）[M]. 天津：南开大学出版社，2009.

[10] 刘录护，左冰. 城市中学生旅游的教育功能：现象学视野的研究 [J]. 旅游学刊，2010（10）：53 – 71.

[11] 马凌，朱竑. 面向人的存在的旅游功能再认识研究：基于人文主义的视角 [J]. 旅游学刊，2018（6）：14 – 23.

[12] 马耀峰，白凯. 基于人学和系统论的旅游本质的探讨 [J]. 旅游科

学，2007（3）：27 – 31.

[13] 邱建生，方伟．乡村主体性视角下的精准扶贫问题研究［J］．天府新论，2016（4）：13 – 19.

[14] 唐晓云．旅游的社会文化功能及其实现路径［J］．决策探索，2015（2）：42 – 43.

[15] 王晓华，马耀峰，李天顺．基于经济社会环境和谐发展的旅游学科核心体系的思考［J］．旅游学刊，2009（8）：17 – 23.

[16] 王玉海．"旅游"概念新探——兼与谢彦君、张凌云两位教授商榷［J］．旅游学刊，2010（12）：12 – 17.

[17] 吴必虎，宋子千．旅游学概论［M］．北京：中国人民大学出版社，2009.

[18] 吴必虎．旅游系统：对旅游活动与旅游科学的一种解释［J］．旅游学刊，1998（1）：20 – 24.

[19] 吴殿廷．以人为本推进乡村振兴［J］．开发研究，2019（6）：1 – 6.

[20] 谢彦君．基础旅游学（第三版）［M］．北京：中国旅游出版社，2011.

[21] 谢彦君．旅游的本质及其认识方法——从学科自觉的角度看［J］．旅游学刊，2010（1）：26 – 31.

[22] 杨振之．论旅游的本质［J］．旅游学刊，2014，29（3）：13 – 21.

[23] 叶德辉．构建以人为本的旅游产品设计体系［J］．包装工程，2012（2）：133 – 135.

[24] 余书炜．论旅游理论研究内容的框架［J］．旅游学刊，1997（4）：30 – 35 + 62.

[25] 张斌．我们需要什么样的旅游哲学？——兼评《旅游哲学引论》［J］．旅游学刊，2012（9）：106 – 112.

[26] 张凌云．国际上流行的旅游定义和概念综述——兼对旅游本质的再认识［J］．旅游学刊，2008（1）：86 – 91.

[27] 郑伯红，杨靖．人本视角下旅游城市的社会群体需求差异及其规划

响应 [J]. 求索, 2019 (5): 112 – 119.

[28] Dann G, Nash D, Pearce P. Methodology in tourismresearch [J]. Annals of Tourism Research, 1988 (1): 155.

[29] Harvey D. The Condition of Post-modernity: An Enquiry into the Origins of Cultural Change [M]. Oxford: Blackwell, 1989.

第二篇

乡村民宿的开发

符号消费视角下乡村民宿消费空间感知与建构

余正勇　陈　兴

民宿作为乡村旅游中新的消费场景与方式，既是乡村符号元素的集合体、旅游者符号消费的空间和场所，也是系列符号价值和意义投射的对象（张海洲等，2020），成为旅游者追寻、想象和消费的符号空间。伴随体验经济和消费主义的兴起，加强民宿旅游的理论研究与实践反思，探讨民宿空间符号体系、文化消费内容、民宿消费空间的符号化生产与建构成为民宿高质量发展和满足游客美好生活需要的现实课题。

符号消费理论在消费社会学研究中具有重大意义，为大众消费特点、观念、行为和文化提供了有效的理论视角。鲍德里亚认为，人们早已将物和商品视为一种符号体系，对这些符号的追求已经超过对商品本身的需求（孔明安，2002）。在符号化的消费社会需要用新的角度去认识和理解消费主义的特征，既要分析物的功能性，也要关注物与人的行为和人际关系系统（贾中海等，2021）。符号消费文化的盛行为旅游业带来了新的发展思路，通过分析旅游、符号与消费的内在关系，学者们相继将符号消费理论引入旅游领域（陈岗，2018），围绕旅游吸引物的符号化、旅游符号消费以及旅游符号体验等方面展开探讨（董培海等，2016），通过旅游符号化运作，以符号开发为工具开发旅游目的地吸引物符号资源、构建民族文化商品符号体系、引导和促进主客符号互动与符号体验的实现从而为探索旅游地符号化发展路径（邓小艳等，2012；但红燕，2011；唐柳等，2019），满足游客表层符号化需求和深层符号化价值与意义建构。在旅游体验中，消费者的符号感知与符号消费体验关系着旅游者的自我认同实现和旅游分享意愿，同时，旅游目的地的符号价值和意义与旅游者的自我概念具有紧密关联（Luna-Cortés，2017）。

消费空间既是消费者消费活动的场所和范围，也是消费主体、结构、活动以及社会关系构建的产物，具有物理性、社会性和动态性（尹铎等，2023）。随着新文化地理学、文化消费等文化研究范式的兴起，消费空间的研究更加注重从文化和情感等视角加以分析，注重围绕日常生活等微观空间揭示消费空间的结构体系和本质（梁璐等，2017）。民宿作为乡村旅游中重要的休闲消费场景，不仅是乡村旅游目的地宣传营销的旅游名片和符号，也是旅游者休闲度假的空间和场所（Óscar et al.，2019；Zhao，2019），逐渐成为乡村旅游消费新的增长点。不可否认的是，民宿与符号、消费、空间和文化等具有紧密的内在联系（王敏等，2019），在体验经济和后现代消费背景下，乡村民宿正以微观文化空间、旅游新场景、网红打卡点等符号形象走进人们的旅游消费和日常生活。然而，现有研究对于乡村民宿的讨论仍旧集中在对民宿内部空间的改造和外部环境的装饰设计，多基于符号学理论探讨与民宿设计相关的艺术符号、民族文化符号、乡土要素符号和广告传播符号，或聚焦民宿具体产品或形式的分析，未能从空间层面对民宿的符号要素、消费场景和感知体验加以整体审视（黄和平等，2021），尤其是结合符号消费等理论视角对微观尺度下民宿作为空间主体的本体特征和规律分析（张海洲等，2020），难以有效对接游客高品质的旅游符号消费诉求。此外，民宿作为一种典型的体验式旅游尤为注重游客旅游体验的塑造与获得，但以往文献对于乡村民宿的体验研究不足，且多从地方居民和经营者旅游价值感知与情感绩效感知层面加以探讨（吴琳等，2020），忽略了符号视角下旅游体验的本质是符号互动的过程（谢彦君等，2005），未能从旅游者的符号感知与体验互动揭示游客民宿消费空间的符号感知与体验表达，不利于乡村民宿的优质供给和高质量发展。

在消费空间的生产与感知建构方面，国内外研究多以空间生产理论、符号消费理论、资本循环理论、第三空间理论等理论视角对消费空间加以审视和分析（戴俊骋等，2021；蔡少燕，2021），从符号消费视角将消费空间视为多种符号商品及符号体系的集合体，围绕符号化运作、符号化建构和符号化互动体验阐释消费空间的运作机制，既有围绕资本、权力、文化等的实践表征与规训引导，也有基于消费者群体的符号凝视需求和符号化实践反抗，共同建构和生产了相应的消费空间和旅游体验场所（邓紫晗等，2020）。消费主义时代，城市生产和消费的重心正逐渐从"空间中的生产与消费"转向"空间本身的生产与消费"（季松，2011），消费空间和城市发展存在以空间生产为纽带的互动耦合关系（赵丹等，2015）。不可否认的是，消费空间生产的过程中不可避免地存在日常惯习、规训与内部的抵抗和诗性等影响（张敏等，2013），相关学者围绕具体的城市休闲场所探讨了消费空间生产建构的内在机制（刘彬等，2018），既有消费者的空间符号感知分析（左迪等，2019），也有经营者、资本、政府和消费者的空间建构研究（于秋阳，2021），研究对象逐渐趋于微观化，涉及旅游学、社会学和地理学等多个领域（梁璐等，2017）。"生产"和"消费"在旅游领域的研究和发展使旅游从纯粹的经济学中脱离出来，丰富了旅游研究的学术视野（徐立豪，2021）。消费空间的研究也日趋呈现多视角、多层次、多元化的研究趋势（黄莘绒等，2018）。然而，以往研究主要采用单一理论视角切入，同时采用空间生产和符号消费理论加以分析的研究较少，而消费空间所表现出的符号经济属性和社会空间属性依赖于研究者从符号和空间的视角综合考察和揭示。同时，已有研究多以文化街区、购物中心、酒吧等城市语境中消费空间进行探讨，较少对乡村语境下的消费空间与乡村旅游场景加以分析和对比研究（徐立豪，2021），难以满足都市群体对于乡村旅游消费的场所需求和体验获得。因此，有必要结合具体的乡村旅游地对消费空间的符号生产建构进行探讨。

有鉴于此，本文尝试借助符号消费和空间生产理论，以成都明月村作为案例，通过内容分析等定性研究方法对乡村民宿消费空间的符号感知与体验内容加以探讨，借助定性研究方法对乡村民宿消费空间的符号生产与构建过程、内容和逻辑机制加以探讨,以期为乡村民宿消费空间的符号化实践与理论研究提供参考与借鉴。

一、研究案例与方法

(一)研究案例

明月村位于四川省成都市蒲江县甘溪镇,距成都大概 100 千米。全村有雷竹 8 000 亩、茶园 3 000 亩。明月村在 2009 年以前是成都市典型的贫困村,2009 年后,以经济作物种植走上脱贫之路,并于 2014 年开始民宿等旅游文创项目发展走上致富之路,从一个 2009 年人均收入只有 4 772 元的市级贫困村在 2017 年成长为人均收入突破 2 万元的富裕村。选取明月村作为研究案例的依据在于:一是该村是具有一定规模、数量和发展基础的民宿旅游乡村,同时,其乡村民宿消费空间具有典型性。截至 2022 年,明月村通过外引内培的方式培育文创项目 100 余项,其中乡村民宿便有 34 家,成为游客喜爱的民宿型消费空间。二是该村旅游发展具有代表性,从贫困村到致富村,其旅游消费经济活力突出,在乡村旅游案例地中具有一定影响效应,其旅游民宿成功经验在全面推进乡村振兴建设行动中具有代表性和借鉴性。

(二)研究方法

内容分析法通过定性与定量相结合,可对复杂的网络文本数据内容加以客观、系统的简化和归类,在旅游感知、旅游体验和旅游目的地意象等问题的研究中得到广泛运用(戴俊骋等,2021)。本文借助 ROST CM6.0 软件对明月村民宿网络文本数据进行字段和词频分析,为避免将高频词汇与实际消费语境割裂,通过反复阅读游客民宿消费评论及游记,采用 NVivo 11 结合网络分析文本的语言特征、规则发现及关系反思进行开放式编码和主轴编码,对网络文本内容加以提炼和抽取。数据来源包括携程、马蜂窝和地方微信公众号平台,其中,游客评论数据以携程旅行网为主,辅以明月村各民宿自己的微信公众号留言评论整理,网络游记数据以马蜂窝平台为主,重点整理其中的文字、图片信息,资料收集时间段与案例地民宿运营发展实践段相吻合,即 2016 年 1 月—2022 年 12 月。对获取的原始数据进行人工筛查修改错别字,重新排版并剔除重复、

与主题无关数据，最终得到游客评论 2 210 条，网络游记 42 篇，共计 171 715
字，进行词频分析、社会网络分析和编码分析。对出现的游记进行编号，按照
YJ（游记）－MFW（马蜂窝）－数字进行。然后以深度访谈为主的质性研究
方法收集案例资料，同时辅以网络文本作为旅游者消费体验情况的分析数据。
笔者于 2021～2022 年多次前往明月村开展深入访谈和调研，围绕明月村民宿
基本概况、生产生活、民宿发展历程、民宿改造设计、经营管理和发展效益等
内容先后访谈了 22 人，访谈对象涉及民宿主（创客和本地居民）、旅游合作社
人员、政府人员等群体（见表 1），有关旅游者体验情况的网络文本主要包括
马蜂窝、携程平台的游记和微信公众号推文等，进而探讨人、民宿空间、符号
之间的相互关系和消费过程中的感知体验与情感表达。编号方式按照访谈
（FT）－类型（创客：CK；居民：JM；政府：ZF）－数字序号。

表 1　　　　　　　　　　　明月村人员访谈情况

人员类别	编号	性别	角色
外来创客	FT－CK－01	女	云章乡居主理人、明月村旅游合作社职业经理
	FT－CK－02	女	明月村旅游合作社工作人员
	FT－CK－03	女	远远的阳光房老板娘、远家品牌创始人、作家、服装设计师、主持人
	FT－CK－04	女	樱园老板娘、酿酒师、插画师、餐饮服务创业者
	FT－CK－05	女	翩翩小院老板娘、服装设计师
	FT－CK－06	男	晤里老板、诗人
	FT－CK－07	男	画月老板，画家、创作者
	FT－CK－08	男	朴园老板、乡建规划设计师
	FT－CK－09	男	知北主理人、音乐创作者
本地居民	FT－JM－01	男	门前椿树老板、本地农民
	FT－JM－02	男	张冲的院子老板、本地居民
	FT－JM－03	男	返乡创业大学生，有机种植
	FT－JM－04	女	晓得主理人，返乡精英
	FT－JM－05	女	竹里拾家老板娘、本地居民
	FT－JM－06	女	民宿工作人员，返乡就业人员
	FT－JM－07	女	民宿工作人员，本地居民

人员类别	编号	性别	角色
政府人员	FT - ZF - 01	男	村委会工作人员
	FT - ZF - 02	男	甘溪镇工作人员,明月村项目早期负责人员
	FT - ZF - 03	女	明月村项目组前组长

二、符号消费视角下乡村民宿消费空间的感知

(一) 民宿消费空间符号感知的内容分析

1. 词频与网络语义分析

通过 Rost CM 6.0 软件对民宿游客评论和游记文本内容进行词频与网络语义分析,然后人工处理和筛选无关词汇,获取到词频数超过 32 次的词条共 150 条 (见表 2)。出现频数越高的词汇表示游客提到的次数越多,即游客民宿空间消费过程中越在意的、给他们留下特殊记忆的形象符号,而高频词汇则在一定程度上代表了民宿消费游客的共性感知点,群体主要关注的符号意象内容。

表 2　　　　　　　民宿游客符号消费感知评论与游记分析

词条	词频	词条	词频	词条	词频	词条	词频	词条	词频
明月村	851	好吃	107	周末	67	阳光房	47	出发	37
民宿	793	舒适	103	住宿	67	接待	47	可爱	37
房间	423	茶园	102	艺术	67	周到	47	度假	37
环境	394	设计	97	空气	66	手工	47	贴心	37
服务	304	美好	89	客房	65	挺好	46	老师	37
体验	275	餐厅	88	拍照	62	亲子	46	玩的	36
早餐	275	位置	88	田园	60	周围	45	好看	36
老板	267	值得	88	前台	60	玻璃房	44	染布	36
朋友	253	玫瑰	85	媒体	59	村民	44	陶瓷	36
地方	233	特色	84	惬意	57	馒头	44	打卡	36
干净	204	客人	84	装修	56	小姐	44	散步	36
适合	203	文艺	84	放松	56	愉快	43	文字	36

词条	词频	词条	词频	词条	词频	词条	词频	词条	词频
明月	178	明月窑	83	理想	56	景点	43	性价比	36
感觉	173	理想村	78	停车场	56	建筑	43	享受	36
樱园	166	感受	77	清新	56	美丽	42	生态	35
舒服	166	活动	75	烧烤	56	咖啡	42	梦想	34
热情	157	家人	75	整洁	55	很棒	42	老板娘	34
院子	156	村里	75	整体	55	风景	42	包子	34
远家	145	简单	73	漂亮	54	太阳	40	茶田	34
推荐	142	自然	73	超级	53	丰富	40	完全	34
陶艺	140	采茶	73	态度	53	休闲	39	明月食堂	33
期待	137	竹林	73	喝茶	53	英姐	39	画月	33
味道	135	空间	73	建议	52	管家	39	游玩	33
乡村	130	扎染	72	宁远	52	精致	39	回家	33
安静	129	设施	72	感谢	51	远远	39	松林	33
方便	119	周边	71	宁静	51	阳光	38	项目	32
卫生	118	价格	70	荷塘	49	旅游	38	细节	32
蒲江	114	风格	69	房子	48	温馨	37	品质	32
晚上	114	村子	68	文化	48	温暖	37	第一次	32
下次	111	向往	67	村庄	48	很美	37	竹海	32

由表 1 可知,明月村、民宿、房间、环境、服务、体验、早餐、老板、朋友、地方是民宿空间消费游客评论中排名前 10 的高频词条。借助 Gephi 软件对网络文本的语义关系网络进行可视化呈现可发现,民宿为文本的一级核心词汇,明月村、环境、早餐、房间、朋友、老板为二级词汇,其中,民宿又以明月村、房间、环境、早餐、老板、朋友、干净、服务和喜欢等作为高频关联词汇。民宿游客网络文本的语义关系网络如图 1 所示。

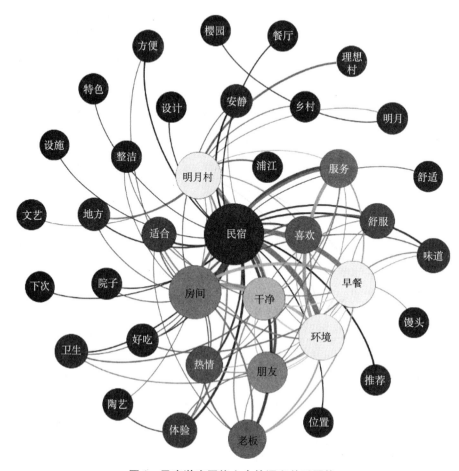

图1　民宿游客网络文本的语义关系网络

2. 编码分析

参考以往研究（孙小龙等，2017；蒋乾等，2022；王新歌等，2019），本文将 Rost CM6.0 软件分析获取的 150 个高频词汇作为开放性编码中提取的概念，导入 NVivo11 软件作为初始概念，结合民宿空间消费符号感知维度这一核心研究主题，把相同属性概念归类进行范畴化，建立包括地理区位、资源环境等 17 个新节点。然后围绕民宿消费空间的符号呈现、消费内容特点，将 17 个二级维度凝练为民宿环境空间符号、民宿物质空间符号、民宿文化空间符号与民宿情感空间符号 4 个民宿空间消费感知符号一级维度（见表3）。

表3		游客民宿空间消费符号感知维度编码		
主类目	次级类目	现象词汇演示	高频词汇数	频率
民宿环境空间符号	地理区位	明月村（851）、地方（233）、蒲江（144）	3 386	21.67%
	资源环境	环境（394）、明月（178）、乡村（130）		
	交通设施	设施（72）、停车场（56）、交通（30）		
民宿物质空间符号	住宿设施	民宿（793）、房间（423）、客房（65）	3 658	23.42%
	客房卫生	干净（204）、卫生（118）、整洁（55）		
	景观建筑	樱园（166）、院子（156）、远家		
	主题风格	设计（97）、特色（84）、文艺（84）		
民宿文化空间符号	饮食服务	早餐（275）、味道（135）、餐厅（88）	2 925	18.72%
	服务活动	活动（75）、采茶（73）、扎染（72）		
	经营方式	价格（70）、媒体（59）、宣传（36）		
	文化记忆	陶艺（140）、明月窑（83）、陶瓷（36）		
	空间氛围	安静（129）、惬意（57）、放松（56）		
民宿情感空间符号	人物符号	老板（267）、宁远（52）、村民（44）	5 653	36.19%
	主客互动	体验（275）、朋友（253）、客人（84）		
	服务态度	热情（157）、态度（53）、接待（47）		
	质量评价	适合（203）、舒服（166）、方便（119）		
	情感表达	感觉（173）、期待（137）、美好（111）		

为保证编码分析的信度，本研究邀请3名旅游领域研究者进行编码工作实验，在编码开始前与3名研究者多次就研究内容、目标和方法进行交流，确保编码过程中对本研究编码条目具有必要的熟悉性，然后对同样的高频词汇文本导入 NVivo 11 软件进行编码，最后结合以下公式进行判断：

$$K_{12} = 2M_{12} / (N_1 + N_2) \tag{1}$$

其中，K_{12} 表示2名编码者对编码的相互同意度；M_{12} 表示2名编码者编码结果的一致条目数，N_1 和 N_2 表示2名编码者的分析范畴条目数。由式（1）计算3位编码者彼此相互同意度 K_{12}、K_{23}、K_{13}（见表4）。

表4	位编码者的平均相互同意度	
项目	1 号编码者	3 号编码者
2 号编码者	0.93	0.91
3 号编码者	0.92	

再计算出 3 位编码者间的平均相互满意度 K_{123}，最后计算判别信度 R。

$$R = NK_{123} / [1 + (N-1) K_{123}] \quad\quad\quad (2)$$

其中，R 表示交互判别信度；N 表示编码者个数；K_{123} 表示编码者间的平均相互同意度。

当 R > 0.8 时信度为"可接受"；当 R > 0.9 时则信度"较好"。在本研究中，R = 0.97 > 0.9，表明研究中已经建立的编码维度下不同主体编码结果差异性较小，建立的编码维度具有较好信度。

(二) 旅游者民宿消费空间符号感知维度及特征

1. 旅游者对民宿环境空间的符号感知

旅游者对民宿环境空间的符号感知主要集中在地理区位、资源环境和交通设施三个维度，是民宿选址特征、通达性和资源禀赋等外在环境空间的重要表征，影响着民宿旅游者消费决策的制定。由表 5 可知，反映旅游者对民宿环境空间符号感知的高频词条有 3 386 条，覆盖 21.67% 的评论文本。其中，游客对于明月村、环境、地方、乡村、茶园、竹林等词汇的感知频率居于前列。

表 5　　　　　　　　　旅游者对民宿环境空间的符号感知维度情况

主类目	次级类目	高频词汇举例
民宿环境空间符号	地理区位	明月村、地方、蒲江
	资源环境	环境、明月、乡村、茶园、竹林、空气、松林
	交通设施	设施、停车场、交通、自行车、自驾
民宿物质空间符号	住宿设施	民宿、客房、露台、阁楼、空调
	客房卫生	干净、卫生、整洁、隔音
	景观建筑	院子、装修、荷塘、玻璃房、荷花
	主题风格	设计、特色、文艺、简单、风格、艺术、网红

民宿位于蒲江县明月村，在空间上镶嵌于村落当地的地形地貌和空间格局中，传统乡村的空间肌理和风貌、宽阔的茶田和竹林、充足的阳光和适宜的气候成为民宿得以生存和持续发展的重要生态资源条件和环境基础，远处的雪山和近处的果林草木营造了游客亲近自然、走进乡村的乡野意象。而民宿与都市距离较近，游客前往民宿消费度假的交通方式以自驾为主，而在明月村内的观

光游览则以小路步行、绿道骑行和观光车摆渡多种方式进行。民宿环境空间是旅游者民宿入住消费前感知和经历的重要空间内容，而与地理区位、资源环境和交通设施相关的形象符号成为旅游者对民宿环境空间的感知内容，形塑了旅游者进行乡村民宿消费空间的初印象。

2. 旅游者对民宿物质空间的符号感知

游客对明月村民宿物质空间的感知符号主要包括住宿设施、客房卫生、景观建筑和主题风格4个次级类目，涵盖高频词条3 658条，覆盖23.42%的评论文本，是游客民宿空间消费中符号感知的重要维度，这和物质空间符号要素的有形性、直观性和图像性具有密切联系。

游客在民宿旅游消费过程中充分调动视觉、听觉、触觉等知觉系统认识和了解入住民宿，通过各感官系统对民宿物质要素和空间信息的获取、解读、处理和反馈等形成整体民宿形象。游客通过具身体验认识民宿空间形象的素材来源则是多方面的，民宿、客房、露台等作为民宿住宿功能得以实现的物质基础，成为游客感知到的住宿设施产品符号维度，而客房卫生维度则包括干净、卫生、整洁和隔音等高频词汇，体现了游客住宿舒适性的要求。同时，院子、荷塘、庭院等景观建筑符号的感知，形成了多重主题风格印象，诸如特色、文艺、简单、艺术和网红等符号意义，凸显民宿差异化的设计和主题特色。在空间消费过程中，民宿物质空间所蕴含的符号意义有助于民宿游客表达自我身份、地位和个性差异，成为大批"文艺青年"群体前往打卡、拍照和拍摄短视频的网红打卡空间。

3. 旅游者对民宿文化空间的符号感知

民宿旅游消费不只是一种经济行为，也是以符号为媒介的文化消费行为，其消费体验的过程也是一个收集和解读地方民宿文化符号的过程。游客对民宿文化空间符号的感知主要集中在饮食文化、服务活动、经营方式、历史记忆和空间氛围等维度，高频词汇2 925条，覆盖18.72%的评论文本，在四个维度中占比最低，表示游客对民宿文化空间的符号感知程度不高。

游客感知到的明月村民宿饮食文化包括早餐、味道、咖啡、柴火鸡等形象符号，同时，游客通过对陶艺、明月窑、邛窑、蓝染、工艺等传统文化设施和技艺符号的观察与游览，并参与地方采茶、扎染、制陶、手工等体验活动形成了对民宿历史记忆和服务活动方面的符号认知维度。在民宿文化空间消费过程中，游客形成了差异化的空间氛围感知，主要包括安静、惬意、温馨、诗意等意象，将明月村民宿解读为远离喧闹都市的世外桃源和诗意之地。游客通过民宿空间符号的感知体验建立起民宿与地方间的文化关联和地方感共鸣。

4. 旅游者对民宿情感空间的符号感知

消费社会的兴起，人们的消费观念逐渐发生转变，不再局限于对基本功能价值的满足，更是对消费文化和情感等符号价值的追求。民宿游客的旅游消费过程中不仅是对民宿环境空间、物质空间和文化空间的消费，也是对民宿情感空间的消费。由表6可知，游客对明月村民宿情感空间的符号感知体现在人物符号、主客互动、服务态度、质量平台、情感表达5个维度，包括高频词条5 653条，覆盖36.19%的评论文本，词汇及文本占比居首位，表明民宿情感空间对于游客而言感知印象最为深刻。

表6　　　　　　　　旅游者对民宿环境空间的符号感知维度情况

主类目	次级类目	高频词汇举例
民宿文化空间符号	饮食文化	早餐、味道、咖啡、柴火鸡
	服务活动	采茶、扎染、拍照、烧烤
	经营方式	价格、媒体、宣传、性价比
	历史记忆	陶艺、明月窑、传统、蓝染
	空间氛围	安静、惬意、放松、宁静
民宿情感空间符号	人物符号	老板、宁远、小姐姐、英姐、管家、老板娘、艺术家、画家
	主客互动	体验、朋友、前台、家人、亲子、交流、分享、回家、主人
	服务态度	热情、态度、接待、周到、贴心
	质量评价	适合、舒服、好吃、放松、漂亮、超级、挺好、很棒、很美
	情感表达	感觉、期待、下次、美好、值得、理想村、向往、理想、感谢、愉快、梦想、惊喜、遗憾、情怀

具体来看，人物符号中频繁出现的老板、管家、老板娘等人物形象作为民宿经营的主要群体，在游客感知中具有多重角色身份，包括小姐姐、村民、艺术家和画家等。例如，宁远作为外来民宿创客，具有民宿主人、新村民、作家

等身份符号,作为民宿的核心,直接或间接地影响了游客对于民宿的感知体验。在主客互动中,旅游者与民宿主的信息互动、服务互动和人际互动中彼此了解对方的文化背景与生活方式,逐渐形成像朋友和家人一样的新型情感联结。态度、热情、接待、周到和贴心等作为民宿主经营管理的情感劳动投入也是游客感知到的重要情感信息,在质量评价中给予舒服、挺好、很棒、最美等积极或消极的情感反馈,经由民宿空间符号认识生成对地情节,主客互动中的共睦态形成地方依恋,并通过值得、期待、遗憾、向往、下次等词条表达自身民宿空间消费的满意度和再次旅游消费的意愿。旅游符号消费往往存在肯定式和否定式两种消费类型。旅游符号消费的过程是旅游产品符号意义向旅游消费者转移的过程,民宿空间符号消费结果的满意与否体现着旅游者的消费体验效果,当旅游者认可了空间符号的价值而获得满意的消费体验,便会给予积极的评价反馈,反之便产生遗憾、失望和后悔等负面情绪。此外,民宿情感空间的消费也唤醒了民宿游客的内在情感和对于理想生活的追求欲望,其通过情感投入的方式参与到民宿情感空间的消费中。

三、符号消费视角下乡村民宿消费空间建构过程

(一) 乡村民宿消费空间的符号实践

1. 政府规划下民宿外在环境空间的提升改造

明月村乡村民宿空间的生产建构是权力、资本等主体共同行动的结果,其中,政府组织作为权力的代表,在明月村民宿消费空间建构中发挥着重要力量。基于实地调研和访谈数据分析,政府组织的符号实践主要体现在对民宿外在环境空间的改造提升,表现在空间格局规划、基础设施完善和政策制度制定三个方面,为明月村乡村民宿空间消费营造了重要的环境空间和政策空间(见图2)。

根据明月村发展历程来看,2012 年在能人和政府协作下开始萌发明月国际陶艺村项目打造设想。政府通过空间规划将明月村村内资源有效整合、项目区功能定位清晰,为民宿等文创服务项目的进入与发展提供了基础规划。在改造设计、选址规划方面充分尊重和维护明月村传统的空间肌理,保证了乡土风貌

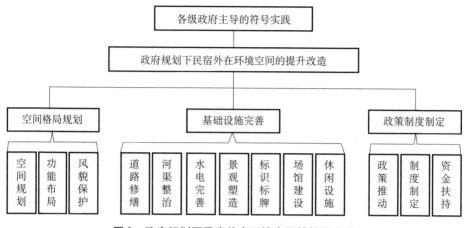

图2　政府规划下民宿外在环境空间的符号实践

的留存和可持续发展。以政府投资为主、外资引入为辅，加强对基础设施的改善，主要包括道路修建、规划明月绿道、河道整治、垃圾集中处理站、卫生环保教育、水电设施投入、公共服务设施完善方面。政府作为明月村发展建设的权力主导方，通过政策制度的制定引导和规范明月村的项目发展和空间生产建构。强调"资本不任性、权力不任性和村民不任性"为明月村的发展建设找到了平衡点，构建了相互制约的发展环境。同时，通过政策征召方式，颁布系列文件吸引明月村新老村民参与民宿等文创发展。结合相应的补助政策、标准和资金管理办法为新老村民创业发展提供资金支持，并通过培训活动为村民的民宿经营、乡村建设、旅游服务和文化保护等提供培训辅导，提高了文创旅游服务发展的社区参与程度。

2. 能人示范带动民宿本体空间的差异化塑造

能人作为明月村乡村民宿消费空间符号建构的重要力量，主要包括外来创客资本、本地乡贤和返乡精英等群体，作为民宿主直接参与到民宿消费空间的建构中。由于外来创客与本地居民在实践资本、要素、资源和知识方面客观存在的差异，二者在景观空间、装饰设计、产品服务、价格特征、营销宣传等方面的符号实践塑造了差异化的乡村民宿本体空间（赵丹等，2015）。总体来看，外来创客资本民宿空间的符号实践崇尚艺术审美倾向，本地居民由于自身知识经验等的限制多从实用角度出发对民宿空间加以改造和呈现（见表7）。

在民宿景观空间的符号实践方面,通过民宿建筑、民宿景观和民宿命名塑造个性化、差异化和特色化的民宿消费空间。外来创客注重民宿空间的整体展示和呈现,对民宿有着清晰的功能区划、形象定位和艺术表达。同时,外来创客建构的民宿空间注重多功能空间的组合,塑造了"民宿+"的丰富产品活动与服务业态。而本地居民民宿空间整体上与传统的农家气息较为贴近,多以田园日常生活场景为主。在民宿空间装饰设计方面,外来创客在民宿空间设计和室内装饰陈列方面充分将插花艺术、茶艺、书画等融入民宿空间,通过不同的室内物品摆设营造出不一样的民宿氛围,满足旅游消费者多样化的住宿需求。本地居民多考虑到成本投入问题,则充分利用本土材料和资源,将传统的农耕文化、生产工具和生活场景对民宿空间进行装饰设计。在民宿空间产品服务方面,民宿主基于民宿空间的发展定位配置相应的产品服务,通过整合、挪用、融合和借用等多种方式延长"民宿+"的旅游消费链。在民宿消费空间价格经营特征方面,外来创客的民宿经营管理包括民宿主经营和管家经营两种方式,满足旅游者的个性化需求,服务优质,价格总体上较高。本地居民开办的民宿以当地农民自主经营为主,地道淳朴,热情好客,价格低廉。

客观存在的差异也使外来创客和地方居民探索到差异化塑造和发展的道路。外来创客注重网红、文艺、理想和雅致等主题意象的民宿空间符号实践,而本地居民则注重围绕乡土、乡愁、乡味做文章,塑造回归田园、回味传统、走进农家等主题意象的民宿符号想象塑造。这不仅避免了民宿间同质发展,也推动了明月村乡村民宿消费空间的差异化符号实践,满足了游客对于明月村民宿消费空间的多重想象,推动了民宿消费空间持续的生产与再生产。

表7 　　　　　　　　　　　　明月村民宿差异化对比

民宿差异对比	景观功能差异化		空间想象差异塑造
	乡土景观营造	产品功能开发	
外来创客民宿	乡土材料的创意设计,老物件的装饰摆设,网红景观小品设计,新材料与新技术使用	插花、茶艺、陶瓷体验、采摘、婚庆、摄影、绘画、诗歌、音乐创作、住宿和餐饮等	网红文艺理想村文创村
本地精英民宿	传统房屋院落的保持,环境卫生的提升,菜园,花草的种植	传统的乡村美食、特色小吃、农家风味、住宿	回归田园回味乡愁

（二）乡村民宿消费空间的符号化表征

1. 政府：文创新村

为谋求地方经济发展，各级政府尝试依托明月窑的修建保护和利用契机探索文创兴村的创新发展道路。最终，在政府的组织领导下通过文创引领、组织构建、人才征召、讲座培训等方式鼓励和指导内外人才开办民宿等文创项目，使明月村面貌焕然一新，通过文创兴村塑造了文创新村的符号形象。

以明月窑为中心，当地政府围绕《明月村窑子保护规划及展示方案》对其保护修建和展示利用，按照"文创＋农创"的创意发展思路规划村内文创功能区，引入新村民创客100余位、返乡创客150余位、外来创客创办的文创项目50余个、本地村民培育的文创项目30余个，其中，民宿类旅游项目40余个。同时，大力开发明月系列文创产品，诸如明月酿、明月陶和明月染等深受游客喜爱。在文创项目组织构建方面，由政府牵头组织搭建文创推动项目组，项目组成员在文创新村的塑造中发挥着重要作用。由村集体、村民和财政产业扶持资金共同出资成立明月村农业合作社，通过村集体购买规划设计服务等方式为民宿创业者提供技术指导，并邀请新村民或乡建文创方面的专家为村民提供服务技能或经营培训。在创客人才征召方面，围绕"外引内培"的方式有效地招募了大量优秀的创客，创客携带创意或文创项目纷纷驻扎明月村，推动了明月文创新村的空间生产和塑造。

2. 民宿主：理想村

理想村是理想栖居的村落，既是一种理想生活的表达与书写，也是一个理想空间的生产与建构。在明月村旅游消费场域中，理想村不仅是民宿主或地方居民个体对明月村未来形象的构想，也是集体成员对明月村形象的认同和理解，并力图将这种认知通过民宿等消费空间、日常生活方式和场景要素塑造和传递给都市游客群体。结合人员访谈和资料分析可发现，民宿主对于明月理想村民宿空间的符号表征主要体现在安居、乐业和家园等方面，通过将自身的生活美学、艺术审美和理想情怀融入民宿空间塑造，赋予民宿丰富的符号文化价值（见图3）。

明月村优质的生态环境空间是乡村民宿消费空间生产依赖的本底，满足了

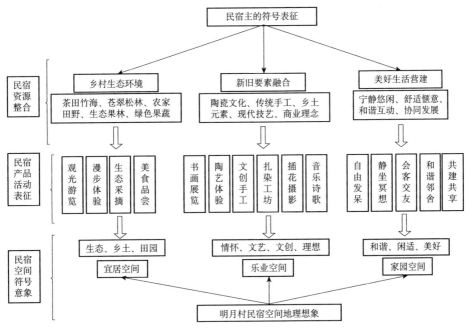

图3 民宿对地方空间形象的构建

创客的诗意情怀与乡野田园。"空气真的太棒了，这是城市里面所没有的，来这儿就感觉每天都给自己的肺做清洗按摩一样。"（FT-CK-01）"白天晒太阳，晚上月光很美，漫天的星空让人沉醉！"（FT-CK-05）。有一种走进自然，远离城市喧嚣，置身宁静乡野的美妙。"在城市待太久了总会觉得生活就只有眼前的乏味，到了这里才知道人生也有很多的野趣。"（FT-CK-06）同时，明月村生活节奏慢，地方村民传统的农耕生活满足了到访者对于乡野生活、传统乡愁的想象，体验慢生活的美好。此外，淳朴的民风、热情的村民以及和谐的乡邻关系让定居者感受到人情味、乡村的舒适。

作为一个乐业的潜力空间，为新老村民的创业和就业提供了重要的制度保障，民宿乡创拥有巨大的市场消费潜力。民宿是生意也是自我渴望的生活方式，将民宿创意作为快乐的创业体验和享受。"我喜欢在安静的地方画画，这个地方安静我就来了，在这里创作也是一种享受，民宿对我而言是生活大于生意，首先满足自己想要的生活然后将这样的生活方式通过民宿分享给游客，赚不赚钱其实并没有太在意。"（FT-CK-08）而对于返乡民宿创客和精英而言，开办民宿能够摆脱背井离乡的生活，在家里既能照顾家人也能够获得可观的收入。民宿旅游服务的发展创造了大量的就业机会和服务岗位，就地解决了大量闲置劳动力，实现了就地就业。

明月理想村是一个共享的家园。共享民宿的发展影响着明月村空间的生产与重构，民宿主包括外来创客和本地居民，以新老村民的身份共享着明月村的空间要素和发展机会，和谐社区满足了民宿创客的乡愁情结和理想家园的构建。同时，新老村民彼此接纳并认可明月理想村的发展定位和形象，也借助民宿消费空间的营造、日常生活的展示等吸引游客前来观光体验，通过贴心服务、热情接待和愉快的交流体验等传递一种有温度、有人情味、有特色的生活，进而不断地丰富着明月理想家园的符号内涵。"远离城市喧嚣，在竹林深处的古民居中喝茶晒太阳，享受久违的惬意与闲适。探寻明月村的角角落落，和陌生人来一场随性洒脱的畅聊。一壶茶，一杯酒，一段浮生。"（FT-CK-08）

3. 媒体：网红文艺村

媒体的文本叙事与传播对于目的符号形象具关键的表征作用，在明月村乡村民宿消费空间的生产建构中，民宿作为重要的媒介化景观，在主流媒体的宣传中塑造了网红文艺村的地方想象，成为游客渴望前往打卡和消费体验的新符号消费空间。自明月村文创项目启动之初，便充分借助微信公众号、网络新闻、各级媒体、地方书刊和朋友圈等对当地的项目进展、主题特色、日常消费和新产品等进行宣传报道，增强明月村的曝光度和活跃度，使其从一个无人问津的边缘化村落转变为都市群体附近游、乡村旅游和民宿休闲体验的热门选项。在符号消费与景观社会中，重要的不再是真实的物及其使用价值，而是被媒介建构出来的物的意象和视觉化意义，消费的过程是对符号意象的消费。媒体对于明月村民宿空间符号表征的本质在于通过有意识的节选、编排、凝练等处理过程，将明月村生态、美景、美食、乐事、美宿等相关内容、文字和图像进行美化和表述，然后借助平台的权威话语进行发布和宣传，在游客搜索和阅读的过程中构建起美好的目的地画面和意象，使其在互联网上成为网红民宿，具有曝光度高、拥有良好口碑和自身有鲜明风格等特点，受到游客的追捧和青睐，激发游客在网红民宿"打卡"和体验的旅游动机（见图4）。

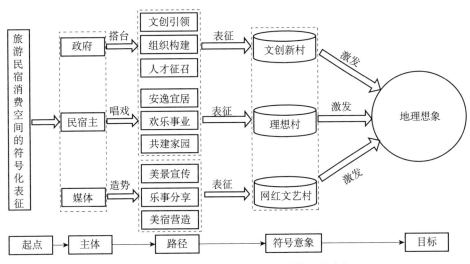

图4　明月村乡村民宿消费空间的符号化表征

结合资料分析来看，明月村官网微信公众号中"在初冬的城市搭建一座明月村""明月村，你是我心内的一首诗""明月村的生活美学"等软文的推送从文章标题便通过诗画、缓慢时光、故乡、爱与美和生活美学等符号意义渲染着明月村消费空间。同时，随着明月村文创旅游发展成效的显著，先后被央视新闻等各级媒体以"文创村""网红村""文艺村""民宿消费新场景"等为主题进行宣传报道，由于媒体或主办方本身的权威性，迅速让明月村的网红文艺等标签和形象深入人心，成为游客出游、各地乡村建设学习参观的网红村落和案例。网络软文中诸如"成都文艺青年的新圣地""远离城市喧嚣，最文艺之明月村""伪文艺青年的文艺之旅"等游记标题和内容的分享塑造了明月村旅游空间作为"网红文艺村"的符号意象，使其成为文艺、青年、网红等群体出游打卡的好去处。随着媒体的反复宣传和表述，不断固化和丰富着明月村"网红文艺村"的符号形象与价值意义。

（三）乡村民宿消费空间的符号消费

由于旅游者知识经验、成长背景和感知特征等差异化的客观存在，其对同一空间符号意义存在不同的解读方式和解读结果，最终形成不同的消费体验满意度和情感反馈，既有积极认同下的主客和谐共创，也有充满符号运作张力的消极抵抗，进一步对民宿消费空间的形象符号进行制造与再生产（见图5）。

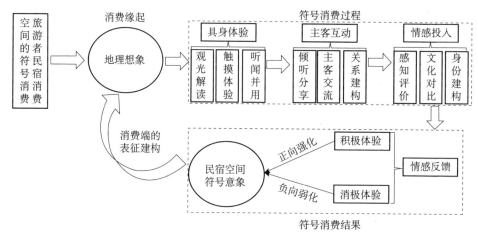

图5 乡村民宿消费空间的符号消费

1. 旅游者的消费认同：主客间的协同共创

民宿作为一种非标准住宿，强调民宿的主人文化和温情服务。因此，在旅游入场前，旅游者在选择入住民宿时便会通过媒体等渠道了解当地各种民宿建筑样式、装饰设计、主题风格和主人背景，借此大致判断不同民宿的主人文化和生活方式，寻找和购买自己认同的、喜爱的、符合自身形象气质和品位的民宿产品。在明月村也有不少游客因为对宁远（远远的阳光房主人）、熊英（樱园的主人）等民宿主人符号的追寻而进行民宿产品购买和消费，实质上是因为对民宿主或其生活方式的仰慕、崇拜和认同，然后产生对其构建的民宿产品和服务的喜爱与认同。"我是远远（宁远）的书迷，一直很崇拜她，她是我们女性的榜样，她的书、新出的衣服、产品我都会去买，知道她在明月村开了民宿，迫不及待地去感受了一把，真的非常棒。"（YJ-MFW-28）

在旅游场域中，旅游者通过视觉、听觉、嗅觉和触觉等感官系统感知民宿消费空间产品，通过对民宿空间规划、家具装饰、功能配置和景观搭配等的积极评价表达自我与民宿主在景观和艺术审美上的契合，进而产生一种专属自我的尊贵感和优越感，实现自我身份的认知和建构。"我发现她的民宿家具装饰和外观颜色选取和我家的竟然一样，好些东西甚至是同一家公司生产销售的，原来我们是同道中人，品味是如此的相似，开心！"（PL-XC-10）同时，在与民宿主或管家等进行信息、产品和情感互动的过程中，热情、大方等服务态度弱化了民宿消费的商业性感知，更多感受来自民宿主的友谊和亲切。随着交流中对民宿主和地方的了解，认识到民宿主生活方式、理想情怀和人生价值观念等，将其感知为一种诗意的、自由的和理想的生活符号，萌发一种崇拜或憧憬的情绪，并主动参与和分享自我的理想和愿望，达到一种主客共睦态，获得民宿消费的高峰体验，并在旅游离场后产生再次旅游消费和分享推荐的消费行为。"体验完制陶，可以在休息区享受一下天然健康的午餐，看着这些精巧的碗碟和色香味俱全的菜品，忽然深深地爱上了这里，不愿离去。"（YJ-MFW-10）

结合旅游者网络游记评论的情感语义分析来看（见表8），明月村民宿游客的消费情感多呈现为积极情绪（41条），占比53.95%；其次为中性情绪（28条），占比36.84%；而消极情绪（7条），仅占9.21%。这表明旅游者对民宿空间的消费认同度较高，多呈现为正向反馈。而旅游者与民宿主的主客互动过程、积极评论与分享推荐等环节也是主客间协同共创的过程表现。"小路旁，田地间，满眼绿油油的世界中还有很多对世界充满好奇的生物，希望明月村的开发不要对他们造成伤害，而且建立一个更美更惬意的家，带来更多的美好！"（YJ-MFW-09）

表8 旅游者消费评论情感语义分析

情感倾向（评论）	强度	评论	占比（%）	总比例（%）
积极情绪（41条）	一般	17条	22.37	53.95
	中度	14条	18.42	
	高度	10条	13.16	
中性情绪（28条）	—			36.84
消极情绪（7条）	一般	4条	5.26	9.21
	中度	3条	3.95	
	高度	0条	0.00	

2. 旅游者的消费抵抗：符号化运作的张力

乡村民宿空间的符号消费过程中并非都是和谐积极的，旅游者经历和体验的民宿符号空间受相关因素影响，充斥着符号化运作的多重张力和消极抵抗。

一方面,乡村民宿消费空间产品供给质量和品质的良莠不齐,影响着旅游者符号消费体验的获得。在明月村民宿产品的经营者包括外来创客和本地居民,各自资本投入、规划设计、经营定位和服务理念方面各不相同,必然导致其生产和提供的民宿符号空间品质和体验参差不齐,对于未做旅游攻略初次到访的游客时常遭遇"踩雷""不值"等消费感受,从旅游评论资料来看,该情况多出现在本地居民开办的民宿服务中。"本来想着到一个乡村里面,住在当地农民家里会体验到一些更乡村的感觉,但去了之后发现房间湿气很重,有刺鼻的霉味,然后装饰也很简单,玩的就只有机麻。虽然价格比其他的便宜,也还是觉得不想在那里住下。"(PL – XC – 105)

另一方面,民宿旅游者不断增长的符号体验需求与更新迭代较慢的民宿服务供给之间的矛盾,引发了民宿旅游者消费体验的负面评价。此外,媒体宣传中对于民宿空间符号化表征的过度宣传和渲染,使网络中存在的民宿符号形象脱离了实际的消费空间,从而导致旅游者高期待低满意度的消费体验。明月村乡村民宿的发展过程尤为注重媒体的曝光度,通过多种宣传渠道营造民宿的"网红""文艺""文创""理想"等形象符号,赋予了民宿较高的知名度和网红效应,引来大量游客进行网红打卡、拍照和美宿体验等活动,但过高的出游期待往往与实际的民宿消费之间具有较大差距,不可避免地引发旅游者"失望""后悔""被欺骗"等消极体验。为此,如何柔性适宜地引导旅游消费者对民宿空间符号的正确解读和不断推进民宿空间产品符号的迭代更新成为有效回应市场符号消费需求的重要突破口。"网络上各种图都是最美的,看着让人非常想来,但是来了之后才发现现实和理想还是有很大的差距,民宿从房间到餐饮、活动和体验都比较一般,但是价格就很贵了,感觉不太值这个价,虚高了。"(PL – XC – 22)

四、乡村民宿消费空间建构逻辑与机制

民宿空间符号生产的内在逻辑不只局限于资本、权力等结构性因素,也受符号消费的生产逻辑和文化情感的体验逻辑影响,文化情感的体验逻辑有效平衡了民宿空间符号消费的生产逻辑,二者在彼此发展的过程中又互为补充。

（一）符号消费的生产逻辑

符号消费的生产逻辑多指为迎合和满足现代消费主义下游客对于旅游目的地空间的符号消费需求而对空间进行有意识的生产与建构，表现为资本权力等对民宿外在环境空间和本体空间的符号化实践与表征，遵守市场资本运作逻辑追求经济利益最大化。在明月村民宿消费空间符号构建中，政府作为权力方为谋求地方经济发展，将"文创＋农创"作为明月村发展思路，引进和培育民宿等文创项目打造旅游文创消费空间，主导了明月村传统生产生活功能空间向旅游消费空间过渡，旨在引进外来资本、带动本地经济资本的循环和积累，促进明月村产业经济的发展。在政府的征召下，外来创客和本地居民等民宿主纷纷参与民宿等文创项目空间的生产建构，但民宿主作为资本的代表，其利益诉求在于寻求资本增长的机会，抓住明月村乡村建设的契机将空间作为资本扩散和增值的资料进行符号化建构。"这个地方要发展必须搞好基础设施建设，环境卫生和文明风气，我们要先把路铺好让有钱的人看到在这里发展有希望有空间，才会增加资本进入的可能性，只有真的带动经济发展了，有才能让这里的村民看到村子的希望。"（FT－ZF－02）具体建构过程中，政府和民宿主把握明月村的区位交通优势，依托民宿等项目尝试将明月村打造为都市民宿休闲和文创体验的后花园，塑造游客喜闻乐见的产品符号和空间想象。尽可能地将当地资源和都市符号纳入民宿空间消费体系，诸如精品民宿、木艺工坊、陶艺、酒馆、咖啡馆和音乐房等，进而吸引更多的游客前来休闲消费以拉动地方的旅游经济增长。

（二）文化情感的体验逻辑

空间不只是物质存在和生产的容器，也是社会关系和情感意义交织的经验空间，同时，空间作为社会关系的产物，具有社会性和情感性等特征。因此，文化情感的体验逻辑是民宿消费空间符号生产与建构的重要逻辑，饱含文化符号和情感意义。同时，文化情感的注入也是避免市场生产逻辑下民宿空间消费过度的景观化、符号化和风貌化导致地方感的缺失，陷入"一次性消费"和不可持续的困境。一方面，作为旅游者直接经历和消费体验的民宿空间，旅游者渴望在消费过程中追寻和收集期待的、惊喜的和异域的文化符号，并在符号的解读和制造中认知自我的身份地位，与其他群体相区别而获得愉悦性的情感体验。"村口的接待中心里面有展览馆、图书馆等，可以让你先对明月村有一个大致的了解，逛了一圈，顿时觉得自己变得有文化许多，哈哈。"（YJ – MFW – 11）另一方面，旅游消费体验的过程是一个符号互动的过程，涉及人与人、人与物和人与空间的多重互动，民宿作为重要的社交空间和情感空间尤为重视人文关怀和"亲情文化"，其消费体验是主客互动的过程，伴随着社会关系的演变、情感劳动的投入和恋地情结的生成等问题。

民宿符号设计与展示中与"茶山、竹海、明月窑"等密切联系，而茶山、竹海、明月窑作为明月村文化景观内核，承载着地方集体记忆与精神情感。同时，民宿作为民宿主人文化和精神生活的体现，其改造设计和经验服务中融入了外来创客和地方居民大量的精神投入和情感劳动。不少外来创客在明月村驻扎开办民宿，缘起于内心的情怀和理想生活的向往，渴望择一乡野之地营建理想中的"家"，便将自身的艺术审美、诗意想象付诸民宿空间的符号化实践与想象，营造和赋予民宿空间宁静、温馨和自由理想的丰富内涵。而随着民宿创客的情感投入和日常生活经验的积累，民宿空间甚至明月村成为其做自己、拥抱自由和幸福的理想家园，产生了与地方的情感联结、地方归属与认同，民宿空间反过来赋予了民宿创客新的情感意义。"住过几次了，每次都有一种回家的感觉。走过全国很多地方，住过不同的民宿，但这里是亲切舒适的，让人不断怀念的，安静、自然，也有艺术感。"（YJ – MFW – 25）旅游者慕名而来，购买和体验民宿空间产品的过程中，通过对明地方"文艺""网红""文创"等符号的感知和解读，实现了对自我"文艺青年""旅游新生代""伪文艺"等身份的认知和构建。"在旅游的过程中了解了很多和自己一样的人，喜欢乡村的那份宁静，也渴望民宿的那份个性，感觉这就是文艺青年专属的空间，在这里遇到更好的自己，感觉也找到了集体一样。"（YJ – MFW – 02）

民宿主的经验服务是一种情感劳动与服务，民宿旅游者则在情感投入中获得更深层次的体验。在与民宿主、老板娘等进行愉悦的交流、真挚的分享和真诚的互动中敞开心扉分享彼此的故事，感受到不一样的生活观念和人生情怀，感悟自我理想生活的模样，并在交流互动与民宿主不谋而合，彼此欣赏，逐渐发展为知己、朋友和合作伙伴等多重社会关系。"愉快的交流和体验让内心渗进几许明媚，也许每个人的内心都有一片世外桃源，有山有水，有情有爱，而我们每个人都值得被温柔与美好对待。"（YJ – MFW – 13）

（三）乡村民宿消费空间建构机制

本文依据该双重逻辑构建了明月村民宿消费空间建构的内在机制（见图6）。乡村民宿消费空间的符号实践主要表现在政府规划和民宿经营者等能人示范带动下对明月村民宿外在环境的提升改造及民宿本体空间的差异化塑造，生产和重构了民宿消费空间的环境和物质符号空间。民宿消费空间的符号化表征是多重主体为迎合和满足旅游者民宿消费空间需求而进行的符号空间构想和符号价值意义的赋予，包括政府、民宿主和媒体等主体对明月村民宿空间文创新村、理想村和网红文艺村等符号意义的生产与编排，旨在塑造明月村民宿消费空间符号形象并激发潜在游客的地理想象和旅游消费动机。乡村民宿消费空间的符号消费是一种切入日常生活的消费体验，是旅游者与民宿消费空间生产者和提供者之间的互动体验过程，并通过积极主动的符号感知、体验与意义发现间接地参与到民宿消费空间的生产建构之中，既有主客间的协同共创，也有符号化运作的张力，表现为旅游者的消费认同和消费抵抗，影响着民宿消费空间符号的再次生产与建构。

五、结论与讨论

（一）结论

本文基于符号消费理论和空间生产理论，以成都蒲江明月村作为研究案例，通过定性研究方法分析了旅游者对乡村民宿消费空间的感知维度和特征，并深入探讨了乡村民宿消费空间多主体、多层次的构建逻辑、过程和机制。主要结论如下。

（1）旅游世界由丰富的符号元素和体系相勾连和编织，而旅游者不断追寻和体验着各类旅游符号和意义。乡村民宿作为一种新兴的旅游业态，通过多重符号元素和产品系统组合、运用和创作，为旅游者提供了新的消费场景和符号空间。

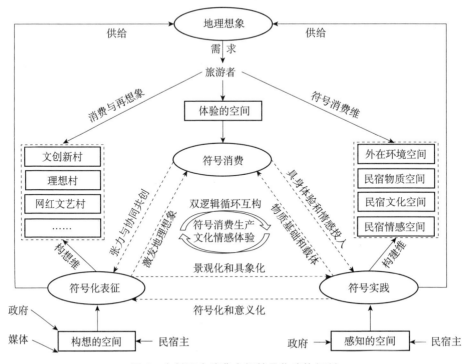

图6 乡村民宿消费空间符号化建构机制

（2）结合符号消费理论视角，将符号作为分析旅游者民宿消费空间感知维度的重要切口，发现旅游者对于乡村民宿消费空间的符号感知维度包括民宿环境空间符号、民宿物质空间符号、民宿文化空间符号和民宿情感空间符号4个符号感知维度。

（3）乡村民宿消费空间的建构是一个涉及多主体、多层次、系统化的符号体系塑造和互动展演过程。结合空间生产理论来看，乡村民宿消费空间的生产建构包括民宿消费空间的符号实践、符号化表征和符号消费，依次对应列斐伏尔空间生产过程中的空间实践、空间表征和表征的空间3个层次。

（4）乡村民宿消费空间的建构并非单纯的经济利益导向，随着乡村民宿在美丽乡村建设和乡村振兴建设中优势带动效益的凸显，民宿消费空间塑造逐渐注重对地方经济、文化、生态、社会等多重利益兼顾。因此，民宿消费空间的建构机制存在符号消费的生产逻辑和文化情感的体验，具体来看，符号消费的生产逻辑遵循利益最大化导向对空间符号产品与服务加以整合利用和符号运作，满足市场游客的符号诉求和他者想象。同时，借助文化情感调整和补充符号消费生产逻辑可能带来的过度符号化和利益化，保持民宿消费空间可持续的符号生产和建构。

（二）建议

通过对成都明月村乡村民宿消费空间的感知与建构分析，本文对乡村民宿消费空间的符号建构得出以下对策与建议。

（1）把握旅游者感知维度，对乡村民宿消费空间加以符号化和系统化运作。乡村民宿消费空间的建构应围绕环境、物质、文化和情感 4 个空间维度对地方产品、文化景观小品和资源要素等加以整合利用，结合地方资源本地和民宿文化主题，通过组合、拼贴、借用和创新等多种方式对民宿符号要素和体系加以系统化和符号化运作，尤其注重对民宿空间的可视化、具象化和符号化展示与呈现，丰富和突出乡村民宿情感消费空间的内涵与特色，塑造符合市场游客期待的、喜闻乐见的消费空间和场所。

（2）兼顾符号生产与情感体验逻辑，整体推动乡村民宿消费空间的可持续符号化建构。乡村民宿消费空间的生产建构是一个综合复杂的过程，不仅涉及经济、文化和社会等结构性因素，也关乎各行动主体情感体验过程。随着社会研究的文化转向和情感转向进程的深入，乡村民宿空间消费的情感转向势必更加重要。因此，乡村民宿消费空间的建构既要注重对民宿产品服务和符号要素的符号化生产，为旅游者提供丰富充裕的民宿符号和要素产品，也要深刻把握民宿空间所具有的情感属性和文化特质，充分挖掘地方文化资源、深入解读和阐释地方文化内涵，围绕主人文化、乡愁文化、习俗文化和家文化等方面丰富乡村民宿情感空间符号，在拓展民宿空间符号体系的同时，也要丰富民宿符号价值和意义内涵，将民宿符号价值与游客身份、地位、生活方式和品位等方面相联系。为旅游者提供丰富且优质的民宿符号空间，并引导主客价值共创，促进乡村民宿消费空间可持续的符号化建构。

（3）充分协调多主体的能动建构，有序引导乡村民宿消费空间的多层次和多样化建构。乡村民宿消费空间的生产与建构是一个多主体参与的多层次建构过程，主要包括政府、民宿主、媒体和游客等多元行动组织和群体的参与，不同的行动主体具有差异化的利益诉求并指导各自的参与行为。为引导乡村民宿消费空间的有序建构，需要理解各行动者参与行为背后的利益诉求，围绕地方规划和发展战略上下联动，有效协调各主体利益诉求的连接点，征召各主体积极参与乡村民宿消费空间的符号化生产，充分发挥多元主体自身优势和效应，多层次、分环节和有先后地引导乡村民宿空间的多样化建构。

（4）明确乡村民宿文化主题，创新乡村民宿消费空间符号形象和营销策略。为满足旅游者多样化和个性化的消费需求，乡村民宿消费空间的建构应结合地方优势和市场诉求进行精准定位，明确自身的文化主题和发展目标，进而甄别相应的民宿符号要素和产品，生产和营造新颖、有特色的文化主题氛围和沉浸式体验。此外，既要注重民宿空间内的符号要素产品生产与塑造，也要通过相应要素符号和产品的陈列与组合凸显民宿空间符号价值与意义，将符号化的空间生产与空间的符号化建构相结合，激发旅游者的地理空间想象和满足其符号体验诉求。搭建乡村民宿的营销矩阵，并通过小红书、抖音、快手、微博、微信等平台进行软文和视频推送，以内容种草、渠道引流和平台合作共同进行营销推广，将乡村民宿消费空间的符号形象大力宣传，并在旅游者的心中固化。

（三）讨论

本文通过对成都蒲江明月村这一典型乡村空间的关注，分析了符号消费理论视角下乡村民宿消费空间的感知与建构情况，有助于推进乡村民宿消费空间的生产建构实践和助力乡村旅游高质量发展目标的实现。

消费社会背景下，符号消费的兴起一度让人们陷入"符号的游戏王国"，然而，无数的符号在满足人们消费欲求的同时，也干扰着人们的消费动机、选择和行为，有关人的主体性、能动性和理性的争论不休，如何认识和理解乡村民宿消费空间中人的主体性和获得感有待深入思考。此外，应当认识到民宿消费空间不仅是消费的场所空间，更是情感生产、联结和实现的意义之地，民宿消费空间的建构既要注重经济消费的发展，也要关切多元主体的情感诉求，将其与文化传承、情感体验、意义联结、地方归属与文化认同等相联系。同时，在全球化与本土化、生产与消费、空间与地方交织的过程中，对乡村民宿消费空间的符号建构研究需要更多的关注。

参考文献

［1］蔡少燕. 城市消费空间"家"的想象与情感建构［J］. 世界地理研究，2021（6）：1286 – 1296.

［2］陈岗. 旅游者符号实践的概念框架及其动态分析［J］. 旅游学刊，2018（11）：66 – 74.

［3］戴俊骋，那鲲鹏，赵子婧. 当前文化消费空间特征与发展动向探析［J］. 城市发展研究，2021（7）：99 – 104.

［4］但红燕. 符号消费行为及其动因剖析［J］. 学术论坛，2011（8）：10 – 13.

［5］邓小艳，刘英. 符号化运作：世界文化遗产旅游地创新发展的路径选择——以湖北武当山为例［J］. 经济地理，2012（9）：156 – 160 + 171.

［6］邓紫晗，张敏. 日常消费空间中的情绪产生与作用机制——基于南京的实证研究［J］. 人文地理，2020（1）：46 – 54 + 113.

［7］董培海，李伟. 西方旅游研究中的符号学线索解析［J］. 旅游学刊，2016（11）：128 – 137.

［8］黄和平，邝振华. 民宿文化微空间的游客感知多维分异与地方认同研究——以上海地区为例［J］. 地理研究，2021（7）：2066 – 2085.

［9］黄莘绒，李红波，胡昊宇. 乡村居民消费空间的特征及其影响机制——以南京"五朵金花"为例［J］. 地域研究与开发，2018（4）：162 – 167.

［10］季松. 消费社会时空观视角下的城市空间发展特征［J］. 城市规划，2011（7）：36 – 42.

［11］贾中海，李娜. 消费社会的符号价值与后现代的主体性丧失［J］. 社会科学战线，2021（5）：68 – 72.

［12］蒋乾，刘莎，唐宏，等. 短租民宿在线评论语义网络及感知维度研究——基于途家网和 Airbnb 的文本挖掘［J］. 资源开发与市场，2022（2）：239 – 248.

[13] 孔明安. 从物的消费到符号消费——鲍德里亚的消费文化理论研究 [J]. 哲学研究, 2002 (11)：68 - 74 + 80.

[14] 梁璐, 李九全, 胡文婷, 等. 新文化地理学视野下的消费空间研究进展 [J]. 人文地理, 2017 (1)：55 - 61.

[15] 刘彬, 陈忠暖. 权力、资本与空间：历史街区改造背景下的城市消费空间生产——以成都远洋太古里为例 [J]. 国际城市规划, 2018 (1)：75 - 80 + 118.

[16] 孙小龙, 林璧属. 基于网络文本分析的旅游商业化符号表征研究——以西江苗寨为例 [J]. 旅游学刊, 2017 (12)：28 - 36.

[17] 唐柳, 李艳娜, 杨柳松. 符号学理论下西藏精神旅游开发研究——基于旅游资源精神性活化的视角 [J]. 西藏民族大学学报 (哲学社会科学版), 2019 (1)：13 - 22 + 153.

[18] 王敏, 王盈盈, 朱竑. 精英吸纳与空间生产研究：民宿型乡村案例 [J]. 旅游学刊, 2019 (12)：75 - 85.

[19] 王新歌, 虞虎, 陈田. 旅游视角下的地域乡愁文化元素识别及维度构建——以古徽州文化旅游区为例 [J]. 资源科学, 2019 (12)：2237 - 2247.

[20] 吴琳, 吴文智, 牛嘉仪, 等. 生意还是生活？——乡村民宿创客的创业动机与创业绩效感知研究 [J]. 旅游学刊, 2020 (8)：105 - 116.

[21] 谢彦君, 彭丹. 旅游、旅游体验和符号——对相关研究的一个评述 [J]. 旅游科学, 2005 (6)：1 - 6.

[22] 徐立豪. 古镇空间内旅游符号的生产与消费研究 [D]. 长沙：湖南师范大学, 2021.

[23] 尹铎, 杨蓉, 林婕璇. 全球化背景下跨国餐饮空间的多元感知与消费实践——以广州 Zagol Habesha 餐厅为例 [J]. 旅游学刊, 2023 (2)：134 - 147.

[24] 于秋阳. 在线文旅新空间的消费特征与建构机制 [J]. 旅游学刊, 2021 (7)：10 - 12.

[25] 张海洲, 徐雨晨, 陆林. 民宿空间的地方表征与建构——网络博客的质性分析 [J]. 旅游学刊, 2020 (10)：122 - 134.

［26］张敏，熊帼. 基于日常生活的消费空间生产：一个消费空间的文化研究框架［J］. 人文地理，2013（2）：38 – 44.

［27］赵丹，张京祥. 消费空间与城市发展的耦合互动关系研究——以南京市德基广场为例［J］. 国际城市规划，2015（3）：53 – 58.

［28］左迪，孔翔，文英姿. 文化消费空间消费者感知与认同的影响因素——以南京市先锋书店为例［J］. 城市问题，2019（1）：31 – 39.

［29］Luna-Cortés G. The influence of symbolic consumption on experience value and the use of virtual social networks［J］. Spanish Journal of Marketing-ESIC，2017（1）：39 – 51.

［30］Óscar G M，Gloria B C，Antoni S C. The impact of value co-creation on hotel brand equity and customer satisfaction［J］. Tourism Management，2019（12）：51 – 65.

［31］Zhao Y. When guesthouse meets home：The time-space of rural gentrification in southwest China［J］. Geoforum，2019（3）：60 – 67.

资本循环理论视角下乡村消费空间的生产研究——以成都明月远家为例*

张慧雾　陈　兴　余正勇　李巧凤

乡村振兴战略的提出，使协调城乡关系、解决"三农"问题在某种意义上成为新时期关乎国家现代化成败的"一号"问题（容瑜芳，2006）。同时，由于中国城市中快速成长起来的工商资本面临着严重的积累过剩问题，亟须找寻新的增值空间，产品下乡、资本下乡也就成为新时期实现资本增值的必然选择（涂圣伟，2014）。在新型城镇化背景下，传统乡村的更新升级日益与大都市消费空间扩张、农业现代化紧密联系在一起（武前波等，2016）。作为乡村社会经济发展和更新的潜在手段，民宿旅游业被认为是乡村旅游中具有发展前景的部分（Chen et al.，2013），以民宿业为主导产业和主要经济来源的民宿型乡村不断涌现。民宿业的快速发展凸显了社区吸引移民回流、增加乡镇人口和实现社区可持续发展的作用，被视为旅游地转型和乡村振兴的新动力（Chen et al.，2013；张海洲等，2019）。因此，由于政策的利好及乡村发展的现实需求，资

---

　　* 张慧雾，余正勇，陈兴，李巧. 资本循环理论视角下乡村消费空间的生产研究——以成都明月远家为 ［C］//中国旅游研究院. 2023 中国旅游科学年会论文集，2023.

本开始大量投入民宿。

　　法国著名学者列斐伏尔的空间生产理论，对分析总结乡村空间生产机制和规律具有重要意义（张国琴，2019）。乡村具有生产与消费兼具的地域空间特征（李宜峰等，2021），而消费空间的构建实现了乡村的物质空间再造、社会重组以及文化重构，对乡村振兴起到推动作用，同时也对本土性空间造成挤压与边缘化（许璐等，2018）。资本与乡村的联系，最先发生在资本对最优区位的选择，从而产生了大遗址区乡村社会的空间分异（吴冲等，2020）。随着旅游型乡村的建设，当不同类型的资本进入乡村时，多重资本驱动的作用会综合影响消费空间的生产与收缩（李宜峰等，2021）。社区普通居民作为承载主体的地方资本与游客消费资本对接，具有资本的典型特征，成为乡村旅游场域存在的基础（周坤，2019）。对于乡村消费空间的研究，主要集中在其发展特征（武前波等，2016）、与乡土空间的重构（许璐等，2018）、阶段划分与演变机制（薛晨璐等，2021）等方面，基于资本循环理论视角，乡村吸引精英群体进驻乡村体系的机制（王敏等，2019）、与权力的关系（殷洁等，2012）等受到我国学者的关注，但鲜有学者关注资本循环视角下旅游乡村消费空间生产的运行机制。因此，本文选取成都市明月村远家品牌基地作为研究对象，探究资本三次循环作用于该地的逻辑规律和消费空间的生产机制，且通过个例概括整个村落消费环境的变化，以期为资本下乡提供理论指导，促进乡村产业可持续发展。

一、案例地与理论简介

（一）案例地简介

　　明月远家位于四川省成都市蒲江县，坐落在一片松林、竹海与茶田间，是一家融民宿、书店、卖场、餐厅、剧场、展厅、手工教室、茶室、花园和生态菜地于一体的原创设计生活美学品牌实践基地，整体 2/3 的建筑为公共区域，另外 1/3 是作为配套的 28 间客房和青年旅舍，其空间并不限于围墙之内，在设计上充分地尊重与保留了自然的元素，与周围的远山、竹海融为一体，构成明月村宁静诗意的一切。2015 年，创始人宁远在明月村将一栋老院子改造成草木染工房——远远的阳光房，随后，作为村里的第一个文创项目，远家在明月村开办了"明月染发展计划"系列培训，针对当地村民的情况，教授草木染课程并扶持村民创业，先后培训了 20 多名村里的女性，帮助了两位村民开设了自己的蓝染体验工房。到 2021 年 10 月，拥有多功能的明月远家正式对外营业。由于远家的发展历程主要受外来资本的支持，从最初的文创项目到后来的转型，其中的每一个阶段都能与资本进入后的村落变化特征相对应，且远家的经营内容较为丰富，在乡村资本中具有较强的代表性，因此本文选取该地作为研究对象。

（二）主要理论简介

从政治经济学的角度来看，资本无限扩张必然会产生过度积累的问题，大卫·哈维利用时间空间修复的理论来解决此危机，而资本循环理论用来解释时空修复的作用，揭示了资本循环的规律及空间的本质。第一次循环是资本投入生产与消费资料中，为生产提供条件，初步构建消费空间。第二次循环是资本投入到物质环境的建设中，为生产、交换、消费提供便利并化解危机（熊帼，2013；庄友刚，2012），同时提高空间利润。哈维认为，城市建构环境的生产和创建过程实质上是资本控制和作用的结果（刘晓薇等，2019）。第三次循环是资本投入文化服务消费，进一步提高社会素质和劳动生产率。

空间生产理论是列斐伏尔在 20 世纪提出的，他认为空间生产是空间被开发、规划、使用和改造的全过程，是一个"空间的实践""空间的表征"和"表征的空间"三元一体复杂体系（王华等，2020）。针对明月远家的消费空间生产机制，空间实践是企业合伙人应用生产资料对远家一系列消费场所的打造；空间表征是通过营销、政府宣传等手段对该地进行的美好构想；表征性空间是游客体验后自己构建出来的远家，地方认同、对空间的想象、空间的日常生活习惯和节庆三个因素推动了表征性空间的形成（张晓旭，2017）。

二、三次资本循环下明月远家的空间生产

从 2015 年远远的阳光房到如今的明月远家，无论是文创项目还是美学品牌，其发展过程均体现了资本和生产要素的流动，符合资本的三级循环特点。在资本的第一次循环中，根据明月村的文化特色和主要扶持产业，远远的阳光房以草木染文创项目入驻明月村，利用当地的资源开始进行草木染工艺品的制

作。在第二次资本循环阶段，通过土地使用权的获取、房屋的修筑以及不同功能区的构建等步骤，明月远家在远远的阳光房基础上实现了升级改造，在纵向和横向上都实现了产业链条的延伸。同时，"明月染发展计划"系列培训为远家的草木染工坊构建了浓厚的消费氛围，扩大了草木染的影响力，并且为契合品牌文化，在庭院的景观设计和周围的道路建设上作出了相应的调整。在第三次资本循环阶段，远家作为夏令营、讲座、课程培训班等活动的举办地，不仅丰富了经营类目和品牌的文化内涵，而且带来了居民生计的改善和消费环境的提升，从另一个维度提升了品牌的竞争力，使资本的生产拥有了社会性的意义。

（一）文创空间的生产

资本的第一次循环从创始人宁远租下一栋老院子作为草木染工坊开始，其实质是通过外来创客的空间实践，实现物质资料在空间中的重构，以创造出满足人们需要的空间（谢晓如等，2014），远远的阳光房就这样作为文创空间诞生在明月村。这一时期外来创客在村落原有物质的基础上进行空间实践，陶艺等手工空间也是在原有的基础上进行升级和改造，资本用于建设空间内部的生产资料，从而创建出供游客观赏和参与的体验空间。国际陶艺村的招牌使很多创客慕名而来，他们在保持原有业态的情形下不断延伸和发展，草木染就是根据乡村最初的发展趋势而创立的手工作坊，与村落中其他手工产业，如美术、篆刻等共同开拓了明月村的艺术空间，也为之后的品牌理念发展和消费空间的升级转型奠定了基础。

草木染是对物品进行染色的一种技艺，原料可以从乡村直接获取，大大减少了运输成本，并且从生产到降解每一步都不会对环境产生负面影响。因此，在空间表征上，基于染色工艺的复杂性和独特性，远远的阳光房从制作原料和流程上使游客认识到草木染的环保特性，从手工艺品的制作过程中体验到一种朴素、节制的生活方式，这也是主理人一直追求的经营理念。

（二）消费空间及其环境的生产

为了给消费提供便利，满足游客的各种需求，资本进入第二次循环阶段，表现在消费空间及其环境的生产，同时根据品牌理念进行空间表征。在消费空间的建设上，明月远家以远远的阳光房作为起点，同时通过招拍挂的形式获取了另一片土地的使用权，此后在这片土地上进行房屋修筑，根据其品牌理念和经营内容，修建的房屋根据设想的结构被划分为不同的功能区，实现了消费空间的升级与改造。为了使消费空间与外部环境相契合，民宿主将庭院和周围道路也进行了整改，使其更加符合整体的装修风格和运营理念，充分融入了自然的元素。庭院的景观设计为复原旧时光的痕迹以及保证室内的观赏效果，树木、热带植物都是创始人宁远对于故乡的记忆，在一定程度上可以和游客达到情感的共鸣。同样，进入远家的道路采用与乡村相契合的木板材料，对于凸显品牌理念具有重要意义。

从最初的草木染文创空间到现在的明月远家，在产业上从最初的文创到民宿、餐饮、卖场等，经营范围实现了横向和纵向的延伸，企业的功能和结构也在不断完善和发展。在消费环境的建设上，为了营造消费氛围以及扩大草木染的影响力，远家在明月村开办了"明月染发展计划"系列培训，不仅教授草木染课程而且扶持村民创业，帮助本土村民获利增收，在共同获益的情形下帮助远家实现转型。该项目一方面对于构建整个村落的营销氛围和吸引游客作出了巨大贡献，另一方面采用文创扶持的方法为远远的阳光房到明月远家的转型创造了优良的经营环境，对于远家的服饰品牌也具有较强的宣传作用。

在空间表征上，"远方的家"作为营销手段应运而生，完美地涵盖了明月远家的经营内容，并且从各方面满足了人们对于"远方"和"家"的期望。品牌的核心经营理念是享受自然、与自然共处，对于长久处于都市的人群，被竹海和茶田包围，有花园、菜地等区域的远家能够享受到自然的田园气息，而书店、剧场、展厅、手工教室等又为游客提供了多种体验活动。因此，针对不同需求不同背景的人群，远家都能成为他们"远方的家"。

消费空间的表征空间是活动参与者在空间体验后，根据地方认同、个人认同、日常生活习惯及空间想象等自己构建出来的空间（熊清华，2019）。游客对于明月远家的感知与认同基于他们对整体环境的认识，根据远家的地理区位、周围的环境设施以及整体氛围的构建，远家为游客打造了一个远离城市喧嚣的"世外桃源"，书店、艺术展等为其增添了较为浓厚的文化底蕴，使游客尽情地畅游在自己构建的精神世界之中，从携程网络预订平台上的客户评论可验证：

"明月村里最舒适风景最美的一处佳境，房间窗外的茶园满眼绿意盎然……"

——评论 A

"这家民宿的环境可真是好，像是避世的处所，但要出世也是一念间的事……"

——评论 B

"很有文化氛围的地方，听朋友推荐来的。来的时候没有活动，但看到过往的活动感觉也很不错，有书店、展览，一个人走走看看很舒服。"

——评论 C

"环境非常不错，整个酒店被竹林、茶园包裹着，一下车扑面而来的是阵阵细腻柔软带着乡土自然气息的微风……"

——评论 D

除上述对于远家环境的评论之外，游客更多的是关注远家的服务水平，他们比较注重房间内的卫生、餐饮、硬件设施等。远家是一个拥有众多业态的综合服务实践地，民宿仅是其中的一个功能，但是在大部分游客会认为它仅是民宿，其他产业只是作为民宿的附属品而存在，在其认知中民宿空间与2/3的公共区域会有一个优先级的排序，这对于远家美学品牌的构建具有一定的阻力。消费者通过对空间的感知，产生对经营者较大的认同感，这种认同感体现在对商品所传达的价值观的理解上，比如远家的服饰品牌，在当前快节奏的时代，应用自然的力量在纯天然的面料上着色、制衣，会带有一种"来之不易"的分量，这种情怀能够通过商品传达给游客，这对于构建游客对远家的文化认同、追求品牌生命力具有重要意义。

（三）资本的社会渗透

在消费场所和消费环境构建的基础上，资本开始流向文化服务投资，由之前的生产消费功能衍生出文化服务功能，由此进入第三次循环阶段。远家的文化服务主要包括冬夏令营、研学营、艺术展览、戏剧演出及各类培训班等。这些活动中包括很多创业培训项目，以生产为导向的技能培训提高了劳动力素质，也为明月村注入了创新的活力。除此之外，还包括针对成人和儿童所开授的知识和技能课程，如"生活美学品牌研学""少儿服装设计""倾听自然绘本创作""神奇树屋搭建""青春同龄人小组"等，无论大人、小孩，在收获知识的同时也能收获友谊。所以在消费空间的重塑过程中，资本不断流动，不仅实现了教育的功能，而且促进了资本的社会渗透，对提高劳动力素质和扩大教育影响力具有重要意义。

"生活美学品牌实践地"是根据远家的服务内容从文化角度而进行的空间表征。乡村民宿构建了人与自然和谐关系的生活美学，文化传承、栖居之美、游憩之美都建立在这一审美意识之中（王华等，2020）。远家的生活美学不仅局限于民宿，而是整个消费空间的综合体现。在文化传承上，远家将明月村的草木染与陶艺作为体验内容，在动手的过程中强调了人们审美感知中的文化认同。同样，茶室作为交流空间能够唤醒大众的文化记忆。在栖居生活中，通过民宿内部的装饰和外部环境的结合，让游客能够重新审视来自日常生活的美，构建自己的精神乐园。而游憩活动本身就是一种审美实践活动，远家的花园、生态菜地等为游客创造了接触自然的条件，使他们全身心地体验这种自然之美，在放松自我的同时融入乡村。从城市与乡村的关系出发，远家又被定义为联结城市与乡村的"生活场"。在这里，不仅能够体验到乡村的田园风光和传统技术，更有城市的展览、市集、讲座、音乐会等，通过这些活动与作品能够与艺术家面对面交流，打开对世界的想象。尤其是长久处于都市的人群，来到村里会被这种放松而沉静的氛围深深打动，也会因为看到艺术活动而使出游过程丰富起来。无论是从人人关系还是人地关系中来看，都能达到一种天然的和谐，这种和谐伴随着深厚的安全感以及到处都能看见对待生活的达观。

三、乡村消费空间的生产

以明月远家为个例，由此可以延伸探究到整个明月村消费空间的生产。在国家大力倡导的乡村振兴战略背景下，为资本下乡创造了准入条件，使资本的入驻具有一定的合理性和话语权。从明月村的发展过程中可以看到，文化因素是其转型的一个突破口，陶艺是明月村发展的开始，此后随着民宿、明月染等旅游项目的进入，明月村凭借国际陶艺村的名片成功转型，成为农文旅相融合的重点旅游村落，不断实现消费空间的重塑与更新，也为乡村产业高质量发展树立了典型。

根据国家的发展政策和村民的现实需求，明月村开始寻找转型升级的突破口。所以第一次资本循环从 2013 年明月村启动文旅品牌建设开始，此后，随着"明月窑"陶瓷品牌的产生，明月国际陶艺村也正式挂牌成立。之后以陶艺和草木染为代表的工艺品制作开始在明月村盛行，"蜀山窑"工坊、"清泉烧"工坊、"远远的阳光房"草木染工坊、YOLI 美术工作室、明月轩篆刻艺术博物馆、火痕柴窑等文创项目陆续入驻明月村。这一阶段，资本投入生产和消费资料的生产过程，完成了空间中的生产。

话语权力和资本权力是资本流动的前提条件，当该条件被满足之后，资本迅速进入下一阶段。所以在第二次资本循环中，部分创客结合已有的文创产业，进一步在横向和纵向上延伸产业链条，不断完善明月村的旅游功能，由此为契机，乡村的房屋和土地转变为可以租赁和买卖的商品，外来创客和本土村民根据乡村需求和个人意愿将这些"商品"在空间实践之后创造出了吃、住、游、购的消费场所，并将经营理念和设计元素融入其中，来实现和村落文化的互动。乡村需要创客发掘本土文化，并将其以全新的形式发扬光大，同时产生经济价值和社会价值。同样，创客也需要借助乡村当地的环境和氛围来吸引游客，扩大旅游的影响力。在这个过程中，乡村和创客实现了双赢，创客为乡村解决了生计和就业问题，进一步提高了劳动生产率。而乡村也因为外来资本的积极建设，由此在一定程度上提高了基础设施和公共服务水平，生产方式也从单一的农业转变为三产融合的形式，激发了乡村的产业活力，为企业的品牌建设提供了优良的基础条件。

在第三次资本循环阶段，明月村更加关注产业发展的社会价值，不断在人才培养、乡村建设、环境保护以及文化建设等方面寻求更优良的发展道路。例如，在人才培养上，明月讲堂是国家乡村旅游人才培训基地的精品课程活动，该活动针对明月村的治理和建设等问题，邀请乡村振兴领域的研究者、实践者和新村民代表进行主题演讲与开放对话,对村落的文化建设、生态经济建设等具有重要的指导意义。在环境保护上,2018年夏天成立了明月村环保晨跑小分队,越来越多的人加入其中,使明月村的垃圾分类和自助投放有了显著成效,并且这项活动对儿童从小树立环保理念具有重要的实践意义。在文化建设上,明月村多次举办音乐会以及"艺术月"等活动,还成立了明月村戏剧工坊,创造出了一个接地气的戏剧文化表达空间。在工艺品的制作方面,蜀山窑2016~2022年每年的公益培训课程从未间断,并在第七年尝试加入了彩绘的课程内容。还有明月轩篆刻艺术博物馆开设的"中国篆刻艺术"公益传习培训班,这些活动不断为明月村的文化发展注入新鲜血液,同时也为深化游客的旅游地认同构建了艺术空间。

四、结论与讨论

本文基于哈维的三次资本循环理论对明月远家的消费空间生产进行了探究(见图1),并在此基础上概括了明月村的消费空间生产机制。资本第一次循环阶段,外来创客和本土村民经过空间实践实现了物质资料在空间中的重构,文创项目先后落地,使陶艺、草木染等手工艺品的制作生产成为这一时期的主要投入,"明月国际陶艺村"的招牌吸引了更多创客的关注,远远的阳光房作为明月远家的前身就是这一时期的产物,空间也就成为产生生产价值或剩余价值的载体,即哈维所说的"空间中的生产"。

资本的第二次循环,是为第一阶段的生产提供便捷,营造更浓厚的消费氛围,吸引更多游客进入,从而获取更高的空间利润率。因此,在空间实践上,远家推出"明月染发展计划",并且逐步从单一的文创空间转型成为融住宿、餐饮、手工、卖场等为一体的综合美学品牌实践基地,从纵向和横向上延伸了产业链条,也为村落的其他商家提供了可借鉴的经验。在空间表征上,"远方的家"是民宿主借助营销手段进行的概念化表达,在一定程度上涵盖了创客进行空间实践的构想。在表征性空间上,根据网络预订平台的评论,在大多数游客的认知中远家仅仅是民宿,是环境清幽且适合放松身心的"世外桃源",他们并没有体验到更多关于品牌所要传达的理念。

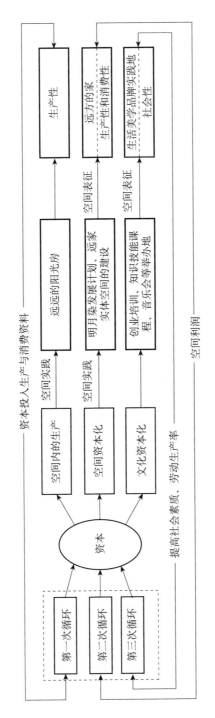

图1 资本三次循环与远家消费空间生产

资本的第三次循环,伴随着文化服务的投入,美学生活品牌实践基地使远家在文化角度实现了空间表征。同时,以生产为导向的技能培训提高了劳动力素质,也为明月村注入了创新的活力。除此之外,针对成人和儿童所开授的知识和技能课程,实现了教育的功能。在消费空间的重塑过程中,促进了资本的社会渗透,对提高劳动力素质和扩大教育影响力具有重要意义。

从明月村的角度来看,资本的三次循环主要体现在三个方面:第一,文创项目的入驻,促进了明月村空间内的生产。第二,产业链的延伸直接导致了空间的生产,在土地和房屋租赁买卖的基础上实现了消费空间的重塑。第三,资本投入文艺产业一方面促进了明月村的文化建设,另一方面也对刺激消费、吸引游客具有宣传作用。外来创客和本土村民通过必要的空间实践创造了消费场所,之后在宣传和营销的场景下实现了空间表征,也在不断完善基础设施和公共服务的过程中满足游客对旅游地的空间认同。

在数字化城乡建设的背景下,信息传播的鸿沟渐渐地在乡村和城市之间消失,乡村也正在经历深刻的社会变革,生产方式的转变以及消费空间的更新都在不断刷新大众的认知。所以,本土村民应该把握机遇,与外来创客共同构建新型的乡村消费空间,使经济效益和社会效益同步实现。在此过程中更要注重保护环境,构建绿色环保的生态旅游发展格局,促进乡村的可持续发展。

参考文献

[1] 李宜峰,芮旸,杨坤,等. 多重资本驱动下西安市秦岭北麓 S 村的空间生产与收缩——基于布尔迪厄理论的管窥 [J]. 自然资源学报,2021 (10):2585 –2603.

[2] 刘晓薇,胡刘. 论马克思城市批判思想研究理路:回到马克思"资本批判"原初语境 [J]. 云南社会科学,2019 (3):11 –17.

[3] 容瑜芳. 我国城乡差距扩大与城乡协调发展 [J]. 当代经济,2006 (6):62 –63.

[4] 涂圣伟. 工商资本下乡的适宜领域及其困境摆脱 [J]. 改革,2014 (9):73 –82.

［5］王华，梁舒婷．乡村旅游地空间生产与村民角色转型的过程与机制——以丹霞山瑶塘村为例［J］．人文地理，2020（3）：131－139.

［6］王敏，王盈盈，朱竑．精英吸纳与空间生产研究：民宿型乡村案例［J］．旅游学刊，2019（12）：75－85.

［7］吴冲，朱海霞，彭邦文．资本循环视角下大遗址区乡村社会空间生产机制研究——以秦始皇陵为例［J］．地理科学进展，2020（5）：751－765.

［8］武前波，龚圆圆，陈前虎．消费空间生产视角下杭州市美丽乡村发展特征——以下满觉陇、龙井、龙坞为例［J］．城市规划，2016（8）：105－112.

［9］谢晓如，封丹，朱竑．对文化微空间的感知与认同研究——以广州太古汇方所文化书店为例［J］．地理学报，2014（2）：184－198.

［10］熊帼．城市新消费空间的生产——以南京"水游城"购物综合体为例［D］．南京：南京大学，2013.

［11］熊清华．乡村振兴视域中的乡村民宿生活美学探析［J］．美术大观，2019（6）：124－125.

［12］许璐，罗小龙，王绍博，等."洋家乐"乡村消费空间的生产与乡土空间重构研究——以浙江省德清县为例［J］．现代城市研究，2018（9）：35－40.

［13］薛晨璐，靳诚．乡村空间消费化阶段划分与演变机制研究——广州市黄埔村为例［J］．中国生态旅游，2021（3）：413－426.

［14］殷洁，罗小龙．资本、权力与空间："空间的生产"解析［J］．人文地理，2012（2）：12－16＋11.

［15］张国琴．乡村空间变迁与价值重塑——基于消费空间生产的旅游生态区视角［J］．创意城市学刊，2019（3）：45－54.

［16］张海洲，虞虎，徐雨晨，等．台湾地区民宿研究特点分析——兼论中国大陆民宿研究框架［J］．旅游学刊，2019（1）：95－111.

［17］张晓旭．基于空间生产理论的历史文化型消费空间形成机制研究［D］．西安：西安外国语大学，2017.

［18］周坤．地方资本：一个乡村旅游研究的新概念［J］．四川师范大学

学报（社会科学版），2019（6）：73 –80.

　　[19] 庄友刚. 何谓空间生产？——关于空间生产问题的历史唯物主义分析 [J]. 南京社会科学，2012（5）：36 –42.

　　[20] Li-Chan Chen, Shang-Ping Lin, Chun-Min Kuo. Rural tourism：Marketing strategies for the bed and breakfast industry in Taiwan [J]. International Journal of Hospitality Management，2013，32：278 –286.

生态文明建设与乡村民宿旅游耦合发展研究——基于主辅嵌入视角[*]

余正勇　陈　兴　王　楠　何　昊

在乡村旅游发展火热的当下，越来越多的城市人口将目光投向乡村地区，期望在短暂逃离中享受一段原生态的、绿色的、自然的旅游时光。而乡村民宿旅游的发展也为城市等外来人口提供了逃离都市、体验乡村生活的机会，其中，乡村民宿作为游客了解乡村人文、自然生态的窗口，备受游客尤其是城市青年游客喜爱。乡村民宿旅游成为一种新兴旅游形式，对乡村旅游发展繁荣至关重要。随着生态意识的增强与绿色消费的兴起，都市人群的旅游需求越来越趋于生态化、乡土化和环保化（赵一青等，2020），让乡村民宿旅游与生态文明建设的耦合关系讨论、发展、实践显得尤为迫切。

生态文明建设关系人民福祉，关乎民族未来。而包括乡村民宿旅游在内的乡村旅游则是美丽乡村建设的重要抓手（李创新，2016），与创新、协调、绿色、开放、共享的新发展理念密不可分（廖军华等，2016），二者在乡村建设

---

　* 余正勇，陈兴，王楠，何昊. 生态文明建设与乡村民宿旅游耦合发展研究——基于主辅嵌入视角［C］//中国旅游研究院. 2020中国旅游科学年会论文集（旅游业高质量发展），2020.

过程中融合发展，密切相关，衍生出绿色民宿、乡村生态旅游等热点话题。生态旅游是乡村旅游与生态文明建设较为成功的领域，自生态效率提出后便被学术界广泛运用于旅游领域。旅游生态效率是生态旅游、可持续旅游、绿色旅游等概念的进一步延伸与发展（刘军等，2017）。

学术界将旅游生态效率作为衡量旅游永续发展的重要指标（姚治国等，2016），对促进旅游永续发展具有重要的理论价值与实践意义（王兆峰等，2019）。乡村民宿生态旅游的发展与我国生态文明建设的思路相符合（刘爽，2016），大量研究以生态文明视角切入，对乡村生态（庄雪球，2018）、生态旅游（毛峰，2016）、区域旅游（邓昭明等，2018）的规划策略、发展模式、路径效益进行探究。有学者认为自然环境条件和旅游资源是民宿选址的首要考量（Hsiao et al.，2018），乡村民宿旅游的开发依托并服务于良好的资源环境。乡村民宿除了具有良好的经济效益外，还能够成为当地绿色经济发展的排头兵（姜岩，2019；Kangting et al.，2014）。伴随绿色民宿的经营管理理念的出现，绿色民宿评价、节能措施、碳排放和绿色营销等议题受到学界重点关注。其中，作为生态旅游区的民宿，其经营管理与生态旅游业务有很强的相互依赖性（Kuo et al.，2012）。学术界一致认为乡村民宿旅游是一种绿色产业，应将生态理念贯穿其规划开发、经营管理的始终，以生态文明建设为指导，发展乡村民宿、乡村文创等多种旅游产品形式，推进乡村生态旅游可持续发展（刘爽，2016）。在乡村旅游与生态文明建设融合发展的思考中，学者基于系统学理论探讨二者的耦合点，并从旅游生态化、生态旅游化两方面探索其耦合路径，推动了生态文明理念在乡村旅游中的实践发展（许黎等，2017；苏永波，2019；丛小丽等，2019）。

然而，生态文明建设是一个涉及人、自然、社会诸多方面的系统工程（王有腔，2019）。其在与乡村旅游的实践过程中存在缺乏系统规划、各自为政、成效甚微等问题。乡村民宿作为乡村振兴战略的重要抓手和生态文明建设的有力载体，不仅带动了乡村社会经济发展（吴有进，2018）、地方剩余劳动力转移（李朋波等，2017），也有效保护利用了地方人文资源、自然生态（游上等，2019），有助于突破生态文明建设背景下乡村旅游转型升级的瓶颈。

乡村民宿从最初的乡村旅游配套服务产品逐渐转化为旅游目的地本身，掀起了乡村民宿旅游的热潮。但在现有乡村民宿发展实践中由于缺乏环保、绿色等生态理念的关照，乡村生态环境面临严峻考验。为规避乡村民宿旅游实践与生态文明建设之间的矛盾与冲突，助力美丽乡村建设、乡村振兴的实现。本文基于嵌入式系统理论，解析二者耦合关系，构建耦合矩阵，探索耦合点，从生态旅游化、旅游生态化两方面探索耦合路径。

一、生态文明建设与乡村民宿旅游互动关系

党的十八大、党的十九大相继提出"建设美丽中国""加快生态文明体制改革，建设美丽中国"的战略目标，并在相关文件中指出通过"旅游＋""生态＋"等模式，推动乡村民宿等休闲旅游产业的融合发展。乡村地区是我国重要的组成部分，其发展建设影响着国家现代化建设进程。无论是建设美丽中国还是美丽乡村建设、乡村振兴等战略愿景的实现，都体现出对乡村地区经济、生态方面的关照。生态文明建设作为美丽乡村的基础和乡村振兴的保障，使乡村发展民宿旅游成为可能，引导其促进乡村生态效益与经济效益、社会效益的共同发展。乡村民宿作为乡村振兴的抓手和美丽乡村的具体展现，为乡村社会经济的发展注入内生活力，同时，以乡村民宿为核心吸引物的乡村民宿旅游作为一种新兴乡村旅游方式，唤起人们到乡村旅游观光、休闲度假的愿望，在带动乡村经济发展的同时，助推地方环境生态的可持续发展。在长期发展实践中，乡村民宿被学术界视为生态文明建设的有力载体（赵一青等，2020）。因此，在乡村地域内乡村民宿旅游与生态文明互为条件、相辅相成，具有突出的耦合性，二者共同助推美丽乡村建设、乡村振兴，直至达到"美丽中国"的美好目标（见图1）。

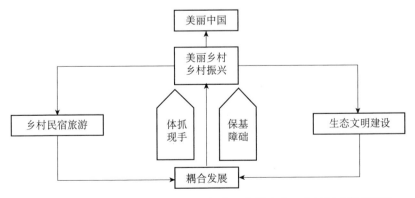

图1　乡村民宿旅游、生态文明建设与美丽乡村建设、乡村振兴逻辑关系

（一）生态文明建设与乡村民宿旅游相辅相成

乡村民宿旅游是以乡村民宿等住宿设施为载体，融合地方人文景观、风土习俗、自然资源、生态环境等要素，吸引游客到乡村进行观光、游憩、体验等旅游活动，并为其提供优质化、个性化的产品与服务。乡村民宿旅游的主要特点是主题性、乡土性、休闲性、原真性。

生态文明是工业文明中的高级文明形式，诠释和表征了人类在认识、适应、改造和利用自然的过程中形成的与自然和谐共生的生产、生活方式。生态文明的理论基础是可持续发展、主旨是维护生态环境平衡，进而实现人类社会的可持续发展。生态文明建设已写入宪法，上升到国家战略层面，对我国经济、社会、生态发展产生深远影响。其主要内容涵盖资源利用、国土空间开发、生态制度、环境保护以及生态文化建设等。

乡村民宿旅游与生态文明建设耦合发展、相辅相成。乡村民宿作为生态文明建设的有力载体，其核心的乡村民宿旅游是乡村生态文明建设的重要内容和体现。乡村民宿旅游作为新兴绿色发展模式，可持续利用地方自然生态资源，并将生态环保理念融入相关产业规划发展、经营管理。与此同时，乡村生态文明建设关系到乡村民宿旅游竞争力与吸引力，关乎其发展水平高低。乡村民宿旅游与乡村生态文明建设在本质上和谐统一、耦合发展（见图2）。

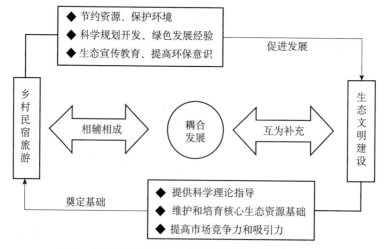

图2　乡村民宿旅游与生态文明建设互动耦合示意图

（二）生态文明建设为乡村民宿旅游奠定基础

生态文明建设为乡村民宿旅游发展提供科学理论指导。生态文明建设要求乡村民宿旅游发展树立绿色环保理念，包括生态资源的保绿护绿，也指绿色的发展方式、生产生活方式。其指导乡村民宿在开发过程中坚持可持续发展的价值观，不局限于眼前的利益，着眼于长远、后代的生存、发展利益。

生态文明建设为乡村民宿旅游维护和培育核心生态资源基础。生态文明建设强调环境保护、资源节约，优质丰富的资源环境基础让乡村民宿旅游的发展成为可能。独特的自然生态是乡村民宿旅游发展的核心资源基础，乡村生态文明建设对现有的森林、草地、水资源、土地、乡土风貌加以保护，维持了良好的生态环境基础，并对地方旅游发展中不和谐、不生态的生产生活方式进行转变，通过污染治理、生态补偿、环境修复等措施培育和维护着优质的自然资源，成为乡村民宿旅游发展的核心资源。

生态文明建设为乡村民宿旅游提供市场竞争力和吸引力。生态文明建设是一个复杂的系统工程，涉及人、自然、社会诸多元素和关系（王有腔，2019）。生态文明建设包含自然生态和人文生态的建设，保护和传承地方特色的风土习俗、乡土风情，节能环保的理念实践使乡村民宿旅游发展更具文化性、乡土性、生态性，有助于增强乡村民宿旅游市场竞争力和吸引力。

（三）乡村民宿旅游促进生态文明建设

乡村民宿旅游有助于环境保护和资源节约。乡村民宿旅游作为一种绿色发展模式，是新的乡村旅游方式，更具生态性、环保性。乡村民宿利用地方闲置房宅资源，激活存量经济，进行主题性、特色改造，体量小、成本低，整体上依旧与地方风貌和谐融入，其发展模式和理念本质上就是生态文明建设的一种体现。

乡村民宿旅游科学规划、绿色管理经营，是生态文明建设的重要内容。乡村民宿作为乡村建设的重要部分，为盘活闲置资源注入活力。乡村民宿的规划选址、景观设计（Hsiao et al.，2018）有赖于地方生态资源，充分考虑环境自净能力、环境承载能力等准则。引进生态厕所、废弃物再利用、就地取材等都是生态理念民宿实践。发展经营过程中强调"绿水青山就是金山银山"的两山理论，认为经济发展和环境保护是协调统一、相互制约的，将生态优势转变为经济优势，促进生态文明建设。

乡村民宿旅游有助于生态宣传教育、提高环保意识。乡村民宿旅游为都市游客提供了亲近自然、体验乡村的机会，让游客在旅游体验的过程中感受到城市与农村的生态差异，启发其对自我的生产生活加以思考和反省。通过绿色民宿、绿色发展、绿色营销等将生态知识、文化、教育融入乡村民宿旅游活动项目中，借此彰显乡村生态文明建设的成果和效应。

二、乡村民宿旅游发展与乡村生态保护的潜在矛盾与规避

从理论层面分析，乡村民宿旅游与生态文明建设相辅相成、和谐统一。但在具体实际中，由于各自发展逻辑和理念差异，存在不同程度的矛盾与冲突。促进二者更好地耦合发展，有赖于从理论观念分析和具体实践规避两方面进行协调统筹。

乡村民宿旅游作为旅游产业，依赖于资本逻辑运营，是典型的市场行为。乡村民宿是应旅游市场需求和发展趋势出现的，不仅有效填补和满足乡村旅游住宿产品空缺，也充分利用乡村丰富的自然生态、人文风俗等资源优势，带动乡村产业发展，谋求地方经济效益。但由于资本逻辑的运行过程中，外来资本和管理者缺乏节能环保等生态理念和科学发展观，未能综合决策、整体把握，单方面地追求乡村民宿旅游经济效益，从而大兴土木、盲目跟风建设，导致资源损毁浪费、生态面临考验、民宿产品同质化等问题。最终，乡村民宿旅游赖以生存发展的环境被破坏，整体乡村风貌损毁，进而阻碍了民宿旅游的可持续向好发展。

生态文明建设是一种高级文明形态，注重人与自然的和谐共生，具有很强的公益性质。生态文明建设的理论基础是可持续发展观，主要表现为人类对自然生态的发展建设，既满足当代人的需求，又不损害子孙后代的利益，是一种延续性、持久性、公益性的生产发展观。生态文明建设对人民和国家发展具有重要意义。但在旅游发展实践中往往忽略了生态文明建设的理论指导和生态制度规制，或者浮于形式主义，未能真正落实规划开发、实践考虑。相关利益主

体之间监管不力、缺乏生态责任和意识。

生态旅游、绿色民宿等概念的出现为乡村民宿旅游与生态文明建设耦合发展提供了契机。随着国家对生态文明建设的重视、宣传和教育，人们回归自然、亲近乡村等绿色消费需求的出现，催生了生态民宿旅游、绿色民宿等新兴旅游生活方式。借助乡村民宿旅游的独有的融合性强、覆盖面广优势，可发挥"民宿+""旅游+"的发展模式，将科学的生态发展观作为指导，进行多行业、多景观、多维度、多层次的乡村生态民宿旅游发展，谋求生态与经济的平衡。在实践中，可协同乡村民宿旅游各利益主体，相互督促、共同践行和维护乡村生态环境，规避二者实践存在的冲突与矛盾。

三、乡村民宿旅游与生态文明建设耦合分析

（一）理论基础

本文认为，系统论思想对生态文明建设与乡村民宿旅游耦合研究作用显著。系统是指两个或多个互相联系、互相作用、互相依赖的要素结合在一起，以实现特定功能为目的而组成的有机整体（周理乾，2017）。而耦合则是指多个系统或运动方式依托彼此之间的作用进而产生相互影响的现象。乡村民宿旅游与生态文明建设皆是包含丰富内容、元素的复杂系统，二者在耦合发展过程创新进行再组织、再构建。但两者在规模、范围和内容上具有较大的差异，生态文明建设远大于乡村民宿旅游，是两个不对等系统。为科学深入地探析二者的耦合发展，本文引入"主辅嵌入式系统模型"解释。嵌入式系统作为系统论思想和理念在工程技术领域的运用实践，有利于满足特定领域的应用需求和特定的功能，是硬软件相结合的产物。该模型包括计算机系统和被控系统两部分，后者接受前者的控制命令，执行任务，并作出反馈。结合本文主题，乡村民宿旅游产业作为嵌入生态文明系统中的被控对象，同其他被控对象与生态文明系统构成一个完整的生态文明嵌入系统。从模型看，理论上生态文明是整个系统的主导因素，乡村民宿产业等属于被控单元，并协同服务于生态文明系统（见图3）。此嵌入式系统的良好运行取决于乡村民宿旅游等单元是否遵循生态文明建设要求和规定。

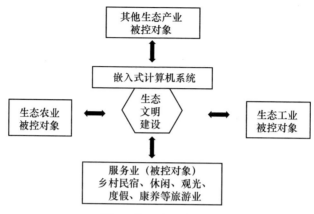

图3 嵌入式系统模型

（二）耦合矩阵构建

借鉴和参考主辅嵌入融合系统理论和相关研究文献，本文认为乡村民宿旅游系统包括4个部分，即：以客源市场、民宿产品服务市场为主的民宿市场系统；以政策法规、资源环境、人才资源为主的保障系统；以民宿吸引物、民宿营销、民宿设施为主的民宿目的地系统；以交通设施、旅行服务为主的配套设施系统。根据嵌入式系统可知，乡村民宿旅游系统中与生态文明建设密切关联的有民宿产品服务维度、民宿吸引物维度、民宿资源环境维度、交通设施维度（见图4）。而生态文明建设主要包括资源利用、国土空间开发、生态制度、环境保护和生态文化建设（见表1）。

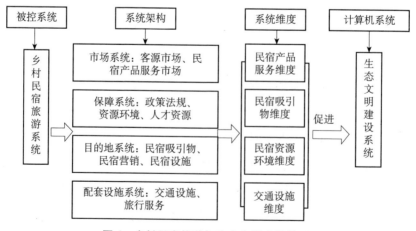

图4 乡村民宿旅游与生态文明建设关系

表1   **乡村民宿旅游与生态文明建设耦合矩阵**

生态文明建设要素	乡村民宿旅游维度			
	民宿产品服务	民宿吸引物	民宿资源环境	交通设施维度
资源利用	......	......	......	......
国土空间开发	......	......	......	......
生态制度	......	......	......	......
环境保护	......	......	......	......
生态文化建设	......	......	......	......

（三）融合点解析

乡村民宿旅游与生态文明建设的耦合发展，应围绕乡村民宿旅游生态化和乡村生态民宿旅游化两方面寻找"融合点"。

1. 乡村民宿旅游生态化"融合点"

乡村民宿旅游与生态文明建设耦合集中在民宿产品服务维度、民宿吸引物维度、民宿资源环境维度、交通设施维度4个维度。民宿产品服务主要包括乡村民宿提供的住宿产品、乡村农副产品、土特产、文创产品、手工产品及个性化、主题化活动服务，这些都是低碳、绿色、环保的产品服务；民宿旅游吸引物主要包括山水田园、节庆活动、民俗风情和乡土景观建筑，乡村民宿的发展结合生态理念再利用乡村闲置资源，在保护和传承地方人文、生态的基础上进行科学合理的开发，呈现乡村独有的生态、文化和景观；民宿资源环境作为发展民宿的基础，在自然环境方面主要注重对乡村生态环境保护，节约资源，在人文环境方面营造民宿温馨家文化氛围，普及和践行人与自然和谐相处的观念意识；民宿旅游交通设施主要包括乡村民宿旅游过程中涉及的多方面的基础设施，对生态文明建设的体现主要在于低碳消费、绿色出行方面。

2. 乡村民宿生态旅游化"融合点"

乡村生态文明建设与乡村民宿旅游耦合发展最好的体现是打造乡村生态民宿旅游，重点围绕乡村资源利用、空间开发、环境保护、生态制度和生态文化方面。乡村资源包含乡村自然资源和乡村人文资源，乡村生态民宿应同时在旅游过程中彰显两类资源，推动旅游发展；乡村生态民宿的空间规划开发要在因地制宜、科学融入乡村自然的同时，维护乡村整体风貌，在土地利用和空间布局上严格遵守相关规划要求；乡村生态民宿主要特点之一是保护环境，将环境保护的成果在民宿旅游中彰显，并促进其深化发展；在乡村生态民宿规划、设计、发展的过程中应科学制定生态制度体系，严格监督制度执行，规制民宿旅游科学发展；民宿生态文化的注入，激活和赋予了乡村民宿旅游内在魅力和活力。

四、生态文明建设与乡村民宿旅游耦合路径

（一）乡村民宿旅游生态化耦合路径

乡村民宿旅游生态化指乡村民宿旅游发展要多层次、全方位地融入乡村生态文明建设，坚持以乡村民宿旅游科学可持续发展为导向，在民宿旅游各个环节践行生态理念。基于主辅嵌入系统理论，乡村民宿旅游生态化应围绕生态文明建设的精神层、技术层、制度层、文化层四个层次切入，探索耦合发展路径。

1. 精神层面

从精神层面看，乡村民宿旅游给都市游客带来的是亲近自然、回归生态、体验乡村的机会和途径。城市与乡村的景观、资源、文化的差异梯度成为乡村民宿吸引力和竞争力的主要原因。因此，乡村民宿旅游的发展有待节能环保意识的增强、在旅游开展的各环节融入环保理念，在乡村民宿向好发展的同时，营造一个能切身感受、体验乡村独特生态、丰富资源、魅力景观的美好乡村，并能够让游客在乡村民宿旅游中感受到专属乡村的那份"家""土""真"的记忆与念想，避免过度迎合市场和追逐眼前利益而让乡村自然生态和人文生态失去应有的真实美、生态美，给予游客满意的、想重游的、优质丰富的乡村生态民宿体验之旅。

2. 技术层面

从技术层面看，乡村民宿旅游生态化有待技术创新、模式创新等方式手段的支撑。一方面，乡村民宿旅游是一种市场行为，背后是靠资本逻辑运营，为吸引和满足游客需求而不断进行改造设计，面对巨量的游客，资源消耗、环境

污染等不友好的事件自然会增多；另一方面，传统乡村民宿旅游发展过程中对于大多资源的利用率和利用程度较低，难以最大限度地利用有限的资源环境，限制了乡村旅游的充分发展。因此，创新高效的技术和模式显得极为迫切，无论是快速发展带来的环境问题，还是资源利用率低等问题，都可以通过升级、创新低碳技术、垃圾处理技术、生态修复技术、循环共享经济利用模式得到有效的缓解甚至规避，从而更好地促进乡村民宿旅游与生态文明建设融合。

3. 制度层面

从制度层面看，乡村民宿旅游生态化不能没有相关制度约束和保障。从历史发展的经验中可知，没有制度和约束的生态文明建设容易各自为政、盲目论断，从而给生态建设带来负面影响。生态文明建设写入国家宪法之后，为生态文明建设法治建设提供了保障。要建设美丽乡村、实现乡村振兴、美丽中国的宏大目标，则需要完善的生态文明制度加以指导。生态补偿制度、生态占用制度、生态基金保障制度等都是人们在长期摸索发展中建立起来的有效制度，但面临复杂的生态建设系统而言，以上制度远远不够。因此，乡村民宿旅游开展过程中不仅要严格执行现有制度，也应协同相关利益主体共谋生态融合新局面、新制度、新方案，构建生态保护体系。

4. 文化层面

从文化层面看，乡村民宿旅游生态化不能没有生态文化充实。乡村民宿的发展为乡村地方文化提供了回归构建的机会，有利于重塑乡村文化肌理和脉络，同时，丰富的文化内涵有助于促进乡村民宿旅游的发展。结合乡村生态文明建设而言，乡村民宿旅游应融入、体现、构建生态文化。在旅游发展中坚持尊重自然、顺应自然、保护自然的生态建设导向，推动乡村民宿旅游可持续发展。在乡村民宿建设过程中，生态文化的主要体现包括政策导向的生态文化、企业构建的生态文化、民宿社区营造的生态文化及个人信奉和坚守的生态文化，并以生态文化引导发展实践、学习教育、制度制定等内容，构建丰富完整的生态文化体系。

（二）乡村民宿生态旅游化

乡村民宿生态旅游化是以生态环境为依托、以乡村民宿为载体，以旅游为方式手段构建地方产业体系，带动地方经济发展水平，进而促进乡村生态文明建设，形成二者耦合发展的闭环，主要是对乡村天然优越自然资源和乡村民宿发展过程中修复、构建的人工生态成果的再利用和彰显，旨在促进生态文明与乡村民宿旅游的融合发展。

1. 乡村民宿生态模式旅游化

乡村民宿因以市场需求为导向，激活地方多种资源、景观、产业，在民宿旅游中形成自身独特的生态旅游模式，融入旅游经济之中。近年来，国家政策大力支持和倡导乡村地区探索和发展，休闲产业、田园综合体、现代观光农业园等成为顺应美丽乡村建设、乡村振兴战略需求，也满足生态文明建设背景下乡村现代化建设趋势。以乡村民宿为核心载体的乡村民宿旅游、度假、康体、养生等新生业态为城市游客提供了回归田园、寻找乡愁、亲近自然、徜徉山水、体验乡村、感受生态机会和服务设施，开辟和摸索出较为稳定的乡村民宿生态发展模式，创造了大量就业和创业机会，不仅带动地方剩余劳动力就地转移、拉动乡村经济发展，也有助于以乡村民宿为平台，构建地方新乡土社会和关系网络，培育"新乡贤""新地方精英"，推进了地方现代化治理，维护了人文生态。此外，这一切的经济和社会效益发展必然依托并服务于乡村民宿生态建设，在乡村民宿科学规划、绿色发展、节能环保等理念指导下，民宿在新能源使用、卫生厕所普及、环境绿化方面取得卓越成绩，而这些也将反哺民宿旅游的优化发展。

2. 乡村民宿生态成果旅游化

乡村民宿生态在乡村文明建设过程中收获了多方面的成果，应将这些成果融入民宿旅游发展之中，借此进行宣传、教育、奖惩等措施，勉励和推进乡村民宿生态成果转化利用。乡村民宿在旅游发展与生态文明建设融合发展过程中，通过对乡村空间和环境的美化、绿化、优化收获了大批优秀的生态成果，主要包括环境污染治理、生态空间修复、乡村风貌维护、绿色创新技术等。环境污染治理体现在对乡村垃圾乱堆乱放、土地污染、水资源的整治引导，统一生态处理，引进环保节能产品，宣传环保理念；生态空间修复体现在乡村民宿对自身规划设计以及对地方生态空间、建筑遗址、景观元素的修补和修复，以及对民宿周围环境进行绿化和美化，营造优质生态空间；乡村风貌维护体现在民宿空间布局科学合理，对基础设施和项目建设整体规划，合理融入乡村山水田园生态之中，与当地乡村整体风貌有机融合，并深入挖掘地方文化构建民宿时代后乡土记忆空间；绿色创新技术体现在乡村民宿绿色技术、循环经济模式、节能技术、新生态制度等的引入和创新。在乡村民宿旅游发展过程中应积极转化生态成果，彰显节能环保带来的生态红利，开拓民宿生态成果旅游化路径。

五、结论与讨论

乡村民宿旅游具有融合性好、覆盖面广、带动性强的发展优势，契合美丽乡村建设、乡村振兴等战略内容和市场发展需求。生态文明建设攸关民族未来，影响人民日益增长的优美生态需要。在内容和规模上，生态文明建设远大于乡村民宿旅游，因此，本文借助嵌入式耦合系统模型对二者进行耦合发展研究，发现具有天然的耦合性和统一性。同时，本文认为二者的耦合发展路径可围绕乡村民宿旅游生态化和乡村民宿生态旅游化两方面拓展，从而更好地发挥二者在美丽乡村建设和乡村振兴中的效益。

值得注意的是，乡村民宿旅游和生态文明建设都是内容丰富、复杂的系统，要准确清晰地解析二者关系机制难度较大。本文在系统论的基础上，借助嵌入式耦合系统模型进行探索，试图窥探二者耦合关系。除此之外，可以引入新理论模型或结合已有的成功实践案例进行深入探讨、实证研究，不断推进乡村民宿旅游与生态文明建设耦合发展。

参考文献

[1] 丛小丽，黄悦，刘继生. 吉林省生态旅游与旅游环境耦合协调度的时空演化研究 [J]. 地理科学，2019 (3)：496 – 505.

[2] 邓昭明，王甫园，王开泳，王诚庆. 生态文明建设视域下的区域旅游规划：理念、功能与发展趋向 [J]. 生态经济，2018 (10)：125 – 130.

[3] 姜岩. 辽宁乡村民宿发展问题研究 [J]. 农业经济，2019 (8)：

53－54.

[4] 李创新. 乡村旅游 2.0 与美丽中国战略的关键 [J]. 旅游学刊,
2016 (10): 3－5.

[5] 李朋波, 靳秀娟, 谷慧敏. 旅游民宿业发展与农村剩余劳动力就地转
移的互动状况研究——基于相关文献的整合与探讨 [J]. 中国人力资源开发,
2017 (8): 137－147.

[6] 廖军华, 李盈盈. 以供给侧改革助推乡村旅游转型升级 [J]. 世界农
业, 2016 (10): 71－76.

[7] 刘军, 马勇. 旅游可持续发展的视角: 旅游生态效率的一个综述 [J].
旅游学刊, 2017 (9): 47－56.

[8] 刘爽. 生态文明建设视野下我国农村生态旅游建设的思考 [J]. 农业
经济, 2016 (4): 36－38.

[9] 毛峰. 生态文明视角下乡村旅游转型升级的路径与对策 [J]. 农业经
济, 2016 (4): 30－32.

[10] 苏永波. 旅游开发与生态文明建设耦合路径研究——基于主辅嵌入
视角 [J]. 系统科学学报, 2019 (3): 86－91.

[11] 王有腔. 生态文明建设需要协同的十大生态关系 [J]. 西安交通大
学学报 (社会科学版), 2019 (3): 77－83.

[12] 王兆峰, 刘庆芳. 长江经济带旅游生态效率时空演变及其影响因
素 [J]. 长江流域资源与环境, 2019 (10): 2289－2298.

[13] 吴有进. 乡村民宿旅游发展对农业经济的带动作用 [J]. 农业经济,
2018 (5): 140－142.

[14] 许黎, 曹诗图, 柳德才. 乡村旅游开发与生态文明建设融合发展探
讨 [J]. 地理与地理信息科学, 2017 (6): 106－111＋124.

[15] 姚治国, 陈田. 旅游生态效率研究进展 [J]. 旅游科学, 2016 (6):
74－91.

[16] 游上, 江景峰, 谢蕴怡. 自组织理论视角下乡村民宿聚落"三生"
空间的重构优化——以海南省代表性共享农庄为例 [J]. 东南学术, 2019

（3）：71 - 80.

［17］赵一青，黄燕玲，赵佳星. 近三十年来国内外乡村民宿研究进展［J］.
重庆文理学院学报（社会科学版），2020（1）：11 - 19 + 37.

［18］周理乾. 论系统科学与传统科学的不连续性及其哲学思考［J］. 系
统科学学报，2017（2）：1 - 6.

［19］庄雪球. 论乡村旅游对农村生态建设的意义［J］. 农业经济，
2018（12）：57 - 58.

［20］Hsiao T Y, Tsai H Y, Lockyer T, et al. Factors for development of bed
and breakfast management in Taiwan［J］. International Journal of Tourism and Hos-
pitality Research, 2018（3）：393 - 410.

［21］Kangting T, Lin T P, Rueylung H, et al. Carbon dioxide emissions gen-
erated by energy consumption of hotels and homestay facilities in Taiwan［J］.
Tourism Management, 2014（6）：13 - 21.

［22］Kuo F C, Kuo C T. Integrated Bed and Breakfast into EcoTourism in Guan
Ziling areas in Taiwan［J］. Procedia-Social and Behavioral Sciences, 2012（7）：
503 - 510.

民宿对乡村文化传承创新的评价指标体系构建*

余正勇　陈　兴　李　磊　毛　绮

伴随国内乡村旅游发展的转型升级，近年来乡村民宿发展非常迅猛。在促进乡村旅游体验升级的同时，乡村民宿在乡村文化传承创新中也发挥着重要作用。乡村民宿体验塑造中对乡村文化的回归构建有利于重塑乡村肌理、乡村文化脉络和地方魅力，从而助推乡村振兴。然而在发展实践中，因缺乏专业指导和标准管控，在注重个性化体现的同时，一些乡村民宿弱化甚至违背了乡村文化应有的特征，导致乡村民宿面临缺乏文化内涵（朱晓辉等，2019；赵飞等，2019）、同质化严重（姜岩，2019；蒋佳倩等，2014）等问题，不仅对乡村文化的传承造成影响，也制约了民宿旅游的可持续发展。因此，认真审视乡村民宿发展与乡村文化传承创新的融合机制，促进二者耦合协同发展具有重要意义，而合理构建以乡村文化传承创新为导向的评估体系是引导二者耦合协同发展的有效路径之一，也是以文旅融合实践路径促进乡

＊ 余正勇，陈兴，李磊，毛绮．民宿对乡村文化传承创新的评价指标体系构建［J］．四川旅游学院学报，2020（6）：6．

村振兴的重要举措。

现有研究中，基于发展环境和背景的差异，国外研究着重强调了民宿体验中主客之间文化交流的重要性（Alastair et al.，1996；Hsieh et al.，2009）和民宿乡土情结表达对"家"氛围营造的作用（Gunasekaran et al.，2012；Wang，2007），研究普遍关注了乡村文化对民宿特色化发展的附加效应，并认为乡村民宿不应是简单的老旧物件堆砌的物质空间，而更应是一种人们得以栖息的精神空间，应有丰富的文化内涵和人文情怀（Sun et al.，2017）。相比之下，国内研究对民宿与乡村文化的关注更侧重于民宿的文化内涵表达与设计构建（王显成，2009；范欧莉，2011；赖斌等，2016；房孟春等，2018）。对乡村民宿与乡土文化回归构建方面的关注持续上升，研究视角也逐渐向乡村民宿对乡村文化的保护与创新发展方面拓展。研究普遍认为，乡村民宿所表现出的乡土地域性、乡俗传承性、乡风休闲性、乡情人文性等属性是地方文化所赋予的，而民宿作为乡村文化的载体，实现了对乡土文化的回归与构建（张希，2016；冯柯等，2018）；乡村民宿发展应根植于现代性与传统性，以传承和保护乡土文化为切入点，通过建筑改造与环境资源的结合展示乡村原生意象和乡土特色，以实现地域文化的保护与发展，并有助于游客找到地域归属感和文化认同感，丰富情感体验（祝磊，2019；丁奇等，2017；张腾月，2017）；地域性的乡村民宿唤起了乡村居民对传统建筑、乡土文化的认同感与自豪感，彰显了当地文化蕴含的文化价值，促进了乡村民宿的可持续发展（邹锡，2017）。与此同时，一些学者开始对国内的乡村民宿设计构建进行文化批判，借鉴国外视角，将米切尔（M. J. T. Mitchell）的"图像理论"和马丁·杰伊（Martin Jay）的"视觉体制"引入乡村民宿阐释批评中，评判了乡村民宿简单的"内视于物"和"外视于景"倾向，强调了故事性、人文性精神空间营造的重要性，为乡村民宿规划设计提供了一种人文性的反思（李蕾蕾等，2019）。

虽然现有研究基于乡村民宿文化体验需求和可持续发展角度，从文化表达、设计构建等方面对乡村民宿与乡村文化传承关系展开了广泛探讨，但缺乏基于乡村文化结构性解析对乡村民宿建设发展的具体指导，同时，在如何评估民宿发展对乡村文化传承的效果以及建立乡村民宿发展与乡村文化传承创新的文旅融合机制等方面，当前研究尚显不足。

一、民宿与乡村文化的关系

（一）乡村民宿发展的文化内涵

乡村民宿发展不仅让乡村有颜值，更有文化内涵。有学者认为，乡村民宿是乡村旅游中原农家乐、旅馆等简单住宿产品转型升级的结果，在形式、功能、内涵上都更加丰富多样。这主要缘于乡村民宿自身的文化性、整合性、创意性等特征。

从概念内涵看，乡村民宿是地方居民利用闲置房屋为外来游客提供观光体验、乡村自然风光、人文风貌、风土习俗、乡野生活的服务产品，通过整合建筑、景观、文化等地方文化资源搭建了一个可观可赏可体验的乡土性住宿空间（龙飞等，2019），让乡村沉睡的文化资源"活"起来，激活乡土文化，提升乡村民宿的文化附加值。从发展本质看，乡村民宿是乡村旅游顺应市场需求创新的产品模式，这样的产品模式更加注重文化内涵、异质化内容的优质供给，从而满足游客个性化、多样化的民宿旅游需求。乡村民宿不仅关注乡村硬件的完善，更是聚焦乡村软件的升级改造，通过对人、对内容、对生活的关注，实现了地方文化主体、地方景观资源、地方文化的在场，从而构成乡村民宿一大核心吸引力。从发展方式看，乡村民宿更像是基于地方异质化文化本底的产业创意性实践，助推甚至引领着乡村文化创意的发展，其整体包含外在建筑形式、技艺、材料的创意结合与艺术表达，内在文化内容与主题的故事化、场景化的创意构思。以乡村民宿作为乡村文化创意的主要阵地，创新地将文化与建筑、文化与艺术、文化与美食、文化与娱乐、文化与民俗等多种产业相结合，丰富乡村民宿的文化内涵，营造乡村文化氛围，激发游客的出游热情，增添乡村旅游吸引力，传承创新乡村文化。

（二）民宿与乡村文化传承创新的耦合关系

民宿与乡村文化存在着协调统一、发展耦合的关系。民宿的发展有助于乡村文化的传承创新，也关系到地方居民文化觉醒、文化认同、文化自信等问题。与此同时，对乡村文化的传承展示与创新也引导着乡村民宿的品牌塑造、规划设计、运营管理，赋予民宿丰富的文化内涵，增强民宿的市场吸引力、竞争力。

其中，乡村民宿作为乡村旅游优势产业，为乡村文化振兴提供了资本、人才等资源保障，成为乡村文化振兴的内在引力；而乡村文化作为重要的人文生态环境，赋予乡村民宿产业差异化、主题化发展的价值内涵，成为乡村文化振兴的外在推力。据此，本文构建了乡村文化振兴背景下民宿与乡村文化的关系模型（见图1）。

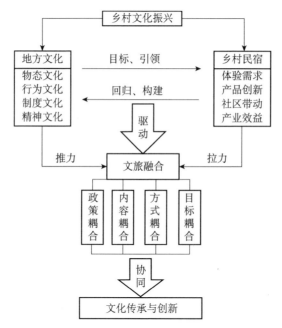

图1　民宿对乡村文化的传承创新模型

如图1所示，可从政策、内容、方式、目标四个方面管窥乡村民宿发展与乡村文化传承创新协同发展、相得益彰的紧密关系，提出建构评价体系的必要性。

1. 政策耦合性

在国家实施乡村振兴、新型城镇化、美丽乡村、全域旅游等一系列战略背景下，乡村民宿成为乡村建设与发展、乡村旅游优质发展的重要抓手，也成为乡村文化传承与振兴的重要载体。协调乡村民宿发展与乡村文化的传承创新，符合国家乡村振兴、美丽乡村建设、全域旅游发展等一系列战略导向。

2. 内容耦合性

乡村民宿在环境、设计、服务、产品、活动等众多方面均体现出对乡村生态环境及传统文化内涵、符号、价值的系统构建与全面阐释，是对乡村旅游地"地方性"与"乡村性"的重要表征，也是乡村旅游转型升级的重要载体，乡村文化在乡村民宿对乡土的回归中得以传承，在乡村民宿对后乡土文化的再生构建中得以创新。

3. 方式耦合性

乡村文化的传承需要借助创新的动力，乡村民宿的发展为乡村文化的传承与创新带来了强大的驱动力，成为乡村文化传承的有效方式。借助物态文化景观和非物质文化展示的有机结合，乡村生态文化体验成为乡村民宿发展的核心竞争力。

4. 目标耦合性

乡村民宿作为乡村文化空间的展示窗口，其体现出的乡土文化特色是对旅游者文化体验需求的核心吸引，也是乡村民宿发展的重要支撑，因此，对乡村文化的传承与创新是乡村民宿业态发展中的重要方向。民宿发展与乡村文化传承创新是协调统一、紧密联系的。

通过对乡村民宿文化内涵及与乡村文化耦合关系的探讨，不难发现乡村民宿和乡村文化在乡村振兴过程中俨然成为共创、共享、共存、共赢的命运共同体。但无论是乡村民宿本身的发展还是乡村文化的传承创新都是一个综合复杂的过程，不仅受到来自外在政策、资本、技术的影响，也离不开自身文化本底、创新方式、观念意识、发展诉求等的综合考量。因此，评估民宿发展对乡村文化复兴的贡献情况，有赖于从乡村文化传承和创新两个方面探讨建构一套系统全面的评价体系。

二、民宿对乡村文化传承与创新的作用机理

乡村民宿逐渐从旅游接待服务设施，变成了风景本身，甚至旅游目的地，

在乡村旅游转型升级发展中作用显著。完成这一转换的重要因素就在于乡村民宿对乡村文化的传承与创新。民宿为乡村文化网络提供了"唤醒—重温—回归—重构"的契机（Alastair et al.，1996），其作用机理主要体现在以下三个层面。

（一）文化回归——传承乡村文化本真

回归乡土文化，盘活乡村文化资源存量，传承乡村文化的本真性。乡村民宿是乡村居民利用闲置房屋亲自参与接待服务的住宿设施，其所依托的居民房屋、建筑景观、装饰用品、生活物件、生产材料等具有强烈地方性、乡村性记忆的要素作为一种地方特色物质文化资源得以盘活，重新走进人们的生活。加之乡村民宿所呈现的乡村地理空间结构、聚落形态、要素布局，以及乡村风俗、风物等一系列乡土景观符号，构建起系统的乡村文化标识体系。此外，乡村居民参与经营服务，主客之间同吃同住同交流，营造了有温度的主客文化，在这个过程中主人作为地方文化主体，在对外宣传、推介和展演地方文化过程中，不断展现和回归更接地气、更朴实、更真实的乡土文化。这些在主体上构成了对旅游者乡村文化体验和非惯常环境的吸引，因而乡村民宿从设计建造到服务运营都以回归乡村性、地方性为导向，致力于保留乡村地域淳朴、原真的生态空间和生产生活方式，从而延续地方文化脉络，进而激发人们的乡村记忆和乡愁情怀。

（二）文化构建——创新乡村文化内涵

费孝通（2012）认为，传统的中国是一个乡土社会，乡土文化是中华文明的根基，传承和创新乡村文化意义重大。乡村民宿的发展通过对乡村地方传统文化深入挖掘、阐释，把握传统乡村文化价值内涵，融入现代艺术审美、工艺手法，整合利用地方景观元素、符号、材料等将地方传统文化进行当代化表达，不仅符合市场文化体验诉求，也让优秀的地方文化焕发昔日荣光。乡村民宿在基于传统风貌的基础上创新引进新材料、新技术进行创意改造和拓展，创新设置现代功能空间，并在民宿营销文本中设计展示能生动形象地反映地方文化的符号，通过吸收外来优秀文化，从游客的需求对歌曲舞蹈、技艺表演等进行改良、优化乡村文化产品供给，提高文化产品质量以满足游客文化体验需求。此外，乡村民宿的发展吸引有情怀、懂得乡村文化的城市人和乡民回归地方创业、就业，构建了新的乡村社区生态，通过与文化创意、风俗风情、手工技艺等的融合带动，构建了和谐文明的后乡土文化风貌。乡村民宿构建后乡土文化的过程中不再局限于社会资本、人才的引入，而是向景观风貌的完整性保护、文化内涵的整体性创造方面进行拓展，最终促进乡村文旅融合的实现，孕育乡村文化创新的乐园，将文化价值转化为经济价值，再反哺乡村文化保护，创新形成良好的人文生态保护机制。

（三）文化复兴——激发乡村文化认同

乡村民宿的发展最终实现乡村文化的复兴，激发乡村文化认同（张圆刚等，2019）。民宿对乡村文化的复兴主要表现在地方文化产业复兴和文化主体意识的觉醒两方面。其中，文化产业方面在于乡村民宿发展激发文化创意娱乐、文化民俗表演、文化研究等产业活力，营造浓厚的乡土气息、文化氛围；而意识观念的觉醒主要表现在乡村地方主体在参与接待服务外来游客的过程中不断加深对本土文化的认识、反思，从而发现自我文化的价值所在，达到文化觉醒、认同、自信，能动地参与到乡村文化的传承创新过程，自觉承担文化保护与传承的责任。例如，地方居民自发穿着地方服饰、讲地方方言、修传统房屋；自觉遵守村规民约、家风家训；积极学习地方技艺手工、歌曲舞蹈；主动介绍本土文化、地方传说等。而乡村民宿营造的乡村文化意象让外来游客得以体验、感受地方文化，增强对地方文化的了解、认同，共同促进国家文化事业的繁荣昌盛。在这个过程中，地方与外界以乡村民宿为媒，搭建起对话交流、合作发展的桥梁，同时也通过乡村民宿的发展建立有效的创新平台，讲好地方故事，驱动乡村文化的创新发展、深度融合，为乡村振兴奠定了坚实的基础。

在民宿对乡村文化的传承创新作用过程中，回归本真是基础，创新构建是关键，激发认同是目标，通过这一作用过程，真正实现文旅融合路径下的乡村文化振兴。

三、民宿对乡村文化传承创新的评价指标体系

本文广泛梳理国内外乡村民宿研究的相关文献，结合乡村文化传承创新研

究，多次征询了从事民宿业、乡村文化研究的资深专家的意见进行指标选取。体系构建过程遵循四个原则：一是科学性原则，选取最能反映乡村民宿传承创新地方文化的代表性指标；二是对接国家战略原则，民宿对乡村文化的传承创新指标要基于乡村振兴、乡村建设等国家战略背景选取；三是独立性原则，各指标之间相对独立；四是可操作性原则，指标选取要考虑数据的操作性。

综合前述观点，参考相关研究成果（周栋良，2019；李建峰等，2019；王仁宏等，2016），最终确定民宿对乡村文化传承创新评价指标体系（见表1）。该指标体系分为目标层、准则层、子准则层和方案层四个层次。其中，以民宿对乡村文化的传承创新为目标层，包括物质文化、行为文化、制度文化、精神文化4个准则层和景观建筑等12个子准则层，方案层包含46个指标。

研究以民宿对乡村文化的传承创新为目标，根据乡村文化的结构细化出物态文化传承创新等四个维度，进而构建科学系统的评价体系。

第一，物态文化传承创新准则层。该类指标主要反映乡村民宿对地方外在的、物质的、有形的文化的传承创新程度。细化出3个子准则层指标：景观建筑、空间设计、符号标志。其中，景观建筑选取8个方案层指标；空间设计选取5个方案层指标；符号标志选取4个方案层指标。

第二，行为文化传承创新准则层。该类指标主要反映乡村民宿对地方民俗文化、风土人情、手工技艺等文化的传承创新程度。细化出5个子准则层指标：歌曲舞蹈、饮食习惯、服饰装束、节庆活动、技艺习俗。其中，歌曲舞蹈选取3个方案层指标；饮食习惯选取5个方案层指标；服饰装束选取2个方案层指标；节庆活动选取1个方案层指标；技艺习俗选取2个方案层指标。

第三，制度文化传承创新准则层。该类指标主要反映乡村民宿对地方社会秩序、基层自治等文化的传承创新程度。细化出2个子准则层指标：基层治理、法治建设。其中，基层自治选取3个方案层指标；法治建设选取1个方案层指标。

第四，精神文化传承创新准则层。该类指标主要是反映乡村民宿对地方传统观念、风俗信仰等文化的传承创新程度。细化出2个子准则层指标：民风和谐、观念信仰。其中，民风和谐选取8个方案层指标；观念信仰选取4个方案层指标。

表1　　　　　　　　民宿对乡村文化传承创新的评价指标体系

目标层	准则层	子准则层	方案层
民宿对乡村文化的传承创新 A	物态文化传承创新 B1	B1-1 景观建筑	C1 民宿修复改造利用乡村闲置宅房程度
			C2 民宿建筑材料中地方材料比例
			C3 民宿房屋和周边房屋风貌协调度
			C4 民宿在规模体量上与乡村建筑标准契合度
			C5 民宿卫生厕所引进普及率
			C6 民宿传统和现代景观的有机融合度
			C7 民宿在保持地方景观要素基础上进行拓展度
			C8 民宿周围绿化改造程度
		B1-2 空间设计	C9 民宿和乡村聚落空间的协调度
			C10 民宿聚落对地理空间形态利用度（因地制宜程度）
			C11 民宿与田园、道路、植物的结合度
			C12 民宿引入非本土、非传统空间设计技艺比例
			C13 民宿对手工文创、艺术空间、休闲娱乐功能区的展示、活跃度
		B1-3 符号标志	C14 民宿室内外设施对乡村景观元素利用度
			C15 民宿室内外装饰对代表性的老物件（劳作工具、生产工具等）的展示利用度
			C16 民宿 logo 宣传图案。视频符号设计中乡村元素占比
			C17 民宿名称、宣传文案中乡村元素占比
	行为文化传承创新 B2	B2-1 歌曲舞蹈	C18 民宿会客、体验活动中对地方歌曲舞蹈的结合度
			C19 民宿在宣传、交流中对地方歌曲舞蹈展示利用度
			C20 民宿对地方歌曲舞蹈的支持改善程度
		B2-2 饮食习惯	C21 民宿餐饮中地方特色风味占比
			C22 民宿对地方美食特产的宣传推荐展示程度
			C23 民宿餐饮对地方特色餐具。礼仪习俗的展示度
			C24 民宿与地方特产生产、购买服务的结合度
			C25 民宿对地方美食特产在包装、做法上的创新程度
		B2-3 服饰装束	C26 民宿对地方服饰的展示利用度
			C27 民宿对地方服饰装束材料技艺的宣传展示度
		B2-4 节庆活动	C28 民宿对地方节庆、习俗活动的重视参与宣传程度
		B2-5 技艺习俗	C29 民宿对传统手工艺的展示利用程度（看手工艺对民宿经济、客源的贡献度）
			C30 民宿对地方方言、土语的展示程度

目标层	准则层	子准则层	方案层
民宿对乡村文化的传承创新A	制度文化传承创新B3	B3－1 基层治理	C31 民宿在地方公社等经济合作组织的参与度
			C32 民宿相关人员在地方治理中的参与作用程度
			C33 民宿对族规家约、乡规民约的践行宣传度
		B3－2 法治建设	C34 民宿对法律法规的遵守宣传引导程度
	精神文化传承创新B4	B4－1 民风和谐	C35 民宿对地方优良家风家训宣传带动程度
			C36 民宿在道德民风活动中的参与引导度
			C37 民宿在地方经济、生活中的贡献度
			C38 民宿在社区互动交流平台参与度
			C39 民宿在创文明、和谐示范村中的贡献度
			C40 民宿生态和谐、环保方面的践行宣传度
			C41 民宿在新能源、清洁能源及材料的使用度
			C42 民宿在地方人才召回培育、素质提升程度
		B4－2 观念信仰	C43 民宿在信仰观念择选信奉示范展示程度
			C44 民宿管理服务文化理念普及度
			C45 民宿在地方艺术审美的引导带动程度
			C46 民宿在休闲娱乐、康养度假等地方产业业态引导带动程度

四、结论与讨论

乡村民宿不同于传统以食宿功能为导向的住宿业态，其本身是乡村文化的重要承载、展示和传播空间，是融食宿功能与乡村文化体验、乡村产业带动、乡村社会发展于一体的乡村旅游综合体。乡村民宿在保护与传承乡村文化的过程中发挥着重要作用，二者具有密切的耦合关系，协同促进乡村地区文化旅游的融合发展。研究认为，乡村民宿发展对乡村文化的传承创新，应重点体现在文化的四个层面，即物态文化、行为文化、制度文化和精神文化，其中乡村性和地方性的彰显是核心，关键在于原真性回归与整体性塑造，致力于实现产业发展与文化振兴的双赢格局。基于此，乡村民宿发展对乡村文化传承创新的评价应重点围绕建筑景观修复、聚落空间协调、文化符号运用、非遗展示、居民社区参与、民风习俗及文化观念带动等方面确定相关指标体系。

本文中乡村民宿对乡村文化传承创新评价指标体系的构建主要基于文化的四维结构,但从乡村性和地方性的评价角度,存在不同的维度理解。同时,本文并未对乡村民宿经营者和旅游者展开调查,缺乏对经营需求和体验需求角度的评价依据,未来研究可对该评价指标体系进行补充和完善。另外,乡村民宿对乡村文化传承创新的评价在实践应用转化中,还需科学确定相关评价指标的权重及评价标准、评价模型等,并进行科学验证。后续研究将以此为重点,以期为乡村民宿发展与乡村文化传承创新提供更具实践指导性的参考和依据。

参考文献

[1] 丁奇,聂紫阳. 乡土保护视角下乡村民宿空间的营造策略 [J]. 遗产与保护研究,2017 (11):87 – 91.

[2] 范欧莉. 顾客感知视角下民宿评价模型构建:基于扎根理论研究方法 [J]. 商业经济,2011 (10):37 – 39.

[3] 房孟春,曲颖. 基于文本评论的在线民宿信誉评价指标关注度研究 [J]. 地域研究与开发,2018 (5):123 – 127.

[4] 冯柯,王美达,吴存华. 文化引领的美丽乡村建设研究:以秦皇岛市北戴河村艺术村落为例 [J]. 城市发展研究,2018 (7):128 – 133.

[5] 姜岩. 辽宁乡村民宿发展问题研究 [J]. 农业经济,2019 (8):53 – 54.

[6] 蒋佳倩,李艳. 国内外旅游"民宿"研究综述 [J]. 旅游研究,2014 (4):16 – 22.

[7] 赖斌,杨丽娟,李凌峰. 精准扶贫视野下的少数民族民宿特色旅游村镇建设研究:基于稻城县香格里拉镇的调研 [J]. 西南民族大学学报 (人文社会科学版),2016 (12):154 – 159.

[8] 李建峰,王然. 乡村旅游助推乡村振兴评价指标体系研究:以承德市为例 [J]. 经济研究导刊,2019 (16):23 – 26.

[9] 李蕾蕾,张煜. 乡村民宿"内视于物"和"外视于景"的视觉批评 [J]. 装饰,2019 (4):22 – 27.

[10] 龙飞，刘家明，朱鹤，等．长三角地区民宿的空间分布及影响因素 [J]．地理研究，2019（4）：950-960．

[11] 王仁宏，胡宜中，王如钰．台湾民宿经营关键指标与绩效之实证研究 [J]．观光与休闲管理期刊，2016（2）：113-137．

[12] 王显成．我国乡村旅游中民宿发展状况与对策研究 [J]．乐山师范学院学报，2009（6）：69-72．

[13] 张腾月．地域文化对民宿设计的影响 [D]．杭州：杭州师范大学，2017．

[14] 张希．乡土文化在民宿中的表达形态：回归与构建 [J]．闽江学院学报，2016（3）：114-121．

[15] 张圆刚，陈希，余向洋，等．旅游者的民宿认同机制及行为差异研究 [J]．人文地理，2019（5）：117-125，148．

[16] 赵飞，姜苗苗，章家恩，等．乡村振兴视域下的乡村民宿发展研究：以增城"万家旅舍"为例 [J]．中国生态农业学报，2019（2）：218-226．

[17] 周栋良．乡村振兴评价指标体系构建研究 [J]．湖南生态科学学报，2019（3）：60-64．

[18] 朱晓辉，黄蔚艳．基于调查分析的舟山乡村民宿旅游发展研究 [J]．中国农业资源与区划，2019（2）：174-180．

[19] 祝磊．论乡土文化视域下乡村民宿设计：以金寨"八湾堂"民宿为例 [J]．长沙大学学报，2019（2）：70-74．

[20] 邹钖．情感体验下民宿乡土文化的表达研究 [D]．南昌：江西农业大学，2017．

[21] Alastair M M, Philip L P, Gianna M, et al. Special accommodation: Definition, markets served, and roles in tourism development [J]. Journal of Travel Research, 1996 (1): 18-26.

[22] Gunasekaran N, Anandkumar V. Factors of influence in choosing alternative accommodation: A Study with reference to pondicherry, a coastal heritage town [J]. Procedia-Social and Behavioral Sciences, 2012 (6): 1127-1132.

［23］ Hsieh Y J, Lin Y P. Bed and Breakfast operators'work and personal life balance: A cross-cultural comparison ［J］. International Journal of Hospitality Management, 2009 (4): 576 – 581.

［24］ Sun Xiaoxia, Xu Honggang. Lifestyle tourism entrepreneur's mobility motivations: A case study on Dali and Lijiang, China ［J］. Tourism Management Perspectives, 2017 (24): 64 – 71.

［25］ Wang Y. Customized authenticity begins at home ［J］. Annals of Tourism Research, 2007 (3): 789 – 804.

民宿旅游网络关注度及其时空差异性研究——基于百度指数的分析[*]

陈 兴 余正勇 李巧凤

2021 年 12 月，《国务院关于印发"十四五"旅游业发展规划的通知》中强调，优化城乡旅游休闲空间，规范发展乡村旅游，落实乡村民宿经营主体房屋安全管理责任，推进乡村民宿高质量发展。因地制宜推动乡村旅游差异化、特色化发展，营造宜居宜业宜游的休闲新空间，构建多样化的民宿消费新场景。在一系列国家政策支持下，民宿行业不断升温，民宿数量和规模持续扩大。民宿旅游的蓬勃发展为都市游客的休闲度假提供了丰富多样的出游选择和优质的民宿旅游目的地。随着网络技术的发展、移动终端的普及，游客广泛借助网络搜索辅助旅游决策制定。其中，民宿旅游网络关注度体现了游客对民宿旅游的潜在需求与关注情况，新时期民宿高质量发展背景下，对民宿旅游网络关注度时空差异和影响因素的研究具有重要意义。一方面，其关注度的时空差异反映了民宿游客出游的空间集聚特征和时间规律，有助于揭示民宿旅游市场

* 陈兴，余正勇，李巧凤. 民宿旅游网络关注度及其时空差异性研究——基于百度指数的分析 [J]. 价格理论与实践，2022 (8)：63 – 66 + 100.

需求的时空差异和规律，实施精准营销和定向宣传；另一方面，对民宿旅游网络关注度时空差异的影响因素进行分析，有助于深入认识民宿游客出游决策的影响因子，进而有针对性地制订民宿旅游供给改进方案。基于此，本文对民宿旅游网络关注度的时空差异及影响因素进行探讨，以期为我国民宿旅游的行业发展和理论研究提供参考借鉴。

一、相关研究文献评述

民宿相关研究内容多集中在民宿旅游发展特征与规律等方面，龙飞等（2021）通过 L-R-D 视角分析发现，长三角地区民宿旅游存在城市景区市场主导型等五种典型的集聚发展模式，他们进一步对比分析了各模式的特征和优势。吴倩等（2021）借助空间自相关分析与特征价格模型进行研究，发现贵州乡村民宿价格在全域上具有明显集聚现象，在局域上呈现一定的空间异质性。而民宿价格主要受游客体验和景点的影响，为民宿旅游市场的空间优化和价格管理提供了有效参考。

民宿旅游的发展与地理区位、环境资源和时空特征等紧密联系。金一等（2022）研究发现，民宿价格与区位环境因素中的景点因素表现出不同趋势，并受建筑环境因素和配套设施的完备程度影响较为显著。张海洲等（2019）分析，环莫干山不同档次民宿时空发展趋势具有差异，其集聚过程与地形地势、核心风景区、交通干线及居民点紧密相关，风景景观、发展基础、社会因素和区位因素是民宿景观格局异质性的重要决定因素维度，丰富了民宿业空间分布特征研究。

现有研究多结合网络文本、现场问卷调研和人员访谈等从微观层面对民宿旅游市场需求特征进行探讨（龙飞等，2021；陈兴等，2022），经常面临研究成本高、样本数量有限和数据来源单一等问题，不利于对民宿旅游需求市场的客观分析和整体把握。何小芊等（2017）、陈哲等（2020）采用网络关注度分析旅游舆情、景区流量、相关旅游类型需求等旅游研究议题，并得到较好的验证。

随着民宿旅游网络关注度的不断提高，相关学术研究热度持续上涨，研究内容和方法逐渐丰富。房孟春等（2018）、胡晓芸（2021）基于游客评论、游记等网络文本的定性分析研究民宿旅游关注度情况及特征，侧重从游客消费感知角度切入。文捷敏（2019）对乌镇民宿的旅游网络关注度进行研究，发现其季节分布上呈现"双峰"特征，在空间分布上集中趋势正在逐步弱化。冯晓兵（2022）对民宿网络关注度时空差异及影响因素进行分析，揭示了网络关注度的前兆效应和时空特征，为民宿产业布局提供了科学参考。

以往文献主要聚焦民宿产业本身，与民宿旅游网络关注度时空分异特征是否一致有待进一步研究检验。有鉴于此，本文选取2016～2021年时段分析探讨民宿旅游网络关注度的时空特征与布局差异，以期丰富该领域研究成果，为国内民宿旅游的发展布局、产品服务供给与营销推广等战略制定提供科学参考。

二、民宿旅游发展及其网络关注度的理论分析

民宿旅游网络关注度作为游客需求和搜索行为的直观体现，与互联网普及程度和网民数量有着密切联系。手机、电脑等电子网络设备作为人们浏览民宿旅游资讯的重要媒介终端，也是衡量游客网络浏览痕迹 IP 的重要标度。因此，随着我国电子设备和互联网普及程度的提升，势必为潜在游客民宿旅游出行搜索和查询提供便利。基于百度指数的网络关注度作为反映游客出行需求的指标（陈哲等，2020），有助于揭示民宿旅游市场需求时空分布特征，为民宿旅游市场营销、产业布局和产品开发等提供科学依据。

在民宿旅游网络关注度及其时空差异性的理论研究中，大量研究多基于地理学理论视角探讨民宿时空分布差异及其相关影响因素，对于认识民宿空间分布与演化具有重要意义。沈士琨等（2022）分析浙北地区民宿空间分布特征及其影响因素发现：消费能力、客源市场和基础设施等是影响民宿分布的重要因素。郝诗雨等（2018）发现，旅游资源、市场需求和区位条件等影响厦门市的民宿空间分布。总之，民宿旅游网络关注度可能会受到地区经济水平、网民数量、互联网普及率和民宿数量等因素的影响（胡晓芸，2021；冯晓兵，2022）。具体来看，经济发展水平越高，居民民宿旅游需求越高，从而对民宿旅游网络

关注度也会较大;网民数量越多,互联网普及程度越高,居民接收网络信息越多,从而正向影响旅游网络关注度。

此外,相比现有研究中基于游客评论、游记、社区评论等质性文本进行的质性分析而言,量化数据所呈现的区位分布、增减规律和时间变化等特征更具有规律性和整体性。因此,利用网络关注度指数这一量化数据更能客观刻画民宿旅游消费者需求画像,分析民宿消费市场规律(文捷敏,2019;冯晓兵,2022)。同时,有别于围绕景区、省市区域范围的具体研究,有助于揭示全国民宿整体空间布局及差异,可以据此进行详细分析;而借鉴以往研究中有关温泉旅游(陈哲等,2020)、中国民宿(冯晓兵,2022)等网络关注度中有关旅游网络关注度与地方经济发展水平、基础设施建设、互联网普及程度、网民数量等方面的影响因素分析,有助于综合探讨民宿网络关注度的影响因素,进而为民宿旅游产业的空间优化、产品升级和精准营销等提供科学指导。

三、民宿旅游网络关注度的时间差异分析

(一)测度方法及数据来源

本文运用季节强度指数和季节变动指数,测度民宿旅游网络关注度的季节分布集中程度及淡旺季变化。变异系数 CV 测算民宿旅游网络关注度的月差异和多个区域差异程度。赫芬达尔—赫希曼指数 HHI 和地理集中度 GC 衡量民宿旅游网络关注度的区域和地域分布集中程度。空间基尼系数 G 反映民宿旅游网络关注度空间分布的均匀情况和差异程度。相关系数 Y 衡量民宿旅游网络关注度与区域经济、网民普及率等因素的关系。

本文以 2016~2021 年作为研究时段,收集和整理全国民宿旅游网络关注度的逐日、月份和年度数据进行分析。此外,在空间差异影响因素分析部分,主要选取地区生产总值和人均可支配收入、民宿数量、网民数量、网络普及率等作为影响因子。其中,2016 年的地区生产总值与居民人均可支配收入指标数据来自国家统计局官网发布的 2017 年统计年鉴;民宿数量来自 2019 年腾讯网发布的《中国各省份/地区民宿客栈数量排行榜》;网民人数和网民普及率指标数据来自第 39 次《中国互联网络发展状况统计报告》。

（二）整体变化差异

研究时，在百度指数以"民宿＋旅游"为关键词，搜索时段为2016年1月~2021年11月，对日均网络关注度进行统计整理，并绘制时间变化趋势图1。

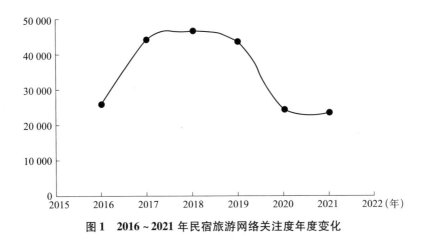

图1　2016~2021年民宿旅游网络关注度年度变化

从年度变化情况来看，民宿旅游网络关注度的年变化曲线呈明显的倒"U"型（见图1）。在2016~2018年，民宿旅游年度网络关注度与搜索指数相一致，保持上升趋势，可见随着智能设备的普及和民宿旅游的发展，民宿旅游网络关注度不断增长。2018年之后网络关注指数逐年下降，在2021年降到最低，该变化的可能原因有：（1）2018~2019年，民宿旅游热度不减，但民宿旅游目的地宣传力度的增强和宣传方式的多样化加强了游客的多渠道信息获取能力，以致游客自行搜索频次降低；（2）2020~2021年，由中国旅游与民宿发展协会2021年发布的《2020年度民宿行业研究报告》可知，整体旅游客流降低，因而民宿旅游网络关注度与现实旅游量都急剧下降。

由民宿旅游月度网络关注度的时间变化趋势（见图2）可知，民宿旅游年度网络关注度变化多呈现出单"峰"趋势，高峰期为每年的6~9月，峰值多出现在7月，表明民宿旅游需求在夏季前后较为旺盛。仅有2019年呈现双"峰"趋势，峰值在2月和7月，11月至次年2月多为低谷期。

（三）季节变动差异

由表1可知，各年份季节强度指数值较高，均在8.2466上下波动，民宿旅游

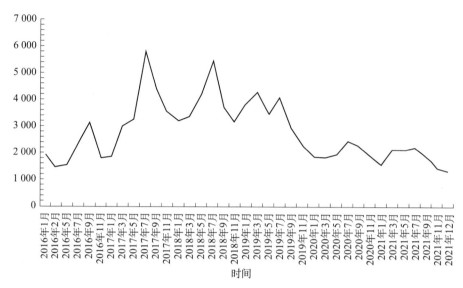

图2　2016～2021年民宿旅游网络关注度整体变化

网络关注度月际分布较集中。根据历年季节强度指数值看出，月际分布集中趋势并未增强且有下降趋势，但各年民宿旅游的网络关注度表现出月份集中趋势。

表1　　　　2016～2021年民宿旅游网络关注度季节强度指数（SSI）

项目	2016 年	2017 年	2018 年	2019 年	2020 年	2021 年
SSI	8.246711	8.246711	8.246687	8.246693	8.246677	8.246681

此外，分析民宿旅游网络关注度的月份集中情况，有助于了解民宿旅游的淡旺季。由表2可知，民宿旅游网络关注度季节变动指数值整体较高，均在0.8以上，并在6～10月出现高峰值，因此该时段不仅是民宿旅游网络关注度的高峰值也是民宿旅游活动的旺季，集中在夏季和秋季时段。而在11月至次年2月，季节变动指数普遍低于0.875，并在2月出现最低值，其原因主要是受寒冷气候影响。同时，该阶段正处于春节时期整体出游活动减少，民宿网络关注度和出游活动都降低。

表2　　　　2016～2021年民宿旅游网络关注度季节变动指数（SVI）

项目	1 月	2 月	3 月	4 月	5 月	6 月	7 月	8 月	9 月	10 月	11 月	12 月
SVI	0.8743	0.8096	0.9216	0.9634	0.9547	1.0221	1.3296	1.3134	1.1187	1.0245	0.8390	0.8287

四、民宿旅游网络关注度的空间差异分析

（一）整体空间分布差异

通过获取 2016～2021 年 31 个省份（除港澳台地区）民宿旅游网络关注度年均值数据，分析其网络关注度的空间差异及演化规律。从图 3 可以看出，（1）民宿旅游网络关注度呈现东部和西部高，中部低的特点，排名前十的省份中东部占四个（上海、北京、河南、山东），西部占四个（重庆、贵州、四川、新疆），中部只有安徽和河南；与区域经济发展关系不明显；西部关注度高的原因可能受资源丰富、民族文化多样、个性化活动较多等影响。（2）2016～2020 年国内民宿旅游网络关注度经历了先增后减的变化过程，变化幅度最大的是排前四的上海（14012）、北京（14160）、重庆（10993）和天津（9128），这与文化和旅游部历年发布的民宿旅游客量排名相一致。

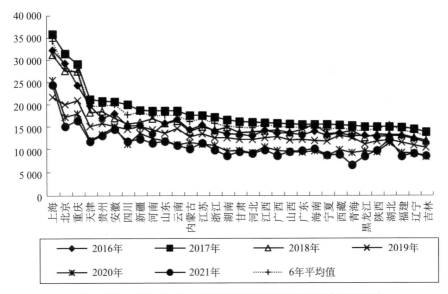

图 3　2016～2021 年 31 个省份民宿旅游网络关注度年均值排名

（二）区域差异分析

为了定量测度各省域民宿网络关注度差异情况，研究采用变异系数（CV）分析。由表 3 可知，各省域变异系数较大，2016～2021 年呈现上下波动的态

势，多集中在 0.267～0.295，仅有 2019 年低于 0.2，表明省际区域间差异较大且不稳定。

表 3 　　　　　　　　2016～2021 年民宿旅游网络关注度省际变异系数

项目	2016 年	2017 年	2018 年	2019 年	2020 年	2021 年
变异系数（CV）	0.2944	0.2689	0.2741	0.1961	0.2930	0.2851

为进一步把握省际民宿旅游网络关注度的差异，本文将 31 个省份的数据按照东、中、西部地区分别整理分析。由表 4 可知，各年度赫芬达尔—赫希曼指数值均较小，低于 0.036，说明各省民宿旅游网络关注度较分散，反映出民宿旅游的潜在客源较为分散。但自 2016 年后，赫芬达尔—赫希曼指数呈持续上升趋势，说明各省民宿旅游网络关注度逐渐呈现集中趋势。

表 4 　　　　　　　　　民宿旅游网络关注度区域集中情况

年份	赫芬达尔—赫希曼指数（HHI）	空间基尼系数（G）				地理集中度（GC）	
		区域间差异	东部	中部	西部	实际值	理想值
2016	0.035055	0.208793967	0.171595	0.019568	0.095334	18.722888	17.960530
2017	0.034591	0.197521918	0.155316	0.040158	0.103226	18.598657	17.960530
2018	0.034682	0.196356614	0.152340	0.041387	0.106375	18.623160	17.960530
2019	0.033500	0.181295192	0.118446	0.029706	0.088231	18.302890	17.960530
2020	0.035028	0.192197209	0.167557	0.053775	0.022513	23.288586	17.960530
2021	0.035125	0.193185121	0.165677	0.054234	0.023621	23.356345	17.960530

从东、中、西部地区基尼系数看，东部整体呈逐步下降趋势，内部差异减小；中部呈波动增长趋势，2021 年的差异最大；西部呈波动下降趋势，内部差异在减小，2021 年达到最低。整体来看，三大地区内部的民宿旅游网络关注度差异较明显，中部地区的内部差异远大于西部和东部，西部和东部地区内部差异在减小，西部地区内部差异最小。而三大区域间民宿旅游网络关注度的差异整体态势与东部和西部地区内部一致，总体呈持续下降趋势，说明区域间潜在旅游者的民宿旅游网络关注度虽存在差异，但差异正在逐渐缩小。

从地理集中度来看，2016～2021 年地理集中度实际值皆高于理想值，呈逐年下降趋势，说明省际民宿旅游网络关注度有由分散向聚集变化的趋势，由于实际值与理想值较接近，表明空间聚集水平较低，且在 2016 ~ 2019 年集聚趋势逐渐弱化，但在 2020 ~ 2021 年突然增强，表明民宿旅游虽然整体网络关注度骤降，但受周边游和短途游限制影响下，民宿旅游网络关注度集聚趋势较为明显。

（三）空间差异的因素分析

由于数据限制，研究先选取各省份 2016 年地区生产总值、居民人均可支配收入、网民数量、互联网普及率 4 项指标与 2016 年各省份民宿旅游网络关注度进行相关性检验，再结合 2019 年的网络关注度与该年 31 个省份的民宿数量进行相关性分析。本文借助 Eviews 10 软件对各指标数据进行相关性检验。

表5　　　　　　　　　　民宿旅游网络关注度与其影响因素的相关性系数分析

2016 年	网络关注度/人次	地区生产总值/万亿元	居民人均可支配收入/万元	网民数量/万人	互联网普及率/%	2019 年	网络关注度/人次	民宿数量/套
网络关注度/人次	1					网络关注度/人次	1	
地区生产总值/万亿元	0.172 **	1				民宿数量/套	0.139 **	1
居民人均可支配收入/万元	0.674 **	0.629 **	1					
网民数量/万人	0.812 **	0.859 **	0.219 **	1		—		
互联网普及率/%	0.615 **	0.342 **	0.845 **	0.261 **	1			

注：*、**、***分别表示在 10%、5%、1% 的水平上显著。统计学相关性程度梯度标准划分显示，0.8 < |Y| <1 为高度相关，0.5 < |Y| ≤0.8 为显著相关，0.3 < |Y| ≤0.5 为低度相关，0 < |Y| ≤0.3 为微弱相关。

由表 5 可知，各省民宿旅游网络关注度与地区生产总值呈正相关，但相关系数不大，表明地区经济发展水平与民宿旅游发展存在一定的相关性，但不是决定性因素。省域民宿旅游网络关注度与居民人均可支配收入、互联网普及率的相关系数依次为 0.674 和 0.615，为显著相关；与网民数量的相关系数是0.812，为高度相关。这说明地区的居民收入水平和网民数量是影响民宿旅游网络关注度空间分布差异的重要因素。民宿旅游网络关注度与民宿数量呈正相关，但结果中呈现的相关系数不高，其原因可能受民宿数量覆盖面不全、数据量不完整的影响。

基于2016～2021年民宿旅游日均网络关注度叠加数据，绘制31个省份民宿旅游网络关注度分布表（见表6），可清晰地发现各省份及区域民宿旅游热度情况。总体上，北京、重庆、天津、上海、安徽和贵州等关注度位于前列，由区域网络搜索指数分布情况可知，民宿旅游需求逐渐向区域集聚，依次形成西南片区、华中片区和西北等热点片区，区域内民宿需求活跃。自2020年以来，相比东部和中部地区，人口流动性较弱的西部地区等地民宿旅游网络关注度整体较高。值得注意的是，这也会在一定程度上促进民宿旅游行业的高质量发展与优质产品服务供给，促进民宿市场洗牌与民宿旅游结构性改革。

表6   31个省份民宿旅游关注度分布

网络关注度范围	省份
81228～146507	北京市、天津市、上海市、重庆市、贵州省、安徽省
73690～81227	四川省、云南省、河南省、山东省、新疆维吾尔自治区
72819～73689	甘肃省、山西省、浙江省、江苏省、湖北省、湖南省、江西省、广西壮族自治区、广东省、海南省
65281～72818	陕西省、西藏自治区、内蒙古自治区
0～62580	黑龙江省、辽宁省、吉林省、福建省、河北省、宁夏回族自治区、青海省

五、结论与启示

（一）研究结论

本文研究发现：2016～2021年民宿旅游网络关注度在时间维度上经历了先升后降的趋势，历年变化趋势呈明显的倒"U"型，而各年度月份变化趋势多以单"峰"为主，高峰期为6～10月，低谷期为11月至次年2月，淡旺季明显且旺季较长。在空间维度上，各地民宿旅游网络关注度较为分散，区域内呈现中高，东、西低的特点，且东、西部地区内部差异在减小。民宿旅游网络关注度的时空差异与地区生产总值、居民人均可支配收入、网民数量、互联网普及率和民宿数量相关，是多种因素相互作用的结果，且逐渐呈区域集中化、规模化发展趋势。

（二）启示

1. 把握时机，强化民宿旅游淡旺季的差别营销

结合民宿旅游网络关注度的时间差异，围绕民宿旅游资源整合、开发设计和推广营销三方面制定合理策略，抓住民宿旅游的淡旺季，多渠道组合和精准投放民宿旅游宣传资讯，有效利用网络关注度的前兆效应，适逢节假日与关注度峰值前后加大宣传力度，持续推送民宿旅游优质内容。

2. 优化资源配置，调整民宿旅游行业空间布局

为避免民宿旅游的供给过剩与资源错配，应当结合民宿旅游网络关注度空间差异和游客消费需求，科学地进行民宿旅游规划布局，围绕区域优质资源文化、基础设施和政策保障，依托地方传统文化村落、名镇名村和示范村镇建设点，支持和引导区域民宿规模化和集群化发展，进而塑造区域民宿品牌，大力推进民宿集聚区的发展。

3. 挖掘地方特色，提升民宿旅游品质

在旅游民宿遍地开花的当下，应当重申旅游民宿的地方性和文化性，挖掘区域在地资源和文化元素，围绕民宿开发设计、产品创新、服务供给和营销管理方面下功夫，彰显区域民宿特色，提高民宿旅游品质与吸引力。

参考文献

［1］陈兴，余正勇. 表征与非表征视角下民宿对乡村空间的叠写与地方再生产——以成都明月村为例［J］. 地域研究与开发，2022（3）：145 - 150.

［2］陈哲，龙茂兴. 户外旅游网络关注度时空特征研究［J］. 地理与地理信息科学，2020（5）：80 - 85 + 94.

［3］房孟春，曲颖. 基于文本评论的在线民宿信誉评价指标关注度研究［J］. 地域研究与开发，2018（5）：123 - 127.

［4］冯晓兵. 中国民宿网络关注时空特征及影响因素研究［J］世界地理研究，2022（1）：154 - 165.

［5］郝诗雨，赵媛，李可．厦门市民宿的空间分布特征与影响因素研究［J］．华中师范大学学报（自然科学版），2018（6）：916 – 924.

［6］何小芊，刘宇，吴发明．基于百度指数的温泉旅游网络关注度时空特征研究［J］．地域研究与开发，2017（1）：103 – 108 + 124.

［7］胡晓芸．基于文本挖掘的民宿细分市场用户关注度和满意度研究［D］．上海：上海财经大学，2021.

［8］金一，杨敏哲，关伟，等．湖南省民宿价格空间分布特征及其影响因素研究［J］．地域研究与开发，2022（3）：111 – 116.

［9］龙飞，戴学锋，张书颖．基于 L-R-D 视角下长三角地区民宿旅游集聚区的发展模式［J］．自然资源学报，2021（5）：1302 – 1315.

［10］沈士琨，史春云．苏南、浙北．地区民宿空间分布特征及其影响因素［J］热带地理，2022（1）：123 – 135.

［11］文捷敏．民宿网络关注度的时空分布特征及影响因素研究——以乌镇民宿为例［J］．中国旅游评论，2019（2）：197 – 211.

［12］吴倩，杨焕焕．乡村民宿价格空间分异及其影响因素研究——基于贵州省乡村民宿价格特征模型的分析［J］．价格理论与实践，2021（11）：189 – 192.

［13］张海洲，陆林，张大鹏，等．环莫干山民宿的时空分布特征与成因［J］．地理研究，2019（11）：2695 – 2715.

生活与生意：民宿人才培养的
重要之维*

张慧雾　余正勇　陈　兴

社会各界对民宿的概念内涵尚未有统一的界定，但差异化的观点中具有一定的共性，即民宿往往具有生态环境优越、文化氛围浓郁、主客互动共享、个性主题鲜明等特点。此外，综合现有研究成果来看，早期对民宿大致形成两种印象或研究路径：一是强调民宿的商业性，将民宿视为小微企业（个体企业）和商业家庭型企业（好客性企业），是一种旅游住宿新业态，遵从市场经济理性；二是凸显民宿的生活性，将民宿描绘为情怀的归宿、诗意的栖居和有温度的住宿，是一种旅游生活方式，崇尚个人感性追求。而随着研究的深入和丰富，已有不少学者注意到民宿商业性和生活性的双重属性，认为民宿是一种生活方式型企业，其成功与可持续发展既依赖于科学的商业逻辑，也离不开日常的生活服务。民宿对于民宿主等经营服务者而言，是生活也是生意，旅游者也乐于花钱买享受，为自己想要的生活买单。相关研究基于对民宿双重属性的关

---

*　张慧雾，余正勇，陈兴. 生活与生意：民宿人才培养的重要之维［C］//中国旅游研究院. 2022中国旅游科学年会论文集，2022.

照，围绕民宿创业、民宿经营发展、民宿主客互动、民宿价值共创等议题展开探讨，逐渐丰富了对民宿核心要素、运行逻辑和体制机制的认识。吴琳等（2020）研究了乡村民宿创客的创业动机差异及这种差异与创业绩效感知间的关系；王亚欣等（2020）对返乡农民工旅游创业意愿及其影响因素进行了研究；王华等（2021）从集群社会资本视角探究了乡村民宿企业成长的机理；张东燕（2021）探究了乡村旅游民宿经营与发展的因素；邹诗洁等（2020）基于符号互动理论从空间互动、产品互动、人际互动三个维度阐释乡村民宿主客互动过程与游客体验影响机制；陈虎等（2020）基于价值共创理论，在民宿消费领域探索了共创行为、价值感知和绩效检验 3 个节点的构成与关系；张弛等（2021）借助乡村振兴战略提出了推动民宿旅游集群化发展的措施；李俊杰等（2019）对民族地区的旅游人才培育进行了探究；余正勇等（2022，2020）探索了民宿与乡村的空间重构、乡村文化的传承、生态文明的联系以及居民民宿真实性的感知；强调了民宿对地方的积极带动效益与影响作用。

然而，面对民宿行业产业化、规模化、集聚化发展所显现的招贤难、留才难等人才短缺问题，鲜有学者系统探讨民宿人才的培养与供给问题，该议题下的理论研究缺乏对现实问题的关注与科学指导。有鉴于此，本文基于民宿行业人才短缺的现实背景，把握民宿可持续发展的双重属性（商业性与生活性），系统探讨新时代民宿人才培育的关键维度与实践策略，以期为民宿行业的可持续发展提供参考借鉴。

一、民宿人才培养的必要性

（一）市场需求大量人才

随着民宿数量的剧增，规模化、产业化、连锁化和集群化成为民宿行业发展的必然趋势，在此情景下必然需求大量适配的民宿人才加以运营管理和接待服务，由此产生了巨大的民宿人才缺口。此外，由于民宿产业的纵向发展，市场更加需求相关民宿人才队伍的建设。

（二）难以招引满足要求的民宿人才

民宿作为一种新型业态，区别于酒店等标准住宿服务，其发展沉淀的时间较短，人才培养等相关结构体系较弱，人才培育和供给环节尚未得到重视。此外，公众对于民宿这一新业态的认知程度尚浅，缺乏民宿运营、管理和服务方面的了解。尽管近年来有少量职业院校相继开展民宿人才培养探索，但相关课程实践、培养模式和体系处于初探期、尚未形成体系化的培养体系，最终是否能胜任该岗位要求仍旧存在疑问。

（三）难以留住优秀人才

目前服务于游客的民宿人才大多是"80 后""90 后"，这批人群大多习惯了都市的热闹与便利，当走入民宿领域后，由于民宿自身属性特点，民宿工作较为烦琐、工作环境常处于清静偏远之地、个性化的接待服务对工作者的精力耗损较大，多方原因综合导致了民宿领域人才的流失，加剧了民宿人才的短缺困境。

综合来看，民宿旅游领域人才需求大、引才难和留才难等相关问题的存在最终导致了民宿行业人才短缺，而这一困境也严重阻碍了民宿旅游的进一步发展。

二、民宿人才培育的重要之维

（一）民宿本身的双重属性

1. 商业性

根据 2019 年文化和旅游部发布的《旅游民宿基本要求与评价》，民宿是指利用当地民居等相关闲置资源，经营用客房不超过 4 层、建筑面积不超过 800 平方米，主人参与接待，为游客提供体验当地自然、文化与生产生活方式的小型住宿设施。从该定义可见，民宿首先是一个提供住宿的地方，是游客为了满足旅游体验而购买的一种商品，从这个角度出发，民宿属于以营利为目的的小微企业，以非标准的住宿模式出售产品和服务，解决游客的出行食宿问题。以民宿为代表的共享住宿已成为越来越多人的出行住宿选择，截至 2021 年，我国有"民宿"相关企业共 11.7 万家。从民宿相关企业的发展状况来看，企业注册量呈增长趋势，其中，2018～2020 年一共注册了 8.8 万家企业，表明民宿正在从个体性企业逐渐迈向产业化发展的道路，成为旅游经济中不可分割的一部分。所以在以利润为导向的前提下，大部分民宿主通过各种手段来刺激消费，基于多种多样的入住体验和服务质量，民宿的市场份额不断增加。

2. 生活性

民宿属于非标准化的住宿服务，摒弃了传统酒店机械冰冷的服务模式，更多的是为游客提供了一种有温度的旅游生活体验，基于民宿的设计基调和运营理念，游客的日常生活被多种事物所充实，如乡村的田园美景、多彩的民俗活动等构成了民宿的多种功能。作为一种以情怀为商业基因的经营行为，从某种意义来说，民宿是展示当地文化的名片，而民宿主是向游客传达本地风貌的媒介，基于对当地的热爱，他们乐意去和游客分享当地的风俗民情或者本人的故事，在服务游客的同时也愉悦了自己，这正是民宿有别于酒店等标准住宿的温情化优势所在。对于部分民宿创客，由于城市的繁忙工作和巨大压力，迫使他们选择回归自由，寻找心中的诗和远方。

（二）民宿生活与生意的内在关系

民宿的生活与生意就像事物的一体两面，协调统一且不可分割。民宿理性的商业属性由生意承载，如果没有营利收入，也就失去了民宿的核心价值，它不仅遵循市场逻辑，而且由于数量的不断攀升正在逐步迈向产业化。而民宿生活是相对感性的，它承载着民宿主对于当地的热爱，或者是一段浪漫的故事，基于情怀的现实作用，民宿成为不少人追求的诗和远方，从繁忙的工作和学习中挣脱出来，感受截然不同的文化氛围，这是民宿本身所彰显的生活内涵。

生活和生意都是民宿生存和发展的重要组成部分，生意是民宿生活的基础，是一切计划实行的根本，如果没有生意，生活也就无从谈起。而生活是生意的保障，即使是绝对以利益为导向的民宿，要使生意效益不断提升，在最后也会不可避免地与生活接轨。单纯的利益导向在短期内可能看到效果，但是民宿要发展不可避免地要以差异化和生活化作为方向，满足游客的感情需求。同样，如果民宿仅仅只有情怀，而不考虑现实的生意，也是不能持续前进的，只有二者相互兼顾，生意为生活买单，生活为生意赋能，民宿才能在竞争激烈的市场中久立于不败之地。因此，从生活和生意中找寻平衡，全面评估二者之间的联系不仅是民宿行业必修的课题，也是人才培养的关键。

（三）民宿人才培育的要素

根据民宿商业性和生活性的双重属性，在人才培育上应以这两个维度为原则，既要关注人才本身的市场技能，也要有生活文化素养的沉积。在市场技能的培育上，无论是民宿的规划开发，还是设计、运营等，都应该坚持人与自然和谐的原则，以保护环境为前提，建设理想与现实共存的诗意民宿。在生活素养的提升上，民宿主不仅需要有一定的文化内涵，还需要具备高超的沟通技巧，使游客的生活体验融入艺术情调，拉近与游客的距离（见图1）。

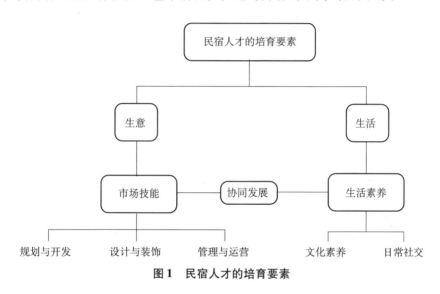

图1　民宿人才的培育要素

1. 市场技能

（1）民宿的规划和开发。

民宿的规划和开发需要从业人才具备广阔的视野，不仅是局限在规划或者开发的框架中，而是综合分析和评估拟建设地的实际情况。对于环境条件，民宿规划师应该熟悉当地的自然和社会环境，比如地理区位的选择，既要保证适宜的人居环境，又要保护自然生态免受污染，还需要考虑客源地的距离；对于经济条件，民宿开发者需要针对当地的产业结构以及旅游发展情况来判断民宿的需求；对于资源条件，尤其是旅游资源，无论是自然风光，还是人文景观，民宿规划师都应该具备较强的市场感知力，获取时间和空间上的优势，科学规划，合理建设。

（2）民宿的设计和装饰。

民宿设计师在民宿的设计和装饰上，应该通过利用好周边的自然环境和风土人情打造出鲜明的民宿设计风格，加大对传统艺术、传统民宿、人文典故以及地域风情等的发掘力度和传承力度（乔宇，2019；栾坤，2005）。以当地文化为切入点，当游客走进民宿时可以直接感受到浓厚的本土文化，比如有些少数民族的聚居村内利用图腾进行装饰，不仅可以让游客直观地看到文化符号，而且可以深刻感受到本民族的文化氛围。民宿设计师应遵循"以人为本"的原则，兼顾民宿的商业性与生活性，将整个空间设计巧妙运用点、线、面相结合，打造出一个全新的、有趣的、不一样的民宿空间（邵逸子等，2016）。关于民宿的主题设定，对于设计师而言是衡量技术与艺术能力的标准，完美的民宿主题，不仅是在运营方式上实现的一大创新，而且是在竞争激烈的市场中脱颖而出的关键。在整合当地资源的基础上，通过形式不同的民宿主题表现出来，实现民宿体验内容的个性化，不仅拉近了游客与旅游吸引物之间的距离，同时也给游客提供了不同的生活体验。

（3）民宿的管理和运营。

在民宿的管理上，传统的民宿主都是身兼数职，既要参与接待工作，又要兼顾游客的生活，再加上服务行业本身的服务需求，很多民宿主经常在琐碎的事情中丢失了创业最初的情怀，使理想和现实渐行渐远。因此，从民宿商业性和生活性的管理出发，应分内容设置不同的管理者，由专业的人员负责对应的工作，各司其职，协同合作，使游客在住宿之外享受到更有情调的生活体验。在民宿的运营上，于生意而言，民宿的品牌建设势在必行，我国的民宿普遍存在辨识度不高的特点，游客在选择时会有一定的盲目性，因此，需要根据民宿本身的特点进行有针对性的宣传，借助"互联网＋"的优势增加民宿的影响力。就生活而言，我国大多数的民宿仅仅是发挥了其住宿的功能，其他附加的体验、文化、娱乐等功能还有待完善。从游客的角度出发，建设和完善内容丰富的生活附加项目是民宿运营的重要内容，惬意的生活体验才是民宿应该追求的目标。

2. 生活素养

（1）文化素养。

我国的民宿多数分布在旅游景区周围，外来游客基于对当地自然风光或者人文景观的喜爱而来，他们希望更多地了解当地的历史文化或风俗民情，而民宿主就成为传播当地文化的媒介，这要求民宿主具有较高的文化素养，知晓当地历史和风土人情，并且乐意向游客介绍当地情况，分享民间故事。除此之外，民宿从业者的个人综合素质直接决定游客的入住体验，人们更容易对文化素质较高、待人接物较为随和的民宿主产生好感，从而更好地体验民宿生活。同时，民宿主的艺术素养和审美水平也直接或间接地影响民宿的设计风格和生活体验，部分民宿主的创业动机是实现自己的艺术追求，他们会将自己对于音乐或者美术的见解融入民宿的运营理念，和游客能够在一定程度上达到情感的共鸣。因此，民宿主需要在生活体验中增加艺术情调，让游客参与到相应的艺术创作中，或者通过才艺展示的方式拉近民宿与游客之间的距离，使游客通过不同的艺术形式体验民宿的生活性。

（2）日常社交。

民宿从业者和游客的日常交流互动在一定程度上决定了游客对于民宿的喜爱程度，亲切有效的交流不仅使游客更快地适应新的环境，而且能够避免一定的文化冲突，所以对于民宿主而言，温暖的沟通方式是连接顾客的桥梁，是需要学习和完善的一种经营方式。有效的日常社交不仅为游客的生活体验加分，而且在一定程度上会影响民宿的口碑，进而影响民宿的入住率，而日常亲切的社交能够让游客感受到温暖，这正是民宿区别于普通酒店的优势所在。

三、民宿人才培育的策略

从民宿人才的培育要素出发，应构建"五位一体"民宿人才培养模式和人才战略联盟，二者相互联系，共同发展，不同主体进行深入合作，从线上到线下实现人才的全方位培养（见图2）。

（一）构建"五位一体"民宿人才培养模式

"五位一体"的民宿管理与运营服务人才培养模式是指联合政府、企业、职业院校、社区、行业协会五个不同主体，打造民宿管理与运营服务人才培养体系，形成人才培养框架（张丹鹤等，2019；冯健琴，2022）。针对不同主体从民宿的商业性和生活性角度出发，构建行之有效的民宿人才培养策略（见图2）。

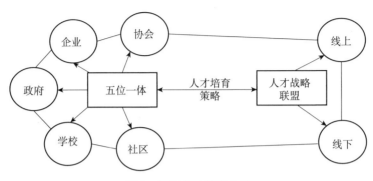

图2　民宿人才培育战略

1. 政府层面

近年来，旅游行业的快速发展使得相应的政策制定显得较为滞后，尤其是对于民宿人才培养的政策相对缺失，所以各地政府应制定相应的人才发展战略，保障人才的基本需求。在民宿人才的市场技能提升上，政府应该与企业、学校等联合举办各类技能大赛和行业交流峰会，同时给与必要的财政支援，促进民宿人才的各项技能得到展示和关注。在生活素养的提升上，政府有关部门需要完善相关的奖励政策，通过与民宿协会及社区的合作对当地民宿进行有效评估，对于文化内涵丰富、艺术气息浓厚的民宿给与一定的奖励。在此基础上，各地政府需要立足当地旅游业的发展情况，推出相应的民宿人才培养计划，并且负责当地教育工作的评估和监督，对人才的培养工作起到引导和助推作用，满足不同层次人才的全方位发展，为地域旅游注入源源不断的发展驱动力。

2. 企业层面

企业在民宿人才的培育中应发挥其指导作用，一方面对民宿人才的市场技能进行规范和创新，另一方面在民宿项目的生活化建设中提供更加科学的指导。对于民宿的规划开发、设计装饰及管理运营，企业可以获取行业的最新动态，制订科学合理的培养计划，在已有案例的基础上创新发展模式，为民宿主提供管理和运营的经验。同时，通过与政府、学校及行业协会的合作，共同定向培养拥有市场技能和生活素养的综合型民宿人才，在学习过程中为学生提供实践场地，鼓励学生定向就业，并且实施岗前培训，让学生在学习理论的基础上与现实的民宿环境对接，为民宿发展奠定人才基础。对于生活素养的提升，企业可以与社区联合进行针对性的培训，使民宿从业者更加专业化地为游客服务。

3. 学校层面

目前的高职院校中，大部分课程设置偏向于传统旅游，在民宿产业逐步扩张的今天，传统旅游课程不太能满足学生对于新事物的接受程度，尤其在民宿发展的个性化阶段，面对现实的旅游情况，课程之间的融合、不同专业之间的碰撞是未来民宿发展的必要前提。所以，在学校层面，从民宿的商业性和生活性出发，需要针对学生的市场技能和生活素养进行有效的课程互补，帮助学生更全面地了解当前民宿的发展状况。并且与相关的企业进行深入合作，在课程学习过程中为学生提供实践地点，使理论和实践可以有效结合，紧跟当前行业前进步伐，深入学习，为就业奠定基础。

（1）完善民宿专业的相关课程。

在民宿行业个性化发展的大背景下，对人才的知识和技能要求更加广泛和综合。所以，需要对民宿相关专业的课程设置进行一定程度的创新，以人才的市场技能和文化素养同步发展为培育目标；使民宿服务管理的相关课程与艺术课程相融合，让学生的知识体系与当今民宿发展的步伐相一致，并且在实践过程中找准方向，使学习、实践、就业一体化前进，为民宿运营开发新的思路，创新发展。

（2）培养民宿"双创"人才。

在经济新常态及"大众创业、万众创新"的时代背景下，借助互联网的快速发展，"双创"人才的培养对于民宿发展是一个重要的切入点。将校内孵化基地模式和校外实训基地模式组成综合实践教学模式，并与高校教育教学培养体系有机融合（朱东国等，2020），进而通过完善支撑保障体系实现民宿"双创"人才培养模式重构。在此体系下，对于激励在校大学生创业、将想法实践化具有非常重要的意义，"双创"人才为民宿发展提供了更多可行的发展规划，为民宿规范化和个性化发展提供了实现基础。

（3）多维合作，深入交流。

企业是民宿人才培养的摇篮。企业培养的民宿从业人员具有具体化的实践知识和操作经验，是高水平基础运作队伍的切实保障（麻桃红，2018；贺晓敏等，2021）。所以，学校要积极探索与企业的合作模式，培养适合行业发展的专业民宿人才，通过与政府、社区及行业协会的合作，对学生进行全面的综合评估，把特定的人才放到合适的岗位上，助力民宿人才高质量发展。此外，在探索创新课程体系的道路上，不同的学校要进行交流，相互吸收和借鉴先进经验，更新教育理念，共同为民宿人才队伍建设提供保障。

4. 行业协会层面

行业协会要时刻关注民宿行业发展的特点和要求，借鉴国内外人才培养模式的成果经验，从提升民宿主的市场技能和生活素养两方面出发，整合行业资源，为民宿的发展提出切实有效的建议和方法。在民宿的规划和开发上，行业协会应该统筹地域环境，与政府共同提倡环保建设；在设计和装饰上，行业协会需要进行规范管理，避免民宿的同质化，方便游客有不同的生活体验；在管理和运营上，行业协会需要综合评定各民宿的发展状况，针对不同的发展现状，与学校、企业等共同创新民宿人才的培育模式，对于运营情况良好的民宿给与相应的奖励或者资格评定。此外，行业协会可以举办不同类型的行业交流会，让来自各地的民宿主能够分享管理经验，交流心得体会，为新手民宿主和有创业想法的人提供一定的经验指导。

5. 社区层面

社区是民宿人才培养的重要参与者（张婕等，2021），对于一些基础性的工作，如民宿服务员、保洁员等为民宿人才培养提供了大量人力资源。同时，良好的社区环境也是吸引民宿创客的一大重要因素。因此，社区应积极践行政府对于民宿人才的培育计划，支持行业协会的各项活动并针对具体情况探讨行之有效的策略，同时，与企业和学校合作创新民宿人才的培育模式，为社区的民宿规范化和个性化发展提供保障基础。

（二）构建民宿人才线上线下战略联盟

民宿品质的参差不齐、过多情怀的注入，让这个行业显得不那么理性。很多新项目投入越来越大，对品质和服务细节的把握以及对于目标人群的有效触达，需要更多专业人才的投入，才能做得更好，这也是各种专业人才在新市场里的巨大机会。但是，个体民宿主可以参考和借鉴的经验有限，建立民宿人才的线上线下联盟，整合线上线下相关资源，使相关从业者免受时间和空间的限制，不仅可以为民宿主提供管理和运营指导，完善自己的设计和运营理念，而且通过国内外一些成功案例，使部分创客将理论运用到实践之中，针对具体问题具体讨论，有效实现资源共享，共同助力民宿的创新化和个性化发展。

四、总结

综上所述，旅游民宿的快速发展离不开专业人才的培养与参与。一方面，民宿人才的培养要能够满足市场的迫切需求，促进民宿行业规范化和个性化发展。另一方面，民宿人才的培养是综合人才的孕育，不仅要重理论学习，更要强调实践能力提升。本文认为，旅游民宿人才的培养要从生活和生意两个维度出发，以市场技能和生活素养的综合提升为目标，综合把握民宿的规划和开发、设计和装饰、管理和运营以及文化素养和日常社交需求，并且需要在政府、学校、企业、行业协会和社区的合作下积极构建相应的人才培养模式以及建立民宿人才线上联盟，从而实现高层次人才的资源共享，为民宿行业建设专业性的人才队伍，最终为民宿旅游的健康可持续发展提供人才保障。

参考文献

[1] 陈虎，喻乐，王颖超，等. 民宿消费领域价值共创的机理推导与实证研究 [J]. 旅游学刊，2020（8）：117 – 131.

[2] 冯健琴. 职业院校民宿管理与运营服务人才培养模式策略实践研究 [J]. 华东科技，2022（1）：124 – 126.

[3] 贺晓敏，黄悦，李菲. 合作竞争视角下民宿与传统酒店行业的协同发展探讨 [J]. 商业经济研究，2021（10）：182 – 184.

[4] 李俊杰，李云超. 关于民族地区民宿产业高质量发展的思考 [J]. 云南民族大学学报（哲学社会科学版），2019（3）：70 – 75.

[5] 栾坤. 民居旅馆在乡村旅游中的地位与作用 [J]. 广西商业高等专科学校学报，2005（3）：18 – 21.

［6］麻桃红．基于调查的丽水民宿人才培养探讨［J］．开封教育学院学报，2018（5）：271－274．

［7］乔宇．乡村振兴背景下乡村旅游民宿发展模式——以海南省为例［J］．社会科学家，2019（11）：102－107．

［8］邵逸子，凌硕．探讨乡村民宿与在地文化之间的联系［J］．艺术科技，2016（10）：237．

［9］王华，刘钰娴，石颖曜．集群社会资本对乡村民宿企业成长的影响研究——以丹霞山两村为例［J］．人文地理，2021（4）：126－133．

［10］王亚欣，宋世通，彭银萍，等．基于交互决定论的返乡农民工创业意愿影响因素研究［J］．中央民族大学学报（哲学社会科学版），2020（3）：120－129．

［11］吴琳，吴文智，牛嘉仪，等．生意还是生活？——乡村民宿创客的创业动机与创业绩效感知研究［J］．旅游学刊，2020（8）：105－116．

［12］余正勇，陈兴，李磊，等．民宿对乡村文化传承创新的评价指标体系构建［J］．四川旅游学院学报，2020（6）：81－86．

［13］余正勇，陈兴，王楠，等．生态文明建设与乡村民宿旅游耦合发展研究——基于主辅嵌入视角［C］//．2020 中国旅游科学年会论文集 旅游业高质量发展，2020：270－280．

［14］余正勇，陈兴．旅游民宿影响下乡村空间重构的研究进展［J］．西南林业大学学报（社会科学），2022（2）：76－82．

［15］张弛，黄丙刚．基于乡村振兴视角的民宿旅游集群化推进策略［J］．农业经济，2021（2）：68－69．

［16］张丹鹤，秦小冬．应用型本科院校旅游人才职业生涯规划"链式"培养模式研究——以长春大学旅游学院为例［J］．职业技术教育，2019（35）：26－29．

［17］张东燕．新时代下乡村旅游民宿经营与发展因素分析［J］．中国果树，2021（10）：112－113．

［18］张婕，张文磊，田作雨．基于服务地方的黔南民宿人才培养模式研

究 ［J］. 中国集体经济，2021（31）：121 – 122.

［19］朱东国，张敦. 乡村振兴背景下高校乡村旅游"双创"人才培养模式重构 ［J］. 遵义师范学院学报，2020（5）：97 – 101 + 105.

［20］邹诗洁，王晞. 基于符号互动论视角乡村民宿主客互动过程体验探析——以桂林阳朔县为例 ［J］. 桂林航天工业学院学报，2020（3）：374 – 380.

基于乡土文化符号的成都乡村民宿景观设计*

毛 绮 余正勇 陈 兴

　　随着乡村旅游发展的转型升级，民宿作为乡村旅游体验的重要内容，成为乡村休闲度假的重要载体。乡村民宿不同于一般的住宿设施，其本身依托原真性乡村聚落与环境，承载着乡土社会的文化传承，是乡土景观的重要表征空间，对乡村空间的重构发挥着重要作用。在国家实施乡村振兴战略的背景下，基于乡土文化传承与创新的乡村民宿发展，不仅关系到对乡村文化振兴的促进，而且对美丽乡村建设具有重要意义。实现乡村民宿与乡村振兴的耦合，关键在于对乡村民宿内涵与核心特征的把握，其中，地方性与乡村性表征是首要因素。这要求乡村民宿的建设和发展要立足其所在的土壤，基于人地关系地域系统进行规划与设计。因此，乡村民宿的景观设计需要系统把握当地的乡土地域特点与文化特征，将乡土文化演绎为可视化的文化符号体现在景观中，并在演绎过程中创新方法，使传统与现代有机融合，促进乡村文化在传承中不断发

　　* 毛绮，余正勇，陈兴. 基于乡土文化符号的成都乡村民宿景观设计 ［J］. 安徽农业科学，2022（7）：200 - 206.

展，实现繁荣振兴。

成都作为"天府之国"的核心地域，拥有独特的地域特点与人文特征，是我国农业文明的样板区域之一，也是我国乡村旅游的发源地。在旅游业的发展驱动下，民宿发展十分迅猛。2019 年成都获批增列四川省第二个国家级旅游度假区"天府青城康养休闲旅游度假区"就得益于大青城山区域以乡村民宿为代表的体验型住宿业态的支撑。然而，在乡村民宿发展迅猛的同时，同质化现象也较为普遍，大多数民宿对地域特点及文化特征的把握较为缺乏，在民宿的景观设计上缺少对乡土文化的系统性认识。

对乡村民宿与乡土文化回归构建方面的关注持续上升，研究视角逐渐向乡村民宿对乡土文化的保护与创新发展方面拓展。研究普遍认为，乡村民宿所表现出的乡土地域性、乡俗传承性、乡风休闲性、乡情人文性等属性是地方文化所赋予的，而民宿作为乡土文化的载体，实现了对乡土文化的回归与构建（张希，2016；余正勇等，2020；冯柯等，2018）。乡村民宿发展应根植于现代性与传统性，以传承和保护乡土文化为切入点，通过建筑改造与环境资源的结合展示乡村原生意象和乡土特色，以实现地域文化的保护与发展，并有助于游客找到地域归属感和文化认同感，丰富情感体验（祝磊，2019；丁奇等，2017；张腾月，2017）。地域性的乡村民宿唤起了乡村居民对传统建筑、乡土文化的认同感与自豪感，彰显了当地文化蕴含的文化价值，促进了乡村民宿的可持续发展（邹铘，2017）。与此同时，一些学者开始对国内的乡村民宿设计构建进行文化批判，借鉴国外视角，将米切尔的"图像理论"和马丁·杰伊的"视觉体制"引入乡村民宿阐释批评中，评判了乡村民宿简单的"内视于物"和"外视于景"倾向，强调了故事性、人文性精神空间营造的重要性，为乡村民宿规划设计提供了一种人文性的反思（李蕾蕾等，2019）。本文采用 DEIS 模式方法，即文化挖掘、图像衍生、符号引入和景观表达，对成都乡村民宿基于乡土文化表征的景观设计进行了探析。

一、乡村民宿的文化内涵

从概念内涵看，乡村民宿是地方居民利用闲置房屋为外来游客提供观光体验乡村自然风光、人文风貌、风土习俗、乡野生活的服务产品，通过整合建筑、景观、文化等地方文化资源搭建了一个可观可赏可体验的乡土性住宿空间（龙飞等，2019）；从发展本质看，乡村民宿是乡村旅游顺应市场需求创新的产品模式，这样的产品模式更加注重地方文化异质化内容的优质供给，从而满足游客个性化、多样化的乡村旅游需求；从发展方式看，乡村民宿更像是基于地方异质文化本底的产业创意性实践，助推甚至引领着乡村文化创意的发展，其整体包含外在建筑形式、技艺、材料的创意结合与艺术表达，内在文化内容与主题的故事化、场景化的创意构思等。综合而言，乡村民宿是承载和表征乡村地方性，融合乡土环境、建筑、产业、工艺、习俗、物产等多种符号要素于一体的乡村创意空间与文化综合体。

因此，乡村民宿的景观表达应基于对地域乡土文化的梳理和理解。作为人地关系产物的乡土文化，是乡村地域系统的重要呈现，受自然地理环境影响较大，主要包含农业形态、聚落形态、地域文化意象等重要方面。

二、成都乡土文化特征

（一）自然地理环境

成都位于四川盆地西部，成都平原腹地，整体属于川西北高原山地与四川盆地的连接地带，地形西北高东南低，自西向东依次为山地、平原和丘陵地貌，占比分别为 32.3%、40.1% 和 27.6%。西部的龙门山区海拔最高点为 5 364 米，中部的成都平原最低海拔为 387 米，东部龙泉山低山丘陵区，海拔一般为 500~1 000 米。成都属亚热带季风气候区，具有典型的盆地气候特征，四季分明。受地形影响，气候区域性差异较为明显，年平均气温 16.4 摄氏度，年均降水量 900~1 300 毫米，年日照时数为 1 100~1 400 小时。[①] 成都气候的显著特点主要体现为多云雾、日照时间短、空气潮湿。此外，成都区域内水系发达、河网纵横、植被种类多样。

（二）农业形态

成都自 2500 年前蜀郡守李冰主持修建都江堰水利工程以来，"水旱从人，

---

① 成都市人民政府网站（https：//www. chengdu. gov. cn/cdsrmzf/c169547/yxcd. shtml）。

不知饥馑"，农业发达，物产丰富，素有"天府之国"的美誉。农业形态以种植业和养殖业为主，其中种植业以粮油、蔬菜、水果、食用菌、花卉、茶叶、中药材、林竹等为优势特色。另外，作为国际美食之都、休闲之都和我国农家乐发源地，成都的观光休闲农业也具有雄厚基础和特色优势。当前，成都农业发展格局中，东部区域突出生态休闲和高效农业；西部区域突出绿色高端农业和农商文旅融合，这也是成都都市现代农业发展的重点；南部区域突出科技创新和农博会展；北部区域突出农业商贸和农产品物流；中部区域突出城市生态和景观农业。

（三）传统聚落特征

基于成都优越的山川地貌环境、人文环境、悠久的历史文化特点，成都平原及丘陵地区分布有大小不一的乡村聚落，这些聚落形态在历史上主要有庄园、村落、林盘这三种模式。经过各个历史阶段的变化，与土地制度、生产方式相适应的聚落形态逐渐演变形成了如今的川西林盘（郭泽文，2015）。川西林盘是以建筑实体形式和周边的高大乔木、低矮灌木、竹林、河流、耕地等自然生态环境要素有机融合，形成的农村居住环境形态，是以林、水、宅、田为主要要素的乡村院落空间。其中，竹类植物是构成林盘中的主要植物，竹类植物和成片的树林构成了成都平原独特的田园风光。川西林盘也是融生产、生活和景观于一体的复合型居住模式，小的林盘只有几户、十几户，大的林盘达到上百户人家。这样典型的生活形态和建筑形式在历史文化的长期沉淀和演变中已经逐渐演化为一种特殊的文化符号烙印在川西民居中，形成了独具特色的传统川西民居（李先逵，2009）。

地处亚热带湿润气候的川西，其民居特点主要体现在通风除湿、地形利用、遮阳排水等方面，也造就了川西民居空间布局灵活多变的特点。造型轻巧秀丽，结构常采用木穿斗式构架，颜色朴素，基本为灰白色调。川西民居作为四川独有的一种建筑方式融合了川西独具特色的历史文化，蕴含着丰富的人文思想和文化符号。

（四）地域文化意象

通过对成都地区文化脉络的梳理，其地域文化体系主要包含古蜀文化、水文化、道教文化、佛教文化、三国文化、儒学文化、公馆文化、古道驿道文化、客家文化、陶文化、茶文化、酒文化、竹编文化、红色文化。其中，不同文化相互交织，融合共生，共同呈现出一些主流的地域文化意象，主要体现为农耕文化、古镇文化、诗书文化、民俗文化。

三、成都乡村民宿景观设计

（一）乡村民宿景观设计中文化传承与创新的原则

景观的设计对协调建筑与环境有重要作用，乡村民宿的景观设计要着眼于当地的乡土文化特色，将乡土文化中的文化符号进行系统的归纳和提炼，通过创意的设计和重构，展现独特的景观，体现地方文化之美。

1. 秉承传统与现代相结合的设计原则

整个设计力求将地方风土人情、地域文化与现代环境美学融入乡村民宿景观设计。

2. 自然式和规则式相结合的园林景观设计原则

遵循因地制宜原则，设计中有规则式的园林绿化景观，也有生动自然、返璞归真的自然式园林景观。

3. 观赏性与实用性相结合原则

民宿的形式、材料的选取、现代设计的手法要体现出现代川西民居的住宅特点，其特点源于传统川西民居。在乡村民宿的景观设计中，进行不同功能的合理设计，既能满足不同人群的居住需求，又能展示出川西乡土文化特色。

（二）成都乡村民宿景观设计的乡土文化符号体系

乡土文化符号是由乡村生活环境中抽象概念符号所构成，这种抽象符号通过可感知的事物现象传达给人特定的信息。正如景观设计的本质也是通过构建可感知的事物现象营造人类休憩生活境遇，同时传达给人深层次的情感和思想。

乡土文化符号的提取指的是通过符号的能指和所指的特性，将乡土空间的人类活动所产生的文化总和以符号的形式将其进行提炼，并用文字、图像、颜色、纹样、形状等视觉信息传达出来。通过采用近似、变形、解构、排列重组、借代、夸张等衍生手法将乡土文化符号运用在民宿的建筑物、铺装、植物配置、装饰等景观元素中。基于此，成都乡土文化符号衍生体系如下，见表1。

表1　　　　　　　　　　成都乡土文化符号衍生体系

	文化元素	衍生方式	具体手法	符号样式	符号类型
农耕文化元素	农耕动物：牛、鱼、虾 农耕工具：犁、竹篮、扁担、镰刀、簸箕、翻车、水桶 农耕植物：油菜花、稻草、茶叶、果树、南瓜、莲藕、玉米、辣椒等	简化	提炼农耕文化元素为圆形，简化后演变成符号图形，多用于logo		图像性
		模拟	以农具草帽为例，参照草帽原型，通过变形衍生成为类似于草帽形状的灯具，让人一眼就能感受到农耕文化特色		象征性
		展陈	将有代表性的农耕文化道具，运用不同的艺术手法构建成全新视觉效果的图案、构筑物、景观等		
民居文化元素	民居建筑：具有川西民居特点的粉墙青瓦屋顶民居、吊脚楼民居	变形	提炼川西民居的木材应用方式，以及建筑形态和青石砖等建筑材料元素，运用到景观装饰或其他景观小品中		象征性

	文化元素	衍生方式	具体手法	符号样式	符号类型
民居文化元素	民居颜色:传统的川西民居色彩是青瓦白粉墙,粉白的墙,青黑色的瓦,褐色的木结构,这是大多数川西民居的色彩构成,色彩风格上都普遍是朴素淡雅	简化	提取川西建筑主要色彩枣红、褐色、灰黑、清灰、灰白五种颜色,成为一种文化符号		象征性
诗书文化元素	传统古典乐器:笛子、二胡、鼓、古琴、琵琶等	借代	引借古典弦乐器中"弦"样式,使其成为水景当中的图案符号,来表现"弦外之音"的含义		指示性
	文房四宝:笔、墨、纸、砚	写意	传承中国博大精深的笔墨文化,注重气韵、运用焦、浓、重、淡、清的表现手法,也就是虚实对比,使意境丰富起来		指示性
	汉服:汉民族传统服饰,丝绸的盛产、蜀锦的美誉,都奠定了成都"汉服第一城"的文化与工艺基础	解构	汉服中精美的刺绣纹图案经过提取可用于石雕、天花板等图案的装饰、漏窗、景墙、屏风中		图像性象征性
民俗文化元素	竹编	变形	竹编为传统手工技艺,将竹子编织成丰富多样的纹样图案应用于工艺制品和景观当中		象征性
	陶艺	展陈、解构	以陶为原材料,通过不同的形态表现展示出来		象征性

（三）成都乡村民宿景观设计中乡土文化的运用

1. 传承地方文化

（1）保留川西民居建筑文化特色。

对川西民居建筑特色的传承，重在把握乡村民宿建筑的材质、造型和色彩。用泥塑封闭围墙和土墙石灰浆套白的墙面是传统民居采用原材料塑造墙面的做法；通过全木结构建造的房屋，可以突出天人合一的自然观与环境观。在砖木混合结构中，砖硬朗的冷灰色特点和木柔和的质感相结合，不同于城市中由砖砌筑的生硬建筑，富有历史文化的特质。在建筑造型方面，屋顶造型可以使用富有特色的翼角和小青瓦双坡屋顶；同时，各种屋顶的组合可以丰富多样，如大小屋顶组合叠置、逐层跌落的屋顶以及草木屋顶的组合运用等。建筑色彩方面，宜以原材料朴素淡雅的枣红色、褐色、灰白色色调为主，外墙大部分刷白或者保留土墙颜色或砖墙的青灰色色调，屋顶以青黑色色系为主。

（2）装饰元素的应用。

传统的板门、格门、三观六扇门等门构件被广泛应用于现代民宿设计中，朴素却端庄大气。许多装饰细部如砖雕可以运用在地板石砖的雕刻中，精致独特；木雕运用于家具陈设、外墙装修、门窗等装饰中；瓦片垒叠的中花装饰，材料主要为瓦片、木材、石砖的漏花窗。还可使用对联匾额作传统装饰，运用碎石、瓦片、青石砖的组合铺地。

（3）灵活的空间布局。

室外空间处理上，工字形连廊围合形成天井，下设花池座椅，或将植物、假山、流水引入庭院，既分隔了空间，又有动静结合，形成观赏性，增添审美情趣。

室内空间处理上，将室内外空间联系起来，使用"借景"手法，如将墙面改为落地通透的透明玻璃，以便客人进出时可将视野延伸到室外。照明的处理上，适当地采用壁灯来照明，可以突出空间立面的装饰性且消除压迫感，让室外的景观融入室内环境，增强室内外空间及景观的联系性。在材料质感上，室内空间多采用木造的情景为主，从木制桌椅到梁柱，以及大面积使用木地板，给人休闲舒适的感觉，营造乡村朴实的氛围。

（4）植物的景观运用。

秉承四季有景、因地制宜的植物设计原则，以丰富植物配置为主要思路，根据地域景观和谐搭配，与民宿主题意境需求点缀植物，结合川西文化底蕴，体现植物文化符号，实现功能与形式的统一。

地处亚热带湿润季风气候区的成都，适合常绿阔叶林树种生长，竹子在川西地区分布广泛，并且作为川西地域文化中具有代表性的文化符号，具有高洁、正直的象征。基于这样的特色，以绿色作为主基调，配以竹类植物的栽种，配置于民宿后院、前院或沿墙周围。例如，将琴丝竹、青丝黄竹在前院中丛植或列植点缀，以竹为魂，植竹成韵，与其他景物结合营造出若隐若现，虚实相生的意境，在后院中成片种植则形成曲径通幽的幽深意境；孝顺竹、凤尾竹可作为绿篱景观种植。植物的景观设计不仅要有造景作用，还应表现时序景观以及形成地域景观，因此不仅要有竹子等常绿乔木的种植，还要适当配置落叶乔木如银杏、红枫、鸡爪槭、玉兰、碧桃；水生植物如睡莲、荷花；灌木如蜡梅、月季、杜鹃等的搭配，丰富了植物景观。这样具有地方特色的植物材料营造植物景观对弘扬地方文化，陶冶情操具有重要意义。

根据植物习性、花期、色彩，栽植意向归纳如图 1 和图 2 所示。

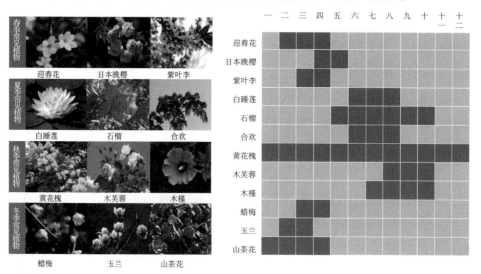

图 1　植物季相配置

图 2　乔木栽植意向

2. 创新地方文化

（1）装饰细部与现代审美结合，相关例子如表 2 ~ 表 4 所示。

①传统装饰元素转换运用。将传统川西民居装饰元素，结合现代建筑材料和形式，用符合当代的设计手法表现出来。

②提取并组合运用文化符号。提取能够代表地域文化核心内涵的文化符号，在乡村民宿景观设计中进行组合运用，通过重组、变形等手法组成新的设计形式。

③运用新材料、新技术和新的表现方式。传统民居建筑因与自然环境共生，建筑材料一般取自当地的天然材料，主要有草类、树木、泥土、黏土、沙子、岩石等。这些材料虽方便获取，且经济适用，但是取材过程易对生态环境造成破坏，因而具有一定的局限性。因此，景观设计中需要研究运用新材料、新技术来表现传统的装饰元素。

表2　　　　　　　　　　　　　　　装饰元素的运用举例

文化符号	应用方法	衍生方式	符号样式
漏窗	1. 提取"漏"的特点做成出檐落地窗； 2. "旧物新用"将传统漏窗元素用在墙面装饰上	变形	
陶窑	直接运用装饰元素	变形	
屋顶	平、坡屋顶组合	简化	
灯饰	传统材料结合现代简易造型	简化	

文化符号	应用方法	衍生方式	符号样式
油纸伞	直接运用装饰元素	展陈	
老旧物品	直接运用或重组	变形	

表3　　　　　　　　　　材料元素运用举例

文化符号	应用方法	衍生方式	符号样式
竹	将竹编的多种多样的纹理或直接排列组合运用在墙体、隔墙、灯罩、景观小品等的设计中	变形	
新材料:不锈钢、玻璃	景观小品、采光屋顶、扶梯栏杆、廊架	重组	
木	木雕直接运用原木材	展陈	

续表

文化符号	应用方法	衍生方式	符号样式
砖	不同形式的排列	重组	

表4　　　　　　　　　　　　　景观小品运用举例

文化符号	应用方法	衍生方式	符号样式
水池	小型慢喷泉 镜面水池	写意	
植物	屋顶花园 小型植物种植于栏杆上	写意	
树池	树池水池结合 砾石覆土，砖瓦排列围合 树池边界	重组	
隔墙	简单几何形状镂空框景 低矮砖墙增添趣味性	变形	

文化符号	应用方法	衍生方式	符号样式
旱汀步	加工装饰	变形	
平台	不同材质结合	重组	

（2）现代材料与传统材料的结合。

传统材料根据不同的地域特征而表现的形式各不相同，主要有木材、砖、瓦、泥土、茅草、竹等。现代材料主要包含混凝土、钢材、玻璃、砂、砖、塑料等。现代材料在乡村民宿中的运用往往能达到和传统材料不同的表现效果。乡村民宿的创新应在保留原有传统建材特有的元素基础上，在尊重历史形态的前提下，大胆地运用玻璃、不锈钢等新型材料（见表5）。

表5　　　　　　　　　新材料在成都乡村民宿景观设计中的运用举例

使用材料	材料表现	功能特点	
		传统	现代
木 + 玻璃 + 不锈钢	窗	透光差、装饰工艺精致但烦琐	透光面积大、造型简约易安装
防腐木 + 塑料瓦片	屋檐	传统瓦片屋顶、只能通过天井采光	可防水、增加采光面积、制作简便，造价较低

使用材料	材料表现	功能特点	
		传统	现代
混凝土＋不锈钢＋玻璃	墙 	传统民居内墙封闭厚重不采光	玻璃和混凝土的结合，一面采光通风一面保温隔热
蜡烛＋玻璃	路灯 	蜡烛放置于纸灯笼里一般用于室内照明，易燃易灭	现代用于路灯的使用，复古静谧，不易熄灭
茅草＋防水铝材	屋顶 	传统茅草屋顶常需更换，防水效果差	茅草主要用于装饰，铝材轻便且防水性能好
砖	墙 	传统砖墙垒砌规矩整齐无变化	现代砖墙组合形式多样，造型丰富可用于景观墙等其他用途，不仅是满足挡风围合功能

（3）符合现代空间需求的营造手法。

①营造过渡空间。传统的川西民居多注重设计自家宅邸的内部空间，庭院空间常作为观赏空间的作用，如植物景观、水池、假山。人较少能参与空间的使用，与庭院空间的互动单一。现代民宿设计的过渡空间与内外空间应有良好的衔接，增加人与空间的互动形式。

②简洁的空间划分。传统民居内部空间分隔明确，住房、厅堂、庭院、次要空间等都按需求分隔在既定的位置。现代民宿的功能空间主要划分为会客厅、卧室、厨房、主人起居室、庭院空间，各个空间流线宜简单不复杂，没有传统民居中明显的主次之分。对比传统川西民居较为封闭和隔断的空间，现代

民宿中的空间应隔而不断，灵活多变。

③充分利用空间借景。乡村民宿与乡村旅游体验紧密相关，因此，在设计中要能恰当地利用地理环境，通过巧妙的手法将乡村景观与乡村民宿联系起来，创新地运用窗、出挑、檐廊等传统借景手法，使人能从不同的角度观赏周边的田园风景，并能满足不同使用者的空间需求。

四、结论与讨论

乡村民宿是植根于乡土文化的创意空间，乡村民宿的景观设计应体现对乡土文化的传承与创新，其核心是对乡村地方性的表征。应基于乡村地域系统分析，对自然地理环境、农业形态、传统聚落特征、地域文化意象进行梳理和提炼，进而建构文化符号体系。在具体的设计中，应突出主题特色，融入乡土景观，主要表达乡野氛围，避免照搬各种园林要素，不宜一味营造中式园林的意境。

成都的乡土文化承载着"天府之国"的底蕴，以农耕和田园表征为主体，以川西林盘为主要的聚落特征，川西民居建筑特色明显，同时地域文化多元混合，区域性文化特色较为突出。因此，成都乡村民宿景观设计中应将地域文化符号进行提炼表达，丰富景观样式，增强不同区域乡村民宿景观的识别度，避免出现千篇一律。

参考文献

[1] 丁奇，聂紫阳. 乡土保护视角下乡村民宿空间的营造策略 [J]. 遗产与保护研究，2017（11）：87-91.

[2] 冯柯，王美达，吴存华. 文化引领的美丽乡村建设研究——以秦皇岛市北戴河村艺术村落为例 [J]. 城市发展研究，2018（7）：128-133.

[3] 郭泽文. 传统川西民居改造中的现代设计表达研究 [D]. 成都：西南交通大学，2015.

[4] 李蕾蕾，张煜. 乡村民宿"内视于物"和"外视于景"的视觉批评 [J]. 装饰，2019（4）：22-27.

［5］李先逵. 四川民居［M］. 北京：中国建筑工业出版社，2009.

［6］龙飞，刘家明，朱鹤，等. 长三角地区民宿的空间分布及影响因素［J］. 地理研究，2019（4）：950 - 960.

［7］余正勇，陈兴，李磊，毛绮. 民宿对乡村文化传承创新的评价指标体系构建［J］. 四川旅游学院学报，2020（6）：81 - 86.

［8］张腾月. 地域文化对民宿设计的影响［D］. 杭州：杭州师范大学，2017.

［9］张希. 乡土文化在民宿中的表达形态：回归与构建［J］. 闽江学院学报，2016（3）：114 - 121.

［10］祝磊. 论乡土文化视域下乡村民宿设计——以金寨"八湾堂"民宿为例［J］. 长沙大学学报，2019（2）：70 - 74.

［11］邹铴. 情感体验下民宿乡土文化的表达研究［D］. 南昌：江西农业大学，2017.

第三篇

乡村民宿的影响

旅游民宿影响下的乡村空间重构研究进展*

余正勇　陈　兴

民宿发展为乡村经济、社会和文化发展注入了新的活力，既顺应乡村振兴的战略背景，也塑造着高质量旅游产品。民宿推动乡村旅游供给侧结构性改革，对乡村空间的转型重构有着重要而持续的影响（王开蕊等，2018），关于民宿对乡村空间重构的影响力也逐渐成为学界的关注热点（陈燕纯等，2018）。

随着我国工业化、城镇化快速推进，城乡发展差距加大，地方人口和经济要素流动加剧，引发"空心村"、人口流失等乡村衰退问题。在内外要素作用下，乡村生产、生活、生态空间发生不同程度的演变，乡村重构成为了时代发展的必然趋势（张小林，1999）。从中国乡村发展实践来看，乡村重构是一项融经济、社会、空间为一体的乡村发展战略，乡村重构的重要表现形式是其空间格局的变化，即乡村空间重构（龙花楼等，2017）。围绕乡村空间重构问题，国内外学者相继探讨了乡村重构框架内容（Woods，2011；Long，2014；杨忍

---

* 余正勇，陈兴. 旅游民宿影响下乡村空间重构的研究进展［J］. 西南林业大学学报（社会科学），2022（2）：76 – 82.

等，2015)、乡村重构逻辑机制 (Johnsen，2004；冯健，2012；龙花楼等，2017)、乡村重构动力 (Nelson，2001) 和空间重构路径 (Long et al.，2011；冯应斌等，2020) 等议题，丰富了对乡村重构问题的认识和理解。同时，大量学者从地理学空间视角审视和批判了乡村民宿发展过程中对乡村空间的影响与生产建构。研究多采用案例研究和质性研究方法，通过对自组织理论 (游上等，2019)、共享经济 (王敏等，2019)、空间统计学 (胡小芳等，2020) 理论视角的引介，探讨民宿本体空间、民宿集群空间营造和发展与地方生产、生活和生态空间的内在联系及协同发展路径。关于民宿与空间话题的探讨不断增加。然而，民宿与乡村空间的发展是一个复杂的动态系统，关于二者发展演变的内在关系探讨仍旧存在不少问题 (杨忍等，2015；张海洲等，2020)，主要是关于民宿对乡村空间重构的逻辑机制尚未清晰，民宿发展实践缺乏理论指导；相关研究视角较为单一，缺乏对重构过程中治理路径的多维度剖析；鲜有研究探讨民宿对乡村空间表征机制与话题。

为了整体把握民宿对乡村空间重构研究的趋势，科学指导民宿的发展实践，系统分析民宿与乡村空间研究的理论发展和研究状况具有重要意义。为此，本文全面回顾了以往文献，对民宿对乡村物质空间、社会空间和情感空间重构方面进行梳理评述，最后根据研究现状展望了未来研究方向。

一、基础概念与研究思路

(一) 基础概念

乡村重构是一项融经济、社会、空间为一体的乡村发展战略，通过农村经济社会的持续发展、物质文明与精神文明的提升以及空间布局组织，建立起平等、和谐、协调发展的工农关系和城乡关系，改变城乡分割的二元体制和经济社会结构，实现城市与乡村发展的良性互动 (Marsden et al.，1990)。随着经济社会的发展与物质文明的提升，乡村地区发展实践中经历了经济、社会和空间方面的转型重构 (龙花楼等 2017；刘彦随，2007)。学术界认为乡村重构的重要表现形式是其空间格局的变化，即乡村空间重构。

民宿对乡村空间的重构可被认为是民宿发展进程中的内外动力因素影响下

导致乡村社会经济结构重新塑造，包括乡村生产空间、生活空间和生态空间的优化调整乃至根本性变革的过程。民宿与空间的相关研究经历从物质空间到情感空间再到"三生"空间等多重空间的转变历程。民宿物质空间的研究注重民宿的地理区位、文化环境、物质载体及装饰方面的论述（徐学敏，2019）；民宿情感体验空间的研究侧重从民宿主和旅游者满意度两个角度切入，探索民宿环境、民宿文化展示、民宿主人服务及态度、民宿产品及创新和民宿主人沟通交流情况等方面对民宿情感体验的影响（李宪锋等，2018），认为"家一样的氛围""物有所值""本土性""主客关系"是影响旅游者选择民宿的主要因素（Gunasekaran et al.，2012）；随着民宿发展实践的推进，更多学者逐渐拓展了民宿与空间重构的研究议题，尝试探讨民宿旅游实践对乡村生产空间、生活空间和生态空间等多重空间的影响与重构机制（游上等，2019；侯玉霞等，2021），为民宿实践与乡村转型重构提供了有益的思考与借鉴。

（二）研究思路

回顾地理学者对乡村空间重构的观点，大多研究认为乡村空间的重构涉及社会、经济、文化和空间等多个方面，尤为聚焦生产、生活和生态三生空间的交互影响。综合旅游民宿核心要素与功能效益来看，其对乡村空间的影响大致集中在物质空间、社会空间（Mitchell，2004）和情感空间的重构（黄和平等，2021）。研究基于历时性视角，在梳理民宿重构乡村空间的机制路径的基础上，围绕民宿对乡村物质空间、乡村社会空间和乡村情感空间的重构方面梳理回顾现有研究，整体把握民宿与空间重构的研究现状，进而进行综合评述和未来研究展望。

二、民宿对乡村空间重构的研究

（一）民宿重构乡村空间的机制路径

民宿对乡村空间的重构是乡村民宿规模化、集群化发展到一定程度所带来的对地方多维度空间的重构效应（胡小芳等，2020）。民宿在乡村旅游发展和转型升级中的重要作用及影响受到了广大学者的密切关注，区别于以往研究中的管理学和经济学视角，更多的学者强调地理学空间视角的切入，对乡村民宿发展对地方空间的影响重构进行反思与批判。通过对乡村空间转型重构内容的梳理和回顾，学者们结合民宿本体属性、发展特征和影响效应，探讨了民宿对乡村多种空间的重构机制和路径。邓海萍等（2018）从微观尺度上研究发现都市边缘的拥有稀缺资源的乡村以乡村旅游实现乡村空间和产业形态的重构，以广州市蒙花布村为案例探索出地方"先锋农户"触发、"政府干预"推动与"市场参与"的乡村空间重构特征与驱动机制，并从健全多主体共同参与的"规—建—管—营"体制机制方面为地方乡村重构提出对策建议。而郑诗琳（2016）从微观尺度上探讨了地方居民民宿"家"空间的重构，发现傣族园傣家乐主人的家空间重构过程是从空间功能转化—空间扩增—空间异化—空间营销的渐变，此外，该重构过程不可避免地导致民宿主人和游客在家空间的身份展演多元化和对空间认知多样化的变化，使民宿"家"成为多重身份展演的多元化、复杂化的社会空间。研究在案例选择中对城市边缘乡村和民族村寨加以关照，不同尺度的研究探讨拓展了人们对民宿乡村重构效应的认知与反思。

民宿对乡村空间重构的研究文献梳理框架如图1所示。

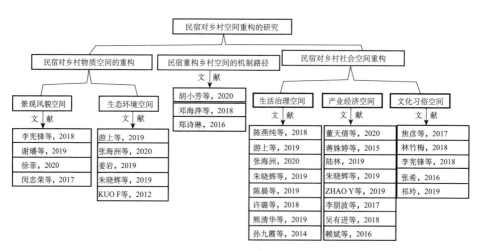

图1　民宿对乡村空间重构的研究文献梳理框架

（二）民宿对乡村物质空间的重构

1. 景观风貌空间

民宿对乡村物质空间的重构大致表现在乡村景观风貌和乡村生态环境两方

面，景观风貌方面注重人文环境和空间聚落格局的探讨，而生态环境方面则是注重山水林田湖草沙等具体要素维护与生态理念践行。民宿对闲置或者荒废宅院、房屋的改造利用，让农村原本闲置的储量资本得以活化利用；改造上坚持地方风貌保护原则、整体村落格局维护原则、就地取材和老旧物件的使用原则让民宿对地方景观空间加以修复和维持（李宪锋等，2018）；功能上住宿、餐饮、度假和休闲等的拓展实现空间资源的功能价值置换与拓展；为满足市场不断变化的市场需求，民宿在改造升级中将现代元素、审美艺术等融入传统的建筑，不可避免地对原有景观风貌进行转型重构，以适应当下乡村旅游发展的需求。例如，普者黑撒尼人传统民居庭院景观重构模式为我国民族旅游传统村落民宿发展路径与景观建设提供参考（谢璠等，2019）。如何在现代化过程中塑造民居建筑模式，在抽象和具象的表达中找到平衡点，也是充分挖掘民居传统建筑文化价值和当地旅游资源的潜力需要探索的道路（徐菲，2020）。闵忠荣等（2017）围绕保护分区、用地布局、产业发展、空间改造及公众参与五个方面探讨了民宿开发规划策略，为村落中民宿开发提供有效经验借鉴。

2. 生态环境空间

民宿得益于优质的自然资源和环境优势，其发展的向好也必然需要保护好周边环境，维护当地生态质量，这一观点已然成为各界共识。民宿旅游作为更好利用和享受乡村特有的空气好、生态佳等资源的新型旅游度假方式，适逢其时。民宿除了具有良好的经济效益外，能够成为当地绿色经济发展的排头兵（姜岩，2019），在经营管理过程中践行节能环保理念，注重规划引领（朱晓辉等，2019），绿化周围环境。游上等（2019）基于自组织理论视角，重构乡村民宿聚落"三生"空间协同演化优化模型，有助于乡村"三产"联动发展，从而助力乡村振兴。然而，有学者发现生态旅游游客和民宿游客对生态景观的选择喜好存在较大差异（Kuo et al.，2012），因此，如何实现民宿旅游与生态民宿的融合发展具有重要意义。其中，民宿业主对生态环保的责任意识、支持态度和支持行为对地方社区和居民有较大的影响带动，关系着民宿和地方的可持续发展（王建芹等，2018）。但民宿对乡村生态空间的影响重构是一个复杂的系统，关系着多方利益主体，也需要多方主体的共同参与，要打造特色品牌、提升服务水平、创新经营模式、健全监管体制，进而推动地方建立乡村民宿业发展综合管理体制，实现乡村"生态美"与"百姓富"的有机统一（魏燕妮，2020）。然而，旅游活动开展等也会触发环境污染、生态压力、景观破坏及旅游资源空间配置不均衡等问题（巩劼等，2007），探索以民宿发展为触媒的乡土生态空间可持续发展路径，是乡村民宿研究的重要切入点（张海洲等，2020；游贤雨等，2021）。

（三）民宿对乡村社会空间的重构

1. 生活治理空间

民宿的兴起改变了乡村空间传统生产住宿空间功能，转变为承接城市游客消费转移的新空间，并在民宿旅游发展多元主体参与下进行风格化、景观化塑造和生产，实现了乡村的空间再造、社会重组以及文化重构（陈晨等，2019；许璐等，2018）。乡村生活空间成为民宿聚落居民衣食住行和日常交往的场所，也是外来游客活动居住的场域（游上等，2019）。在不断发展过程中，民宿不仅是乡村旅游中堆砌的物质空间，也是重要的精神空间，传递着民宿主对于生活美学的理解、情怀，例如"栖居之美""传承文化之美""游憩之美"等生活美学（熊清华，2019）。相关研究从经济学视角分析了乡村民宿集群发展对地方多维空间重构机制（张小林，1999），也探讨了外来精英的吸纳下所引发的较场尾乡村权力、资本和空间关系的变化（王敏等，2019），深刻揭示了民宿集群发展重构的过程及其空间效应。

民宿对乡村空间重构的过程虽然推动了乡村振兴，但也对本土性空间造成了挤压与边缘化，尤其是对历史的家屋空间和传统住宿业消费空间的解构，通过主人的生产和客人的生活日常空间实践，进而形成民宿独特的空间秩序规则，并伴随着主客群体将民宿作为风格化消费空间进行阶层文化生产与认同营造（张海洲等，2020），影响着地方日常生活空间实践（孙九霞等，2014）。由此可见，民宿对乡村生活空间的重构是一个不断斗争与妥协、改变与创造的过程（许璐等，2018）。如何改善民宿地域权力空间（董天倩等，2020），更新地方社会结构组织管理机制，探索社区参与模式有助于传统村落民宿旅游的可持续发展，民宿、旅游等对地方生活空间的影响向来是人们关注的热点话题（蒋姝婷，2015），但面对民宿发展带来的双重效益之下如何权衡和调适本土空间应对机制，更好地规避或缓和民宿空间重构中的负面效应显得尤为迫切。

2. 产业经济空间

民宿不仅是地方旅游业弥补接待能力供给不足的手段，更是乡村旅游的重要吸引物，成为居民增收致富的重要载体，成为了边缘性的乡土—生态空间参与全球化，助力乡村振兴的重要力量（陆林等，2019；Zhao，2019）。民宿资本要素空间有效推动乡村生产空间的产业结构调整（董天倩等，2020），是乡村旅游供给侧结构性改革的新业态，突出表现在转移农村剩余劳动力，创造了大量的创业和就业机会，实现地方居民就近创业和就业，增加了农民的收入，具有发展前景好，便于弱势群体就业等优势（李朋波等，2017），实现了地方经济转型发展。同时，旅游民宿在丰富乡村个性和特色的同时为乡村经济可持续发展注入新的活力（游上，2019）。民宿旅游作为乡村旅游中新兴的旅游业态，在丰富地方经济产业链条的同时，有助于地方旅游产品和服务的高质量发展，融合带动乡村农业、手工业和相关休闲服务业的发展。尽管民宿对乡村空间产业经济结构的影响研究已有较多的成果，但大多是理论层面或具体案例的质性研究，关于民宿对其绩效的量化考核与空间效应评定方面仍旧空缺。

3. 文化习俗空间

民宿的发展实践和活动展演促进乡村文化空间的重构。乡村民宿作为地方文化的载体，为地方文化提供了回归与构建的契机（张希，2016）。在发展过程中要重点梳理地方文化基因、乡愁记忆，把握乡村民宿的"乡土性""原真性""地方性"，重构乡村文化内涵（焦彦等，2017），并在主客互动中营造一种真实感，形成体验活动的真实。在规划设计、建筑装饰、活动体验中与地方文化结合，让乡村沉睡的资源活起来（祁玲等，2019），通过文化创意推动新时代乡村旅游转型升级之路，助力乡村文化振兴，以迎合游客回归自然、怀旧复古、情感文化体验的需求。民宿甚至成为地方文化符号和空间图景，无论在规划设计、习俗活动展演还是空间营造与创作中都是一种注重对文化表达的新型住宿形态，林竹梅（2018）的研究也支持了民宿文化需求、民宿文化游客满意度、民族文化重构三者呈显著正相关的论述，并探讨了民族文化重构路径，摸索乡村重生的时代出路。但现有研究多停留在民宿对具体文化之物的局部空间表征与建构之中，较少探索民宿对乡村文化隐喻空间的建构与塑造，且尚未实现对二者的整体关照。

（四）民宿对乡村情感空间的重构

旅游民宿介入乡村建设过程中，对乡村物质空间和乡村社会空间具有重要的影响作用。同时，旅游民宿作为一种有"温度"（王璐等，2021）、有情怀的诗意栖居，既是一种饱含憧憬的"生活"，也是一种备受市场青睐的"生意"（吴琳等，2020），其兴起无疑将乡村置于资本和情怀的竞争和角逐场域，使原本传统松散的乡土社会面临着经济、社会和文化方面的变迁与重构。然而，旅游民宿在乡村地域内的生产与发展在更深层次上来看是在地化的文化生产与消费实践，不仅实现着游客对"乡愁""田园""朴实"等情怀的满足与追忆，也影响着地方居民主体的文化认同和情感归属。一方面，民宿通过文化基因整合和创新利用，塑造地方性和乡村性消费体验空间，促使传统单一的农业生产空间转变为休闲、度假和消费等多功能空间；另一方面，乡村民宿强调主人文化、地域文化特色和设计主题化，通过内外景观元素和功能塑造满足游客个性化和多样化的消费需求，而主客共享和互动背后是不同文化背景之间的碰撞，是主人生活方式对游客向往生活的展演和感召，也是游客在消费体验中发现文化差异、寻找和认识自我的文化空间。总体来看，旅游民宿与乡村的影响可以看作民宿"薇空间"和乡村空间的互动影响，通过对民宿"薇空间"的文化感知和体验，最终实现对乡村空间的文化认同和地方归属（黄和平等，2021），经由物质空间和社会空间的生产与消费，最终实现对乡村情感空间的重构。

三、研究述评与研究展望

（一）研究评述

随着民宿在地理空间上的规模化、集群化和内部抱团化发展（朱晓辉等，2019），民宿对乡村的影响研究触发学者们基于地理空间视角的反思，民宿与空间的研究议题由最初对民宿本体空间的关注到空间中民宿布局的影响（胡小芳等，2020），研究尺度上也由早期的微观尺度逐渐向宏观尺度转变，日渐趋于体系化和整体化。研究议题主要集中在民宿重构乡村空间的机制与路径、民宿对乡村物质空间的重构、民宿对乡村社会空间的重构、民宿对乡村情感空间的重构四个方面，研究整体上逐渐深入和宽泛。

然而，现有研究仍旧存在较多问题：一是关于民宿与乡村空间议题的研究逐渐增多，但大多局限于生态环境、地域文化、文创产品等单一因素探讨旅游民宿空间生产实践对乡村空间的影响构建，较少有研究综合利用多因素和多层次的空间生产框架对民宿空间实践加以考察，不利于科学引导新时代背景下乡村的转型重构；二是研究集中探讨了旅游民宿与乡村物质空间和社会空间的互动影响，虽然有不少学者关注到民宿的文化生产与消费实践对乡村地方文化认同和情感空间的塑造，但对于具体的影响机制和塑造路径尚未有清晰的认识；三是旅游民宿的介入增加了乡村转型重构的不确定因素与内在推动力，而旅游民宿的发展为乡村传统组织和社会关系网络带来极大的冲击，形成的多层次组织网络为乡村空间治理带来新的现实挑战，但现有研究鲜有涉及。

（二）研究展望

通过旅游民宿对乡村空间重构影响的研究梳理与回顾，基于该领域现有研究的评述，针对性提出以下研究展望。

1. 拓展探索旅游民宿对乡村空间的整体性构建影响

乡村空间的地理属性与时空属性必然赋予民宿独特空间地域属性，不同地域内的民宿具有不一样的景观、文化和建筑特色。在此背景下，虽然有学者已关注到民宿空间对乡村地方性、真实性的表征与建构，但较局限于单一要素层面的探讨分析，缺乏整体的研究视野。应全面把握乡村空间转型重构内容和旅游民宿核心要素，综合多要素研究框架探讨民宿实践对乡村空间的重构影响。

2. 深入探讨旅游民宿对地方情感空间的影响研究

民宿的发展承载了都市游客的"乡村梦"，带动地方产业经济转型升级的同时也对地方空间造成极大的挤压与边缘化，使乡村主体面临着文化传统等多种认同危机（张海洲等，2020；孙九霞等，2014）。民宿已然不再局限于物质空间，更多是人们追求的精神空间。但大量研究多关注外来游客的情感体验空间塑造，遮蔽了地方居民的情感诉求，不利于乡村空间有序的转型重构（许璐等，2018）。民宿对乡村空间的影响研究不可避免地带来空间意义叠写与地方认同问题，为此，基于情感地理等视角转向视角下关注"空间—地方"情感空间协商与互动机制的探讨成为必要。

3. 拓展旅游民宿对乡村空间治理的影响与效益

值得注意的是，旅游民宿对乡村空间的影响并非都是积极向好的，过程中由于缺乏科学理论的指导难免导致各种负面效应。随着旅游民宿等要素的介入，地方行动者网络越发丰富，多元利益诉求下推动传统乡村的"商品化""绅士化"演变（陈燕纯等，2018；蔡晓梅等，2021），其背后是社会结构和组织关系的结构与重塑，如何在这样的背景下实现乡村空间的有序治理与和谐发展成为了新的研究课题。因此，关注乡村空间转型背景下的空间治理研究显得尤为重要。

参考文献

［1］蔡晓梅，刘美新，林家惠，等．旅游发展背景下乡村绅士化的动态表征与形成机制——以广东惠州上良村为例［J］．旅游学刊，2021（5）：55-68.

［2］陈晨，耿佳，陈旭．民宿产业驱动的乡村聚落重构及规划启示——对莫干山镇劳岭村的案例研究［J］．城市规划学刊，2019（S1）：67-75.

［3］陈燕纯，杨忍，王敏．基于行动者网络和共享经济视角的乡村民宿发展及空间重构——以深圳官湖村为例［J］．地理科学进展，2018（5）：718-730.

［4］邓海萍，黎均文，孟谦，等．旅游转向下大都市边缘地区乡村空间重构研究［J］．规划师，2018（S2）：95-99.

［5］董天倩，孟文玉．安顺屯堡民宿空间塑造与乡村重构的互动分析［J］．安顺学院学报，2020（5）：19-24.

［6］冯健．乡村重构：模式与创新［M］．北京：商务印书馆，2012.

［7］冯应斌，龙花楼．中国山区乡村聚落空间重构研究进展与展望［J］．地理科学进展，2020（5）：866-879.

［8］巩劼，陆林．旅游环境影响研究进展与启示［J］．自然资源学报，2007（4）：545-556.

［9］侯玉霞，代涵奕．乡村民宿旅游导向下民族村寨"三生空间"的演变与重构——以恭城瑶族自治县红岩村为例［J］．贵州民族研究，2021（2）：93－100.

［10］胡小芳，李小雅，王天宇，等．民宿空间分布的集聚模式与影响因素研究——基于杭州、湖州、恩施的比较［J］．地理科学进展，2020（10）：1698－1707.

［11］胡小芳，李小雅，王天宇，等．民宿空间分布的集聚模式与影响因素研究——基于杭州、湖州、恩施的比较［J］．地理科学进展，2020（10）：1698－1707.

［12］黄和平，邴振华．民宿文化微空间的游客感知多维分异与地方认同研究——以上海地区为例［J］．地理研究，2021（7）：2066－2085.

［13］姜岩．辽宁乡村民宿发展问题研究［J］．农业经济，2019（8）：53－54.

［14］蒋姝婷．传统村落民宿及其社区参与的研究［D］．杭州：浙江工商大学，2015.

［15］焦彦，徐虹，徐明．游客对商业性家庭企业的住宿体验：从建构主义真实性到存在主义真实性：以台湾民宿住客的优质体验为例［J］．人文地理，2017（6）：129－136.

［16］赖斌，杨丽娟，李凌峰．精准扶贫视野下的少数民族民宿特色旅游村镇建设研究——基于稻城县香格里拉镇的调研［J］．西南民族大学学报（人文社科版），2016（12）：154－159.

［17］李朋波，靳秀娟，谷慧敏．旅游民宿业发展与农村剩余劳动力就地转移的互动状况研究——基于相关文献的整合与探讨［J］．中国人力资源开发，2017（8）：137－147.

［18］李宪锋，Wang Xuan．乡野民宿的杂糅之力——非典型古村落重生之路［J］．南京艺术学院学报（美术与设计），2018（3）：140－144.

［19］林竹梅．民宿旅游发展中的民族文化重构路径——基于辽宁省民族地区的民宿调查分析［J］．扬州大学学报（人文社会科学版），2018（2）：

67 - 73.

[20] 刘彦随. 中国东部沿海地区乡村转型发展与新农村建设 [J]. 地理学报, 2007 (6): 563 - 570.

[21] 龙花楼, 屠爽爽. 论乡村重构 [J]. 地理学报, 2017 (4): 563 - 576.

[22] 陆林, 任以胜, 徐雨晨. 旅游建构城市群 "乡土—生态" 空间的理论框架及研究展望 [J]. 地理学报, 2019 (6): 1267 - 1278.

[23] 闵忠荣, 洪亮. 民宿开发: 婺源县西冲传统村落的保护发展规划策略 [J]. 规划师, 2017 (4): 82 - 88.

[24] 祁玲, 朱自强. "文化 + 民宿" 产业助力成都乡村振兴的研究 [J]. 安徽农学通报, 2019 (18): 5 - 6 + 19.

[25] 孙九霞, 周一. 日常生活视野中的旅游社区空间再生产研究: 基于列斐伏尔与德塞图的理论视角 [J]. 地理学报, 2014 (10): 1575 - 1589.

[26] 王建芹, 邓爱民. 环保责任与民宿可持续发展——基于云南洱海流域 "海地生活" 案例的研究 [J]. 生态经济, 2018 (3): 142 - 146.

[27] 王开蕊, 王朝霞. 基于 "互动空间" 的改造类民宿公共空间重构策略研究 [J]. 建筑与文化, 2018 (10): 57 - 59.

[28] 王璐, 郑向敏. 乡村民宿 "温度" 与乡村振兴 [J]. 旅游学刊, 2021 (4): 7 - 10.

[29] 王敏, 王盈盈, 朱竑. 精英吸纳与空间生产研究: 民宿型乡村案例 [J]. 旅游学刊, 2019 (12): 75 - 85.

[30] 魏燕妮. 乡村振兴战略背景下北京乡村民宿业可持续发展路径研究 [J]. 生态经济, 2020 (9): 135 - 141.

[31] 吴琳, 吴文智, 牛嘉仪, 等. 生意还是生活? ——乡村民宿创客的创业动机与创业绩效感知研究 [J]. 旅游学刊, 2020 (8): 105 - 116.

[32] 谢璠, 周艳梅, 陈莺. 文山普者黑仙人洞村撒尼民宿产业发展现状与庭院景观重构 [J]. 西南林业大学学报 (社会科学), 2019 (6): 46 - 52.

[33] 熊清华. 乡村振兴视域中的乡村民宿生活美学探析 [J]. 美术大观, 2019 (6): 124 - 125.

［34］徐菲．桂北传统木构建筑民居空间更新方法研究——基于跨域式工作营"传统村落民宿改造设计"项目［J］．美术大观，2020（7）：126－128.

［35］徐学敏．以田园疗愈为导向的乡村民宿空间设计思考与启示［J］．美术大观，2019（10）：114－115.

［36］许璐，罗小龙，王绍博，顾宗倪．"洋家乐"乡村消费空间的生产与乡土空间重构研究——以浙江省德清县为例［J］．现代城市研究，2018（9）：35－40.

［37］杨忍，刘彦随，龙花楼，等．中国乡村转型重构研究进展与展望——逻辑主线与内容框架［J］．地理科学进展，2015（8）：1019－1030.

［38］游上，江景峰，谢蕴怡．自组织理论视角下乡村民宿聚落"三生"空间的重构优化——以海南省代表性共享农庄为例［J］．东南学术，2019（3）：71－80.

［39］游贤雨，余正勇，何昊，等．触媒理论下民宿对乡村生态振兴的催化研究——以成都明月村为例［J］．湖南农业科学，2021（7）：100－106.

［40］张海洲，徐雨晨，陆林．民宿空间的地方表征与建构——网络博客的质性分析［J］．旅游学刊，2020（10）：122－134.

［41］张希．乡土文化在民宿中的表达形态：回归与构建［J］．闽江学院学报，2016（3）：114－121.

［42］张小林．乡村空间系统及其演变研究——以苏南为例［M］．南京：南京师范大学出版社，1999.

［43］郑诗琳，朱竑，唐雪琼．旅游商业化背景下家的空间重构——以西双版纳傣族园傣家乐为例［J］．热带地理，2016（2）：225－236.

［44］朱晓辉，黄蔚艳．基于调查分析的舟山乡村民宿旅游发展研究［J］．中国农业资源与区划，2019（2）：174－180.

［45］Gunasekaran N，Anandkumar V．Factors of Influence in Choosing Alternative Accommodation：A Study with Reference to Pondicherry，A Coastal Heritage Town［J］．Procedia-Social and Behavioral Sciences，2012（6）：1127－1132.

［46］Johnsen S．The redefinition of family farming：Agricultural restructuring and farm adjustment in Waihemo, New Zealand [J]. Journal of Rural Studies, 2004 (4)：419 – 432.

[47] Kuo F, Kuo C. Integrated Bed and Breakfast into EcoTourism in Guan Ziling areas in Taiwan [J]. Procedia-Social and Behavioral Sciences, 2012 (5)：503 – 510.

[48] Long H L. Land consolidation：An indispensable way of spatial restructuring in rural China [J]. Journal of Geographical Sciences, 2014 (2)：211 – 225.

[49] Long Hualou, Woods M. Rural restructuring under globalization in eastern coastal China：What can be learned from Wales? [J]. Journal of Rural and Community Development, 2011 (1)：70 – 94.

[50] Marsden T, Lowe P, hatmore S. Rural Restructuring：Global Processes and Their Responses [M]. London：David Fulton, 1990.

[51] Mitchell C J A. Making sense of counterurbanization [J]. Journal of Rural Studies, 2004 (1)：15 – 34.

[52] Nelson P B. Rural restructuring in the American West：Land use, family and class discourses [J]. Journal of Rural Studies, 2001 (4)：395 – 407.

[53] Woods M. Rural [M]. London and New York：Routledge, 2011.

[54] Zhao Y. When guesthouse meets home：The time-space of rural gentrification in southwest China [J]. Geoforum, 2019 (3)：60 – 67.

表征与非表征视角下民宿对乡村空间的叠写与地方再生产——以成都明月村为例*

陈　兴　余正勇

　　乡村发展问题作为"三农"核心问题之一，是国家和地方长期关心的现实问题。四川蒲江县明月村历史上仅是一个寻常的川西林盘村落，在 2009 年以前是市级重点贫困村，百业待兴。经由地方政府的战略改造和民宿实践后，村子不仅脱贫致富，更成为全国争相效仿学习的乡村建设范本。通过观察和分析认为，民宿对在地资源要素的资本化运作激发了地方产业活力，构建和重塑了地方空间形象，实现了地方空间意义的叠写与再生产。乡村振兴背景下，大量乡村实践都面临着民宿空间生产及其带来的矛盾冲突，这不仅是乡村实践亟须解决的实践问题，也是学界关注的理论问题。因此，研究明月村这一典型成功案例有助于深化对民宿空间实践与乡村空间表征与非表征的认知，为乡村建设

---

　　* 陈兴，余正勇. 表征与非表征视角下民宿对乡村空间的叠写与地方再生产——以成都明月村为例 [J]. 地域研究与开发，2022（3）：145–150.

提供参考借鉴。

　　"叠写"概念由杜赞奇首次提出,意为"写"在地方意义之上的意义,并以我国关帝为例阐释了不同时期对关帝神话象征赋予的差异化含义(Duara,1988)。叠写在国家与民间沟通过程中有着重要作用,国家主导层面存在基于保护逻辑驱动的非遗化叠写(梁永佳,2013)和经济社会发展驱动的地景叠写(汤芸,2008),具体语境中,"叠写"被视为在地方意义之上的"加封"或景观意义上的"复刻"。然而,国家政府、企业媒体等对节庆、景观等的叠写过程中常面临不同时期的不同解释和同一时期的不同解释空间,易引发多元主体间无法弥合的解释鸿沟。由于忽视景观等在地方语境中的文化表达,呈现单方面、非对话的叠写,即"叠写的限度"与认同差异化(梁永佳,2013;李菲菲,2018)。"叠写"作为一种意义生产的机制,而空间意义的叠写作为创新空间生产的要素和生产维度,刻画着空间深层次的内涵。同时,关于空间意义的叠写伴随着空间与地方、主体性与空间间性、认同与分异等关系的探讨(郭文,2020)。然而,空间叠写作为一种叙事方式在具体的空间生产中有着双面性和辩证性,既可创造兴盛也可能面临空间沦陷风险(郭文等,2020)。伴随旅游业的蓬勃发展和广泛实践,旅游空间生产的叠写与认同成为新时代旅游空间重构的重要议题与理论切入点。

　　空间与地方作为人文地理学人地关系讨论的重要概念,在彼此互动与实践中进行着空间意义的叠写,伴随着空间意义生产与地方含义的冲突、妥协与协商。空间是地理位置和事实,地方则是特定经验的区域性限定和表达,空间与地方存在密切的内在联系,有着基于实践经验意义的转化路径,即人的空间实践意义的赋予将实现空间向地方的转换;反之,地方更多属于空间和区域(Downs et al.,1978)。而空间和地方意义的生产、呈现和传达需要借助一定的方式和媒介加以实现,由此引发了学界对表征与非表征的学理关注。表征和非表征作为文化地理学的重要概念,也是社会文化地理知识和意义生产的重要维度,二者有着内在的统一性与差异性(郭文等,2020),可以协同视为社会表征系统在文化实践活动中的运作。"表征"强调文本、语言等对真实世界的代表性以及运用替代品指代不在场事物时的建构和实践方式(王敏等,2019)。

"非表征"则以实践与展演作为认识论,强调身体、情感与情绪对空间的塑造力量(Thrift,2008)。单一的表征视角往往造成研究中日常生活、身体与情感等方面的缺失和偏离。而表征与非表征的结合有助于深入阐释空间于地方转型重构过程中的意义生产、传递与呈现,拓展了社会表征系统的阐释广度与深度。

民宿发展既顺应乡村振兴的战略背景,也塑造着高质量旅游产品(王少华,2019;周锦等,2018)。作为多学科交叉领域,民宿早期研究以管理学、经济学为主,内容偏重实际应用,研究方法日趋丰富多样(陈燕纯等,2018;Li et al.,2013)。研究内容由民宿体验研究(焦彦等,2017)逐渐向民宿空间设计、空间分布规律(琚胜利等,2016)、民宿空间对地方的效益(Downs et al.,1978;卢慧娟等,2020)等方面拓展。其中,民宿对乡村空间重构的影响成为研究关注的新动向(林竹梅,2018;张海洲等,2020)。伴随民宿空间实践引发家屋空间重构(丁传标等,2017),传统"家"到"商业的家"的空间演变(陆依依等,2018),乡村民宿聚落系统发展过程的四大动力机制阐释(何成军等,2021),促进生活、生产、生态三生空间的协同演化(游上等,2019)。从更深层次来看,民宿引发了社会关系重组、文化形态变迁(郭文等,2020),其实践过程往往伴随空间意义的叠写,实现创新空间的构建。综合回顾该领域研究发现:一是虽然已有研究揭示了民宿空间的地方表征与建构规律(林竹梅,2018),对其进行了反思与批判,但尚未从现实的民宿场域进入,缺乏对研究结论的实践验证;二是大量研究对于乡村民宿空间实践多局限于符号、图景方面表征阐释(郭文等,2020),忽略了多元主体具身实践层面的非表征探讨(樊友猛等,2019;赵美婷等,2020);三是鲜有研究关注到民宿实践对地方空间的叠写机理与再生产过程,对其内在作用关系认识尚显薄弱。鉴于此,本文以表征视角围绕空间表征与非表征两个维度,审视民宿实践对乡村空间叠写与再生产的机制及具体实践,具有重要的理论及现实意义。

伴随着乡村振兴战略的推进,民宿实践为乡村空间带来何种影响,民宿空间实践如何表征建构地方空间形象,如何解释民宿实践下地方空间的叠写与再生产,成为行业与学界共同关注的现实问题。本文选取成都蒲江县明月村为案例地，基于空间叠写视角，结合空间表征与非表征维度，分析乡村建设示范案例明月村民宿实践对地方空间的影响重构，为新时代背景下民宿实践与乡村发展建设提供借鉴和参考。

一、研究对象与研究方法

（一）研究对象

明月村位于四川省成都市蒲江县甘溪镇，属于浅丘地区，距成都市 90 千米，占地 6.8 平方千米，有农户 723 户，共 2 218 人。2009 年以前，明月村是成都市级贫困村，通过种植柑橘、茶叶、雷竹等经济作物走上脱贫之路，人年均可支配收入达到 4 772 元。2013 年，地方政府依托明月窑等资源制定了以"明月国际陶艺村"为主导的文创发展思路，开始引入和培育民宿、陶艺工坊、明月染等文创项目。到 2018 年，明月村引入外来项目 45 个，入驻外来创客 100 余位，本地农户创业项目 27 个。其中，外来创客开办民宿 15 家，本地农户开办民宿 13 家。通过开办民宿、民宿就业、原材料供应、民宿文化体验等途径的经济创收，农户年人均可支配收入达到 20 327 元。依托民宿实践，明月村在乡村风貌和产业发展等方面得以重构，成为备受游客喜爱的民宿网红打卡村和明月理想村。研究以其作为考察和探讨民宿实践对地方空间生产影响的典型案例，并根据地方发展情况和民宿项目改造实践过程，大致可将明月村划为旧明月村（2013 年以前）和新明月村（2013 年至今）时期两个阶段。民宿改造前的旧明月村只是一个普通的川西林盘村落，且传统保守、贫穷落败和人口流失等问题突出。民宿改造后的新明月村，游人涌动，年接待游客数十万次，其中民宿、餐饮每年收入达 3 000 余万元。

（二）研究方法

本文以某旅游平台上截至 2021 年 3 月 1 日前的有关明月村的旅游评论、留言和攻略等网络数据为主，并辅以现场调研和重点人物访谈进行文本验证、补充，课题组在 3 月中旬到 4 月底先后 4 次到村内调研访谈，每次调研时长为 2 天。然后对抓取的初始文本进行预处理和规范化处理，去除不相关的广告、交通区位等干扰信息，并纠正文中错别字和随意的口语表达，形成最终分析文本数据。最后，利用文本分析软件 Rost CM6 进行词频、语义网络等分析，挖掘文本数据中游客的情感特征，将定性研究进行量化分析，更准确地把握游客心中明月村的整体形象和想象及其情感表达。

二、民宿对乡村空间的表征与非表征

民宿实践作为主导力量塑造了地方新的空间形象，其实质是多元主体应市场需求对地方空间形象的多层次构建和包装以完成地方空间的叠写的过程，主要表现在民宿景观功能的表征与民宿具身体验活动的非表征两个构建维度（见图 1）。

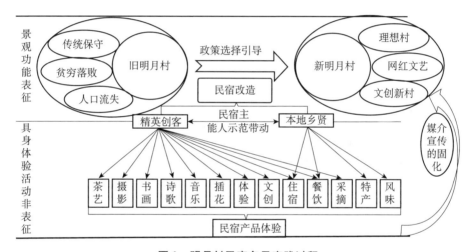

图 1　明月村民宿多元实践过程

（一）民宿景观与功能的空间表征

1. 地方政策主导民宿空间表征

空间不再只是物质生产的外在条件，也被视为社会关系的产物（陆依依等，2018）。政府作为地方转型发展的核心主体之一，通过相关政策吸引、感召和动员内外民宿主体参与在地化改造实践，丰富和重构了地方行动者网络，而重构的社会关系网络最终显化表征为多样化、个性化的民宿景观空间。结合明月村发展历程来看，2013 年，明月国际陶艺村项目正式启动，通过政府出资、外来资本投入和村民以资源换资本三种形式集中对村内基础设施改造提升，让原本衰落的乡村依托创意改造实现空间增值，初具民宿旅游转型发展的势头。2014 年，政府带头成立明月村项目领导小组，活用灾后重建政策，将 187 亩灾后重建指标规划为 17 个地块腾出土地资源，为地方民宿等创意休闲项目筑巢引凤。2015 年，政府结合地方优势经由"安居、乐业、家园"等愿景动员 100 多位新村民与地方居民协同参与地方民宿等项目的改造运营，塑造了以"明月宿"为品牌的乡村差异化民宿空间。政府带头、引导集体、村民按比成立旅游专业合作社指导民宿创建，严守乡村空间格局与文化肌理的发展底线。政府颁布《蒲江县促进文化创意和旅游产业发展若干意见》《蒲江县人才引进若干意见》等文件，挂牌成立"国家西部旅游人才培训基地乡村旅游实训点"，开展明月讲堂培训等活动。截至 2021 年，明月村引进项目 46 个，其中民宿就有 28 个，超过总数一半，可见地方政策对于民宿的喜好和扶持力度之大。地方政策作为地方政府的征召、动员措施，协同美好乡村的创意发展愿景激发了内外主体的参与热情，消解了传统的社会关系和组织网络，重构了多元行动主体的新关系网络，在空间层面呈现多主题、差异化的民宿景观。

2. 民宿能人效应引领地方民宿表征

明月村民宿能人包括外来创客精英和地方精英，且多表现为外来精英对地方精英的引导，并对本地居民社区参与模式形成示范带动。入驻的创客精英如远远的阳光房和唔里民宿的主人等皆是在广播主持和诗歌文学等行业领域的知名人物，拥有较强的专业能力、社会影响力和充足的项目资本。相较于本土村民，由 100 多位外来创客组成的新村民群体往往处于被仰慕和崇拜的强势阶层。因此，他们的加盟不可避免地对地方观念、发展模式带来革新巨变。创客精英带着自身对于乡村的理解和认识修建民宿，融合自身优势开发民宿产品服务，能更好地吸引和满足游客的喜好，处于乡村民宿旅游发展的前端。而这一切，通过乡村社区平台交流和参与互动，往往被先知先觉的地方精英主动地学习和效仿，寻找可以参与乡村发展的机会，进而影响带动着更多的村民参与其中。由此，地方居民原本传统保守的乡村观念潜移默化地发生着改变，在民宿能人的示范引领下成长为更好的乡村民宿旅游产品提供者和服务者。

3. 民宿景观与功能的差异化表征

明月村民宿景观与功能的塑造主要围绕乡土营建和产品服务开发进行，由于外来创客精英和本地精英两种实践主体在自身知识、能力、资源和信息整合方面存在客观差异，民宿对地方的空间实践中呈现出景观功能差异化建构与供给的景象，塑造了不同的空间想象。在乡土营建方面，现有民宿充分利用优质的生态环境和川西院落传统乡土风貌，并在建筑改造和景观设计中大量采用乡土材料和乡村景观元素，对地方性和乡土性进行强化，凸显了看得见的乡愁。但外来创客精英民宿不仅对传统的景观进行强化，更多的是一种现代、潮流的接轨和营造，改造设计中现代气息强烈，实现了传统与现代的有机结合。相比之下，本地精英民宿的改造设计相对传统，比较简单随意。在产品服务开发方面，外来创客精英将自身特质融入民宿之中，系统开发茶艺、篆刻、诗歌和文创等活动产品，民宿产品精致、服务多样、主题鲜明、文艺范十足，成为民宿网红打卡地；而本地精英则较少接触和意识到对产品服务中的现代性塑造，仍旧停留在传统的农家乐和简单食宿供给，内容朴素，形式单调，多以住宿和农家菜等乡土美食为特色，凭借原汁原味的乡民、乡音、乡风、乡味优势，营造了浓郁的乡村田园气息，在地方民宿旅游市场中占据一席之地。民宿差异化的景观功能实践，不仅强化了地方性，也实现了现代消费新空间的再生产，满足了民宿市场对明月村的多元化想象与个性化需求。

然而，明月村民宿的发展实践既不是对传统乡村的回归，也不是现代化的强势挤占，而是二者更为柔性和科学的融合。更深层次来看，新与旧的共舞中实质上是民宿对地方资源元素的整合再造，最终实现对地方性的再生产，从而借助民宿本体、景观功能和产品形式等有形可视之物，向内表征着明月新村生产生活形象，向外表征建构着游客对于网红、文艺等"理想村"的休闲消费空间想象。

（二）民宿具身体验的空间非表征

民宿作为乡村深度休闲旅游的重要承载物之一，不仅以有形可见之物表征地方空间形象，更重要的是在物物互动、人物互动和人人互动的具身体验中实现对地方无形不可见的默会知识空间的非表征。基于消费者的文本足迹分析，能间接有效地窥探民宿游客具身体验的满意度和情感表达。整体来看，明月村游客民宿具身体验主要以人物互动和人人互动为主，并对民宿、明月窑、茶园和美食等符号的感知度较为深刻；将民宿与茶田、竹林等乡村生态环境组合而推出观光游览、漫步体验、生态采摘、美食品尝等体验活动，塑造着生态、乡土、田园的地方空间；将民宿与陶艺、扎染、艺术文化等产业相互融合而推出书画展览、陶艺手工体验、音乐创作、草木染文创等体验活动，塑造着网红、文艺、文创的地方空间。此外，乡村民宿悠闲慢节奏的生活有助于游客进行放空冥想等自由体验活动，寻味青春、理想的生活方式，从而为游客带来积极的情感体验。

文本数据呈现的多中心结构中以明月村为网络核心，而民宿、明月、陶艺等作为次级核心节点逐渐向外扩展（见图2）。其中，民宿成为核心吸引物。

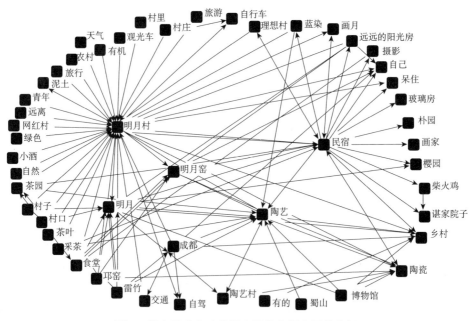

图2　游客民宿体验的社会网络和语义网络分析

此外，民宿与明月窑、地方、明月食堂和文艺等的节点联系也成为游客对民宿多功能产品服务和周边活动的行动表征和感知，直观呈现出民宿在明月村中的关键作用和社会网络关系。情感分析功能采用心情指数指标来衡量游客对民宿旅游的感知情感倾向，有助于从游客层面直观把握和验证民宿实践对明月村空间的非表征路径。通过软件对文本数据中涉及情感性的表述进行定量处理，分析游客积极、中性、消极情感的情况。游客游览体验后的评论是对明月村民宿产品的一个客观感想（见表1）。表1显示，项目产品消费及具身体验中游客情感表达以积极情绪为主（66.04%），在强度上以一般和中度为主，高度略低，表示超一半的游客明确表达对明月村民宿的积极情感倾向，游客的积极评价也肯定了地方民宿的发展，情感感知成为民宿对乡村空间的非表征的关键途径，具有重要参考价值。例如，有评论说"明月村的确是民宿体验的好地方，值得再次游览和感受""这个村真是名副其实的理想村，太有乡土感觉和艺术气息了……"。值得肯定的是，包括民宿景观主题、活动体验、乡味美食等诸多方面表征着游客对明月村的空间想象，且集中表现在文艺、网红村、理想村、值得、舒适、好吃等词汇上。带消极情绪的评价仅占9.43%，更是反映了民宿对明月村旅游空间的成功塑造与积极生产，使游客充分得到情感、情绪层面的正面满足。

表1   情感语义分析

情感倾向		强度	
项目	比例（%）	项目	比例（%）
积极情绪	66.04	一般	22.64
		中度	22.64
		高度	20.75
中性情绪	24.53		
消极情绪	9.43	一般	7.55
		中度	1.89
		高度	0.00

同时，民宿游客的具身体验直接或间接地引发空间实践中主客价值共创，包括民宿主层面迎合游客空间体验预期的民宿设计营造、主客在场的乡土体验互动、游客层面的体验评价与反馈、再到民宿主层面的适应性调整设计。在这个循环往复的演进过程中，游客的凝视发挥着主导作用，民宿主和地方的展演

实践在不断迎合游客需求的反馈与调适中完成地方性的强化与再造，更有力地实现了对明月村新村的空间表征与非表征建构。

三、表征与非表征视角下民宿对乡村空间的叠写与意义固化

（一）民宿发展对乡村空间的叠写

空间意义的叠写是旅游空间实践中普遍的景象，表现为生产出不同于原生空间的行为与过程（郭文等，2020）。明月新村的形成便实现了地方空间的叠写，但与郭文等笔下翁丁村的遭遇不同，明月村以民宿项目作为空间实践触媒的过程中并未出现空间叠写的限度；相反，该村建设不仅有效带动了全村脱贫致富，更是被全国各地作为乡村建设范本争相学习效仿。究其原因，主要源于地方政策对于民宿项目的差异化培育和支持，民宿的兴起改变了地方传统的农业生产生活空间。民宿实践将地方原有的传统保守和贫困落后等空间形象进行叠写与再生产，营造了游客心中网红文艺村和理想村等空间想象，极大激发了明月村内外发展活力。总体而言，明月村空间叠写的背后是多元主体利益的平衡与协商，在政府的引导下，成立地方合作社和项目组，重构了地方社会组织结构，强化了地方经济和社会集群联系，规范了外来创客资本和地方居民的参与秩序，既保障了资本引导下的旅游民宿空间实践的自由，也避免了地方居民主体因处于弱势地位而被边缘化的危机。地方空间有效再生产背后是多方利益的调和，民宿实践作为明月村创客资本、政府和地方居民谋求发展的利益共同点和价值选择，利用陶瓷、扎染、茶海和竹林等在地资源要素在资本主导下的系统化运作，实现对地方空间的叠写，促进原生空间得以创新再生产。同时，这样的空间叠写与再生产有助于强化个体的认同感与获得感，提高社区参与程度，共建共享共治明月理想村。

（二）媒介宣传对乡村新地方意义的固化

媒介宣传中文本再现的过程也是地方性想象与建构的过程，并对地方预期的或已完成的形象塑造加以固化。在一定程度上，民宿实践下明月村的空间重构与叠写也是媒介与地方协商合谋的乡村民宿旅游展演。媒介宣传作为前台向不在场的潜在游客表演和通告，建构起游客对地方的认知和情感联结，最终触

发游客的出游动机，地方则作为后台对游客的民宿旅游协同筹划和准备，并有计划地参与游客的在场互动体验。媒介与地方的前后台角色处于相互交换甚至同台竞技的动态编排中，其目的在于塑造和固化地方意义。在空间地理意义上，媒介的宣传促使明月村由原来较为边缘的县域寻常村落与成都等大都市空间建立密切联系，将明月村构建为都市人群休闲度假选择网络中的地方。例如，全国百佳乡村旅游目的地、成都市"新旅游·潮成都"主题旅游目的地等称号的评选与宣传报道，使明月村有效嵌入消费社会符码系统，引发空间与地方的层级转换升级。同时，媒介是一个泛化的概念，小到主客日常体验后的口碑宣传与微博微信分享，大到媒体网页的报道都囊括在媒介宣传内。明月村凭借丰富多元的媒介宣传方式差异化地刻画着地方想象，实现对明月理想村空间意义的固化。

四、结论与讨论

（一）结论

民宿产业发展已然成为地方空间实践的重要力量，民宿发展使乡村成为流变空间，进行系列转型与重构，传统空间分化为生产、生活、休闲、娱乐、审美等多功能空间，构建了不同于原生乡村的创新空间，完成了民宿实践下的空间意义的叠写，即在原有空间意义上进行再写，创新和延展了空间社会文化知识和意义的生产。然而，民宿对乡村空间的叠写刻画了乡村更深层次的空间内涵，原有的社会关系、组织治理机构、行动者网络都面临着转型与重构，以全新的或新旧交替的空间意义和形象展示于公众。在民宿实践中，乡村形象的构建和展示既依托于民宿物质符号、文本等静态的表征维度，也蕴含于日常生活、具身实践和情绪等动态的非表征维度。民宿空间表征与非表征维度的结合不仅有助于完善以往单方面研究对民宿空间实践阐释的不足，也有利于协同地方空间社会文化知识和意义的生产，通过空间与地方、内外主体、人类与非人类的动态交互实践进行经验意义的赋予、改写、再写和积累，并在媒介化实践中加以固化，最终完成对地方空间的再生产，协商构建多主体差异化价值取向下的地方认同与互动关系。

（二）讨论

值得注意的是，空间的重构与叠写并非一蹴而就或静止稳定的，而是伴随着地方空间实践不断演变的，并受到来自政策、资本、社会文化和市场的多种因素影响。民宿实践与乡村空间再生产无疑是综合复杂的动态演化系统，为更加深入持续地阐释其互动机制与演变逻辑。一方面，要因地制宜，结合具体的现实场域加以审视；另一方面，研究可以结合行动者网络、资本循环、情感地理学、结构化等理论视角，整体把握和分析结构性和非结构性力量、人类与非人类活动主体间的交互影响与协同建构效应，避免乡村振兴进程中民宿发展的激进实践。

参考文献

［1］陈燕纯，杨忍，王敏．基于行动者网络和共享经济视角的乡村民宿发展及空间重构——以深圳官湖村为例［J］．地理科学进展，2018（5）：718－730.

［2］丁传标，赵永琪，陶伟．城市化进程中家屋空间重构的过程、内容与逻辑——以广州珠村为例［J］．地理科学，2017（9）：1326－1336.

［3］樊友猛，谢彦君．旅游体验研究的具身范式［J］．旅游学刊，2019（11）：17－28.

［4］郭文，朱竑．旅游空间生产的叠写与认同［J］．旅游学刊，2020（11）：1－3.

［5］郭文，朱竑．社会文化地理知识生产的表征与非表征维度［J］．地理科学，2020（7）：1039－1049.

［6］郭文．空间意义的叠写与地方认同——中国最后一个原始部落翁丁案例［J］．地理研究，2020（11）：2449－2465.

［7］何成军，李晓琴．乡村民宿聚落化发展系统构成及动力机制——以四川省丹巴县甲居藏寨为例［J］．地域研究与开发，2021（2）：174－180.

［8］焦彦，徐虹，徐明．游客对商业性家庭企业的住宿体验：从建构主义真实性到存在主义真实性：以台湾民宿住客的优质体验为例［J］．人文地理，

2017（6）：129 – 136.

　　[9] 琚胜利，陶卓民. 南京市农家乐专业村的网络空间中心性 [J]. 经济地理，2016（3）：109 – 117.

　　[10] 李菲菲. 隐蔽的龙王：大理蝴蝶泉的地方意义与景观叠写 [J]. 湖北民族学院学报（哲学社会科学版），2018（3）：61 – 65.

　　[11] 梁永佳.“叠写”的限度——一个大理节庆的地方意义与非遗化 [M]. 金泽，陈进国. 宗教人类学（第四辑）. 北京：社会科学文献出版社，2013：127 – 143.

　　[12] 林竹梅. 民宿旅游发展中的民族文化重构路径——基于辽宁省民族地区的民宿调查分析 [J]. 扬州大学学报（人文社会科学版），2018（2）：67 – 73.

　　[13] 卢慧娟，李享. 基于 IPA 分析法的民宿旅游吸引力研究——以北京城市核心区四合院民宿为例 [J]. 地域研究与开发，2020（1）：112 – 117.

　　[14] 陆依依，保继刚. 城市边缘区域“家”到“商业的家”的空间演变——以西双版纳景洪市为例 [J]. 人文地理，2018（3）：145 – 151.

　　[15] 汤芸. 以山川为盟：黔中文化接触中的地景传闻与历史感 [M]. 北京：民族出版社，2008.

　　[16] 王敏，江荣灏，朱竑. 新文化地理学中的非表征与再物质化研究进展 [J]. 地理科学进展，2019（2）：153 – 163.

　　[17] 王少华. 洛阳白云山旅游区乡村聚落格局演变与机理研究 [J]. 地域研究与开发，2019（2）：117 – 123.

　　[18] 游上，江景峰，谢蕴怡. 自组织理论视角下乡村民宿聚落“三生”空间的重构优化——以海南省代表性共享农庄为例 [J]. 东南学术，2019（3）：71 – 80.

　　[19] 张海洲，徐雨晨，陆林. 民宿空间的地方表征与建构——网络博客的质性分析 [J]. 旅游学刊，2020（10）：122 – 134.

　　[20] 赵美婷，王泳捷，沈珺琳，等. 非表征理论视角下的城市再生方式——广州创新创业空间案例 [J]. 世界地理研究，2020（4）：834 – 844.

[21] 周锦, 赵正玉. 乡村振兴战略背景下的文化建设路径研究 [J]. 农村经济, 2018 (9): 9 - 15.

[22] Downs R M, Tuan Y F. Space and Place: The Perspective of Experience [J]. Geographical Review, 1978 (3): 375.

[23] Duara P. Superscribing Symbols: The Myth of Guandi, Chinese God of War [J]. Journal of Asian Studies, 1988 (4): 778 - 795.

[24] Li Y, Miao L, Zhao X, et al. When Family Rooms Become Guest Lounges: Work-family Balance of B&B Innkeepers [J]. International Journal of Hospitality Management, 2013 (9): 138 - 149.

[25] Thrift N. Non-representational Theory: Space, Politics, Affect [M]. Abingdon: Routledge, 2008.

符号视角下民宿对乡土景观的空间表征研究——以成都明月村为例*

陈 兴 余正勇

近年来，在乡村建设过程中民宿发展成为产研学界关注的课题。民宿在乡村建设过程中的显现出的优势带动作用，使其被视为乡村振兴过程中的有力抓手，国内各地争相效仿，纷纷开发设计民宿以谋求地方经济文化发展。然而，由于缺乏理论科学的指导，民宿发展难免出现盲目跟风、效益低下等窘境。在此背景下，总结四川成都明月村民宿成功经验，分析民宿对乡村景观的空间表征作用及实践机制可为相关民宿实践和乡村景观保护提供参考借鉴。

民宿形式最早起源于英国的 B&B（Bed and Breakfast），意为提供早餐和住宿的家庭旅馆，随后在欧美、日本和中国台湾地区兴起，后来传入中国大陆。关于民宿的研究，国内起步晚于国外，但在对国外经验的借鉴学习中积累了大量优质的本土经验和成果。在研究方法上，大部分采用质性和量化分析研究相结合的方法对网络文本、问卷调查、访谈等数据进行分析研究。民宿研究内容

---

* 陈兴，余正勇. 符号视角下民宿对乡土景观的空间表征研究——以成都明月村为例［J］. 国土资源科技管理，2022（5）：66－77.

丰富，涵盖民宿规划设计（吴婵等，2019）、经营管理（王渝等，2017）、案例分析（刘传喜等，2015）、经济带动（赖斌等，2016；周锦等，2018）、发展困境及策略（吕伟成，2018；游贤雨等，2021）、可持续发展（魏燕妮，2020）方面。民宿凭借其自身优势在乡村旅游中发挥着重要作用，包括吸引人口回流、实现社区可持续发展等，从而被认为是促进乡村振兴和旅游目的地转型升级的新动力（Chen et al.，2013；张海洲等，2019）。然而，民宿对乡村的振兴不仅仅局限于经济带动、产业支持、实现地方居民在地就业等方面，更多是对地方文化和传统景观的保护与发展，促进地方文化景观的振兴。民宿改造利用地方闲置房屋院落，融合地方人文生态、景观资源，具有地域性特点，成为旅游者游览的主要动机（陈燕纯等，2018）。同时，民宿将周围的建筑特色纳入其中，民宿主既为游客提供住宿服务也让游客接触和体验地方文化（Hu et al.，2012）。游客在消费服务时，通过主客互动的过程可以实现价值共创，获得原有产品及服务之外的价值，有助于增加自身满意度和帮助民宿弥补和完善（陈虎等，2020）。

民宿作为地方文化的载体，是游客了解地方文化的窗口，有助于实现对乡土文化的回归与建构（余正勇等，2020），满足游客乡土回归情愫中对于乡土文化和乡土意象的憧憬和情感体验。结合情感体验层次，民宿对乡土文化的表达可从乡土物质、乡土空间及乡土精神三个途径进行（邹锡，2017）。而乡土景观作为乡土文化的重要组成部分，与民宿发展具有重要联系。乡土景观在民宿规划设计中的运用直接影响着民宿"乡土性"和"地域性"，关乎着民宿对地方文化的表达建构。为此，相关学者探讨了乡土建筑材料（余正勇等，2022）、乡土植物（余正勇等，2020）等在民宿景观营造中的策略与方法。以乡土文化和传统民俗为基础，规划设计的民宿才能诠释传统乡土景观与生活之美，构建和传达栖居之美、游憩之美和传承文化之美（熊清华，2019）。然而，民宿项目的发展也让乡村卷入旅游市场，通过吸引众多的精英和资本进入（王敏等，2019），在带动地方经济发展、居民收入的同时也改变了地方传统的单一主体局面，乡村成为政府、企业、创客、游客和居民等多元主体追逐利益的场所，在不同的利益诉求下主导着民宿空间的生产（孙九霞等，2014）。地方在民宿发展中获益，也面临着现代性文化的冲击，促使多元文化在同一空间内交流碰撞，引发了传统与现代、保护与发展等矛盾的考虑。

依托民宿等新业态进行乡村振兴的过程中要实现村落文化景观的保护与发展，前提在于分析了解民宿发展过程中对乡土景观空间的表征作用和影响机制。但现有研究中多涉及民宿与乡土文化关系及民宿景观规划设计实践方面的探讨，存在内容上的宏观宽泛化和案例上的局部个体化弊端，未能从直观层面有针对性地探讨民宿发展对乡土景观空间的影响与重构。本文认为符号化为这一课题提供了新的较为适宜的研究视角。因此，本文基于符号化视角下，通过分析四川省明月国际陶艺村乡村建设的成功案例，探究民宿对乡土景观的空间表征作用和影响，以期为民宿发展实践和乡土景观保护提供参考借鉴。

一、研究对象及方法

（一）研究对象

本文以四川省明月国际陶艺村民宿乡土景观表征为研究对象。村落位于成都蒲江甘溪镇，距成都 90 千米，是隋唐茶马古道和南方丝绸之路上的皈宁驿站。2009 年明月村是成都市级贫困村，农民以农业收入为主，多以玉米、水稻等粮食作物种植为主，年人均可支配收入不足 4 000 元，地方经济十分薄弱。大量劳动人口外出务工，村子里多以老年人、妇女和儿童为主，缺乏产业支撑，地方发展困难，房屋院落闲置失修，传统文化景观陷入衰退状态。为带动地方经济，保护与发展传统村落文化景观，各级政府积极作为，探索出一条"乡创 + 文创"的乡村建设道路，根据"政府搭台、文创撬动、产业支撑、公益主动"的振兴模式，自 2013 年开始与企业合作修复明月窑，以明月国际陶艺为主题，结合陶艺产销、竹艺、茶艺、扎染等文化展示和活动体验带动地方一二三产业融合发展，依托生态雷竹和绿色茶海，打造生态文创休闲度假村落。先后引进画家、设计师、作家等新村民 100 余人，在地方探索引导下培育了新老村民共创共建共享的互动社区，共同为明月村发展作出巨大努力。先后引进文创项目 46 个，地方农民创业项目 30 个，其中民宿项目占到 25 个，在产业带动和地方发展中发挥重要作用。民宿的开发设计不仅盘活了村落闲置建筑及景观资源，也给地方居民带来大量的创业和就业机会，带动地方推动产品销售，拉动经济增长，截至 2018 年底明月村年人均可支配收入增长到 21 876 元。民宿开发设计为地方传统村落发展与保护提供了新路子。村落先后获得 2018 年中国最美乡村、全国百佳乡村旅游目的地及乡村旅游创客示范基地、四川省乡村旅游精品村寨等称号。

（二）研究过程

课题项目组先后于 2019 年 8 月 17 日、2019 年 9 月 24 日两次前往明月村开展实地调查，其间采用参与式观察、深度访谈、半结构式访谈等方法收集大量一手资料数据，调查收集内容包括明月村基本概况、村庄发展历程、乡土景观空间演变、民宿开发设计、民宿发展现状等方面，访谈人员包括地方工作人员、新村民、民宿主、地方居民等。此外，梳理网络上有关明月村的研究成果、文献，并分析整理政府网站、媒体和旅游平台上有关明月村及村内人员的宣传、访谈及分享内容，以获得丰富充足的二手资料。

二、多元主体主导下基于民宿的乡村旅游空间生产

乡村旅游的选择和发展使明月村演变为都市游客向往的旅游消费空间，地方资源环境与人文景观被卷入旅游市场，为满足市场旅游需求，乡村景观空间在新的生产方式下进行着新的生产与再生产。其中，民宿作为一种新型旅游业态，在政府、创客、游客、地方居民等多元主体主导的空间实践中影响着地方景观空间的生产与重构。

（一）政府主导下民宿对乡土景观的传承与重构

政府作为地方空间生产权利主体，通过生态农业、陶艺文创、民宿服务等项目产业对明月村空间进行构想与实践，从规划战略、制度保障、财政支持、人才培育方面引导着明月村乡土景观空间的生产与重构（见表 1）。

表 1　　　　　　　　　政府主导下的空间实践案例

时间	空间实践
2012 年	政府支持和推广邛窑文化，明月窑及周边的茶山竹海特色被纳入其中

续表

时间	空间实践
2013 年	蒲江县政府和南方丝绸之路公司合作的"明月国际陶艺村"项目正式启动
2014 年	明月窑修复完毕，现任明月村项目工作组组长陈奇在徐耘的邀请下带领工作组进入明月村
2015 年	甘溪镇引导明月村成立了旅游合作社，合作社股本金共 90 万元，由村集体、村民、财政产业扶持资金各出资 1/3
2016 年	政府引导明月乡村研究社成立，是非营利性社会服务活动的社会组织，它致力于乡村产业、乡村建造、乡村文化、社区营造、乡村扶贫方面的研究
2017 年	明月村孵化产生了本地的文艺团体，包括放牛班合唱团，明月之花歌舞团。并与奥北环保开始合作
2018 年	镇政府购买了新村民设计师杨鹏飞的设计服务，确定由她每年为村民提供六户房屋的免费设计，既提升了明月村建设的整体品质，又为村民带来一定实惠
其他	政府引导下开展了最美庭院评选活动、晨跑捡垃圾活动、"七改七化"活动、建立了环境治理考评机制，以政府购买服务方式按 1 名/3 000 米的标准配置了保洁员

2009 年以前的明月村作为市级贫困村和大多数贫困乡村一样，面临产业凋敝、人口流失带来的空心村等村落衰退问题。为谋求致富、振兴乡村、重构乡土景观，政府积极起到了引领搭台的作用，重视地方文化传承、原真性景观维护，因时制宜地规划明月国际陶艺文创园区为核心，打造融陶艺产销、创意体验、文化展示、休闲度假于一体的人文生态度假村落，并探索出"政府搭台，文创撬动，产业支撑，公益助推，旅游合作社联动"的新型振兴模式，引导明月村景观空间生产实践。制度保障方面，在"乡创 + 文创"的业态模式下，政府积极营造良好的政策环境，通过用地规划和闲置宅基地流转政策吸引外来项目入驻，引导成立乡村合作社鼓励本土居民在地创业就业。财政支持方面，村子累计投入资金近一亿元，而基础设施建设的资金来源于县政府，同时政府通过购买的形式为地方提供设计和培训支持。例如，镇政府曾在 2018 年购买相关设计服务，为村民提供六户房屋的免费设计以维护村落整体景观风貌。

此外，在人才培育方面，地方政府"外引""内培"双管齐下，以人才振兴激发古老村庄新活力，鼓励和吸引怀着乡村田园梦和有乡土情怀的民宿主、作家、建筑师等 100 余位"新村民"，打造了明月村文创项目集群和创客聚落空间。地方政府寄望于民宿等旅游服务产业修复和盘活闲置的川西林盘院落，在制度、规划策略和土地政策方面加以引导和支持，为明月村乡土景观修复与重构提供巨大的支持与保障，让民宿充分显现出在乡村保护发展和产业带动中的独特优势。

（二）乡村创客对民宿多元文化价值的资本化运作

明月村乡村建设过程主要围绕乡村产业、乡村建造、乡村社区方面推进，而民宿依托自身的产业性、乡土性和交互性等功能价值与村落建设实现了较好的耦合。乡村旅游发展后，地方民宿成为创客资本化运作的多功能空间。民宿自身的乡土文化性、产业经济性、情感互动性等价值属性具有强大的资本吸附能力。首先，民宿进行改造利用传统闲置房宅、院落等都是具有地方历史文化沉淀和生活印记等场所精神的老建筑，是游客体验和感受地方原真文化和景观的重要空间，也是民宿主乡土田园梦想营造的场所，乡土性文化价值突出；其次，乡村创客为发挥民宿的产业带动性，将住宿、参与、休闲体验、养生度假等进行有机组合，通过市场运作逻辑，以民宿为平台，实现一二三产业联动，创造更多的经济价值；最后，民宿主人文化中包含的主客共享生活空间、主客交流文化空间营造了一种有温度的"家"文化，让消费者与服务者之间有一种难得的情感互动，增强游客的地方认同、地方依恋和重游意愿。

乡村创客相继开展的民宿项目实践，盘活了原本贫困凋敝的村落，将其转变为地方火爆的消费体验场所。明月村自2015年开始依托村民闲置的林盘院落，通过建设用地招标和宅基地租赁两种方式引入项目和人才，高品质的项目集群为明月村带来了资本、技术、人才、信息等关键要素，为村落的保护与发展注入了生命与活力。在资本的市场化运作下，各创客根据自身的技术和特长开展篆刻、美术设计、服装设计、茶艺等休闲娱乐体验活动，以文创和旅游休闲模式促进地方传统民居和传统农业的转型升级。截至2021年，明月村先后引进文创项目46个，而所有项目中民宿项目占了25个，获评中国乡村旅游创客示范基地、2018年度中国十大最美乡村等称号。

此外，地方民宿的资本化运作使居民由单一的生产方式向多元化路径转变。发展民宿之前，明月村传统的生产方式以种植玉米、水稻等作物为主，农民主要以农业收入为主，年人均可支配收入不足4 000元。发展乡村旅游后，乡村创客背后的流量经济给地方农产品等带来的附加价值增加了农民的农业收入。同时，地方居民以开办餐饮、民宿或者在地就业等方式参与旅游服务，单一的生产生活方式发生转变。地方居民创业项目 30 个，农民的年人均可支配收入由 2009 年的 4 772 元增长到 2018 年的 21 876 元，收益来源多样化，包括农业收入、工资性、财产性、经营性收入。①

（三）游客凝视下民宿空间的舞台化营造

明月村民宿空间的生产与重构中，主要受权利、资本等结构性因素的主导，在"国际明月陶艺村"的整体思路下构想和规划地方空间。游客通过凝视参与地方空间重构，游客凝视虽未直接决定空间生产实践，但作为外部力量对地方空间生产与塑造产生重要的影响，在一定程度上甚至成为乡村旅游建设和民宿改造的主要目的和导向之一。

乡村旅游的兴盛多缘于异质性景观资源和旅游体验对都市游客的吸引力。学界不少学者认为旅游体验本质上是旅游者在旅游过程中寻找、收集、体验地方旅游符号的过程，将旅游者视作各地奔走的符号大军。从符号视角看，旅游凝视也是一种旅游符号的凝视，结合文章主题即是对地方民宿符号体系的寻找和体验。都市游客在前往明月村旅游消费前都带有一种自我对目的地原真性景观和乡土性体验的幻想，这样的幻想直接影响了游客的在场观赏行为和满意度获得，并在旅游中和旅游后作出主观的目的地形象评价、重游意愿及推荐意愿决定。基于这样的逻辑下，游客凝视关系旅游目的地形象建设和旅游经济发展，成为地方政府、企业、创客和居民等多元主体空间实践过程中主要考量的因素之一。

为满足和迎合游客凝视中对于民宿空间乡土性、原真性的幻想和期待，政府严格整体规划乡村景观风貌和村落空间格局，本着传承地方文化、维护乡土景观的宗旨，与企业合作修复明月窑，创新开展草染、陶艺等文化展示和体验活动，严格把控引进项目的文化理念，对同质化和与地方发展理念相悖的项目进行科学论证，在发展的同时保护景观空间的原真性与乡土性；企业和乡村创

---

① 蒲江县明月村"文创 + 旅游"助力乡村振兴的探索与实践 [EB/OL]. https：//www. scdfz. org. cn/scyx/mzmc/content_ 28920.

客在民宿空间改造实践中遵守政府的地方规划，遵循地方文化特色和景观风貌，坚持传统与现代的紧密结合，选取乡土性材料、老旧废弃物、乡土植物等进行民宿改造、装饰和绿化，在满足游客现代生活功能需求的同时，营造符合都市游客的乡村田园梦境；民宿既要有民也要有宿，地方居民是地方文化传承和展示的主体，其日常生活行为中蕴含着地方向来的生活方式和逻辑。为了迎合旅游者的喜好，居民们会自主地、热情地为游客提供咨询等帮助，介绍村子的特色和文化背景，自觉地调整自己的行为礼仪，维护环境卫生，共同营造一个热情好客、干净卫生、朴素原真的目的地空间形象。

三、民宿表征乡土景观的符号体系

民宿作为地域文化和地方民俗的集中展示空间，是地方文化保护与传播的载体。乡土景观元素在乡村旅游中作为文化符号传播的媒介之一（俞孔坚等，2005），其在民宿空间的运用与展示直接关系到民宿乡土文化的表达，进而影响游客的乡愁回归情愫和乡土情感体验。而情感体验层次下，民宿乡土文化的内涵表达包括物质视觉层、空间塑造层和精神互动层（邹铙，2017）。类似地，符号视角下，基于游客乡土情感体验的本能层、行为层和反思层三个维度加以审视，发现民宿对明月村乡土景观的表征作用主要体现在物质空间设计、传播运营塑造和主客互动精神方面（见图1）。

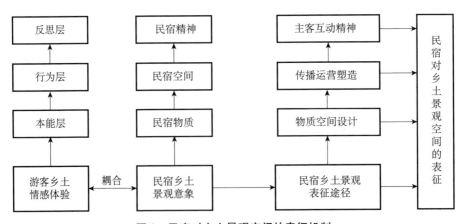

图1 民宿对乡土景观空间的表征机制

（一）民宿空间的乡土景观表征

民宿空间对乡土景观的表征过程中多呈现在视觉化图景和物质要素，内嵌于"四生乡土景观"（李鹏波等，2016）体系，重构着民宿生态景观、生产景观、生活景观和生命景观（见图2）。

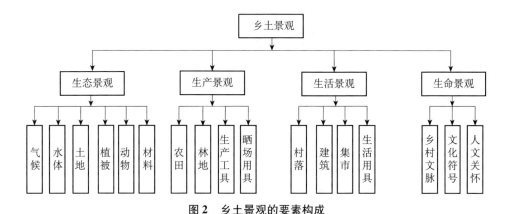

图2　乡土景观的要素构成

民宿生态景观延续的是地方人与自然和谐相处的智慧，明月村民宿的改造利用基于传统古建筑进行改造，遵循村落空间格局，本身就置于一幅美好的自然生态画卷中。此外，民宿在改造过程采用乡土、环保材料，通过房前屋后以乡土植物绿化、废旧物利用和晨跑捡垃圾活动等践行生态绿色理念，维护生态空间；在生产景观方面，民宿围绕生产场所、生产活动、生产器具等进行不同程度的建构，例如，利用老旧废弃的石磨、簸箕、锄头、水车等生产性工具进行装饰展示，在民宿周围利用一块菜地进行种植，与地方农民合作为住客提供猕猴桃、丑橘、竹笋等采摘活动，深刻融入和体验生产场景；在生活景观方面，融入和展示地方生活习性、传统美食和饮食习惯，民宿主或地方居民参与接待服务传递和分享地方生活方式，在餐饮方面提供当地时蔬和美食，让游客体验地方不一样的烟火气；在生命景观方面，更多的是民宿对地方文化符号的运用和展示，例如，结合明月村"明月窑、茶山、竹海"等符号形象对提供的产品和服务进行包装设计，同时传递地方的生活理念和价值观。

（二）民宿传播的乡土景观表征

在符号消费社会背景下，符号化运作成为众多旅游地创新发展的路径选择。旅游地象征性价值的展示需要通过旅游地的景观开发和宣传中的符号建构，进而吸引游客，构建旅游地在旅游者心目中的形象价值与意义。民宿经由设计和装扮成为一个可供游客消费和体验的场所，甚至是出游的目的地和吸引游客的一张名片、一个符号。这个过程便是民宿符号化运作的过程，而传播运营不仅具有民宿服务与游客消费的承接作用，也表征着地方乡土景观（陈兴等，2022）。民宿的传播依据地方乡土文化和景观特色，充分迎合旅游者符号消费特征及其发展趋势，将其打造成为地方重要的"景观符号"型旅游地标。

明月村民宿之所以有如此大的吸引力和号召力，主要源于民宿的符号化运作过程迎合了都市游客对于乡村田园梦和乡土情感的需求。在具体的传播过程中，明月村民宿传播途径和方式大概可以分为自媒体、网页、纸刊、活动节事、产品包装等方面（见表2）。

表2 明月村民宿传播途径

营销类型	营销方式	营销内容特点
自媒体	微信公众号 微信朋友圈 微博 QQ	多以图文并茂的体验软文、内容分享、活动介绍宣传、民宿主理念等分享，更新快、内容宽泛、受众面广，具有长期培育客户的优点
网页	政府官网 线上预订平台 攻略游记	注重民宿特色、差异理念和活动体验展示，选择精美的图片进行线上宣传展示
纸刊	《明月村》村刊	围绕农耕、陶艺、草木染、艺术、诗歌5个部分，侧重于村里的建筑，包括新老村民的居所、庭院、餐厅以及公共空间的介绍，从不一样的角度读地方文化与景观
活动节事	明月书馆 讲堂夜校、 "村歌" 露天音乐会 农夫集市 艺术月——春笋节	传承地方文化、保护和发展乡村传统，利用村歌、活动、节庆等从文化和理念上引导内外人群对地方、乡村、文创、民宿的理解和认识
产品包装	"明月酿" "远山活物"雷竹笋 明月窑陶瓷文创小品等	挖掘地方文化内涵、提炼代表性的文化符号对民宿产品服务、地方风味进行包装设计，传播和塑造地方形象品牌

明月村民宿在传播过程中基于村落"安居、乐业、家园"的总体生活理

念，尤其注重入住者的感受和情感体验获得，提取民宿代表性景观元素和文化理念，在与地方陶瓷文化、攀西林盘老村风貌、茶山、竹海等环境融合营销，通过民俗主题 logo 设计、理念文化、生活空间图片等文本资料传递着一种非去不可的田园民宿、乡野小居、乡间小屋的魅力。同时，无论政府或是企业官方的宣传介绍，还是民宿主的个人推广、游客的口碑宣传和游记攻略，不同宣传文本和叙事材料都涉及大量的乡土景观符号和元素，会不经意地影响、引导和培育外来游客对于民宿乡土景观空间的先前经验，这些经验也将不可避免地影响游客在场体验行为及情感体验，从而形成一个不断交互的传播循环。

（三）民宿主客互动的乡土景观表征

民宿区别于一般的酒店、旅馆等住宿形式，其开发运营中特有的主客互动交流内容，营造了一种游客向往的有温情的"家"的氛围。从符号视角来看，旅游活动可以视为符号化的人、物之间的符号互动过程，民宿中的主客互动关系也可视为符号的互动，包括民宿主与游客、游客与游客之间的互动。民宿主客互动并非简单的物质言语上的互动，具有更深层次的精神文化体验和价值共创优势，最终有助于强化地方乡土景观空间表征（陈兴等，2022）。

民宿在融合地方文化生态、景观环境等资源的同时，具有乡土性、地方性、互动性等特征（毛绮等，2022），成为游客出游的主要动机。主客的互动行为对成本、服务、情感和满意度存在显著的正影响（陈虎等，2020）。游客在入住民宿的过程中对于乡土文化和传统景观的获得，不仅通过民宿建筑、景观小品、装饰风格和餐饮服务等视觉化的感知，更是通过民宿主或民宿服务者自身的装束、生活方式和交流内容中获得。乡村性和人文情怀作为民宿最关键的核心（吕伟成，2018），可以说民宿因民宿主的存在而具有个性与灵魂。民宿主作为地方行走的活文化载体，往往在互动交流中将游客置于地方文化环境中，通过讲述地方历史传说、个人成长经历和乡村奇闻趣事等分享广泛的精神文化知识，让游客获得更多的文化体验。此外，主与客和客与客之间的互动交流会产生高于原有产品服务的价值，实现乡土民宿价值的共创，有助于让服务者进一步发现游客新的需求和不满意的地方，从而有机会弥补民宿在乡土景观空间表征中的不足，进而更好地满足游客的体验需求。

四、民宿对乡土景观空间表征的影响

（一）乡村性回归与现代性冲击

乡村民宿在发展过程中最显著的特征是"地域性"和"乡土性"，有助于地方实现乡村性回归。工业化和城市化的快速发展让大量城乡要素单向流向城市，农村人口等要素的过度流失引发空心村等问题，乡村文化和地方景观陷入衰败局面。而民宿业的发展促进了城乡要素的双向流动，为农村景观文化的保护与发展注入了新的生命与活力。通过改造利用地方闲置房屋、院落，对乡土材料、老旧废弃物和乡土植物的再次利用，盘活了村落闲置资源，使乡土建筑、乡土景观和乡土生活价值再次彰显和激活，并成为现代生活中的一种新潮流，吸引着越来越多的人去接触、理解和传承。

乡村旅游的发展和民宿业的兴起使明月村卷入旅游市场之中，随着创客、游客、企业等多元主体的进入，明月村自然而然成为多元主体多样化利益角逐的旅游场域。由于各主体利益诉求的不同，基于自身的理念进行着民宿空间生产与实践。在这个过程中各种现代化思想、技术与理念给明月村带来多方面冲击，影响着地方传统文化景观的变迁与重构，充斥着地方居民原有的传统观念和生活方式，引发传统与现代、保护与发展、主客矛盾等多种问题的讨论。

（二）文化间性及其对地方性的重构

民宿逐渐演变为地方旅游的核心吸引力之一，旅游目的地人流量的增多，促进了地方人口的流动与交流。由于不同人群文化背景、受教育程度和成长经验的不同，民宿旅游的介入使明月村成为多文化交流互动场域。政府通过项目和人才政策引进100多位创客成为新村民，新村民有各自的文化背景和经验，从而让地方由单一的本土文化向多种文化局面转变。这样的转变包括不同类别文化之间的互动以及新村民与老村民所代表的城乡文化背景之间的交流。基于文化间性下明月村民宿及民宿主为构建城和重塑乡文化及多元主体文化之间关系作出重大贡献。民宿及民宿主在尊重和理解地方主体文化的前提下寻找与自我文化理念的融合点和展示方式，同时利用明月书馆开展明月讲堂、夜校等活动增进各种文化的认识和了解。新老村民通过共创共建共享社区的培育，减缓甚至解决各种文化之间和城乡文化之间的冲突，平等交流、互相尊重和互利共生，并在美美与共中产生新的文化血液。

在明月村的发展过程中，民宿的改造设计虽然盘活了地方闲置资源，但并非简单地复制和还原，而是对明月村地方性的重构。要实现对地方文化和乡土景观的可持续性保护则需要结合现代发展趋势进行创新转化和创意发展。明月村在政府引导下，以"文创＋乡创"实现对传统文化的保护展示和传承发展，通过集体建设用地投标和居民用地租赁方式引入项目创客，创客在地方规划下对传统建筑进行现代化改造利用，虽然在整体风貌上符合地方性，但整体上是传统与现代的结合，内部嵌入现代功能设施，成为满足游客休闲度假的场所，已然不再局限于传统院落的功能性需求，更多向餐饮、住宿、休闲、度假方面延伸。

（三）创新驱动与同质化

明月村的发展源自民宿、陶艺、竹艺等文创和乡创项目的创新驱动。在地方政府的引导下明月村修复明月窑、以陶艺文化为主题结合竹艺、扎染、茶艺等文化展示和体验活动探索文创撬动地方乡村建设的模式。地方乡村建设围绕乡村产业、乡村建筑、乡村社区三个方面开展，其中，民宿依托自身优势在产业带动、建筑景观修复改造、社区培育方面发挥重要的驱动作用。一是民宿作为休闲服务业促进乡村旅游转型升级，有效带动生态观光农业以及地方传统陶艺、茶艺和竹艺等手工业与旅游休闲服务业的融合发展，为村落提供产业保障，带动经济发展；二是民宿效应盘活了地方闲置资源，有助于重构乡土景观空间；三是民宿的发展改善了地方居民的生活质量，以新理念和方式培育和谐、生态、美好社区，塑造明月村品牌并发挥品牌效应。

随着文创项目的引进，明月村内餐饮、民宿、手工体验项目日趋丰富。尽管地方政府对引进项目中同类型的项目严加论证，但依旧难免出现改造设计、产品服务同质化的问题。对明月村内现有的25家民宿进行分析，不难发现民宿风格多偏向于现代奢华风格和朴素乡土风格，很多民宿建筑由于多出自同一设计师之手，在空间改造和景观小品元素设置方面雷同。此外，民宿产品服务方面活动较为单一，多局限于食和宿的功能性需求满足上。

五、结论与讨论

(一) 结论

乡村振兴背景下，民宿的火热发展使民宿本身成为一种视觉化图景，甚至成为乡村旅游目的地重要的旅游符号。同时，民宿也一度被视为旅游客"诗意的远方"，在为游客提供认识、了解和体验乡村文化景观的多功能场所的同时，也盘活了地方闲置资源，为地方注入了经济活力。在研究案例明月国际陶艺村的乡村振兴中，民宿实践在乡村建设和地方文化景观保护中优势显著。政府、企业、创客、游客和地方居民等多元主体各自利益主导下的民宿实践深刻影响着明月村旅游空间和乡土景观空间的生产与再造。民宿在物质空间设计、传播运营、主客互动等环节都表现出对乡土景观空间独特的表征作用（陈兴等，2022），有助于满足和迎合游客对回归乡土的情愫和乡愁体验，在对地方景观创新转化与创意利用中促进传统文化的保护与传承（毛绮等，2022）。但也要注意到，民宿在带动乡村发展建设的同时也让乡村面临乡村性与现代性、文化间性与地方性、创新驱动与同质化等多重矛盾问题的糅合。因此，明月村民宿实践的成功虽具有典型代表性，但在具体的参考借鉴中需要因地、因时探讨适宜的发展策略。

(二) 讨论

本文基于符号视角为探讨民宿对乡土景观空间的表征作用与影响提供了新的研究视角，便于从视觉化层面直观把握和分析民宿发展过程中对乡土景观空间演变与重构的影响与符号化呈现。然而，乡土景观研究涉及地理学、景观学、建筑学等多学科知识，符号学视角只是其中一种探究路径，不同的学科背景下可能有不同的知识贡献。此外，本文分析和文本侧重以质性方法呈现，在之后的研究中可以量化方法切入，直观地呈现民宿与乡土景观的符号化建构，更好地指导乡村振兴中的民宿实践。

参考文献

[1] 陈虎，喻乐，王颖超，等. 民宿消费领域价值共创的机理推导与实证

研究［J］．旅游学刊，2020（8）：117－131．

　　［2］陈兴，余正勇．表征与非表征视角下民宿对乡村空间的叠写与地方再生产——以成都明月村为例［J］．地域研究与开发，2022（3）：145－150．

　　［3］陈燕纯，杨忍，王敏．基于行动者网络和共享经济视角的乡村民宿发展及空间重构：以深圳官湖村为例［J］．地理科学进展，2018（5）：718－730．

　　［4］赖斌，杨丽娟，李凌峰．精准扶贫视野下的少数民族民宿特色旅游村镇建设研究——基于稻城县香格里拉镇的调研［J］．西南民族大学学报（人文社科版），2016（12）：154－159．

　　［5］李鹏波，雷大朋，张立杰，等．乡土景观构成要素研究［J］．生态经济，2016（7）：224－227．

　　［6］刘传喜，唐代剑．乡村旅游新业态的族裔经济现象及其形成机理——以浙江德清地区为例［J］．经济地理，2015（11）：190－197．

　　［7］吕伟成．浅析我国民宿发展现状及策略——以黄山景区民宿为例［J］．价值工程，2018（34）：63－65．

　　［8］毛绮，余正勇，陈兴．基于乡土文化符号的成都乡村民宿景观设计［J］．安徽农业科学，2022（7）：200－206．

　　［9］孙九霞，周一．日常生活视野中的旅游社区空间再生产研究：基于列斐伏尔与德塞图的理论视角［J］．地理学报，2014（10）：1575－1589．

　　［10］王敏，王盈盈，朱竑．精英吸纳与空间生产研究：民宿型乡村案例［J］．旅游学刊，2019（12）：75－85．

　　［11］王宁，刘丹萍，马凌．旅游社会学［M］．天津：南开大学出版社，2008．

　　［12］王渝，廖成林．乡村旅游住宿业产业组织管理研究——基于供应链协调的角度［J］．农村经济，2017（3）：66－72．

　　［13］魏燕妮．乡村振兴战略背景下北京乡村民宿业可持续发展路径研究［J］．生态经济，2020（9）：135－141．

　　［14］吴婵，李兵营．乡村民宿的乡土化改造与设计研究——以青岛市山东头村为例［J］．青岛理工大学学报，2019（3）：70－75．

［15］熊清华．乡村振兴视域中的乡村民宿生活美学探析［J］．美术大观，2019（6）：124－125.

［16］游贤雨，余正勇，何昊，等．触媒理论下民宿对乡村生态振兴的催化研究——以成都明月村为例［J］．湖南农业科学，2021（7）：100－106.

［17］余正勇，陈兴，李磊，等．民宿对乡村文化传承创新的评价指标体系构建［J］．四川旅游学院学报，2020（6）：81－86.

［18］余正勇，陈兴，王楠，等．生态文明建设与乡村民宿旅游耦合发展研究——基于主辅嵌入视角［C］//.2020中国旅游科学年会论文集 旅游业高质量发展，2020：270－280.

［19］余正勇，陈兴．旅游民宿影响下乡村空间重构的研究进展［J］．西南林业大学学报（社会科学），2022（2）：76－82.

［20］俞孔坚，王志芳，黄国平．论乡土景观及其对现代景观设计的意义［J］．华中建筑，2005（4）：123－126.

［21］张海洲，虞虎，徐雨晨，等．台湾地区民宿研究特点分析——兼论中国大陆民宿研究框架［J］．旅游学刊，2019（1）：95－111.

［22］周锦，赵正玉．乡村振兴战略背景下的文化建设路径研究［J］．农村经济，2018（9）：9－15.

［23］邹钖．情感体验下民宿乡土文化的表达研究［D］．南昌：江西农业大学，2017.

［24］Chen L C, Lin S P, Kuo C M. Rural tourism: Marketing strategies for the bed and breakfast industry in Taiwan［J］. International Journal of Hospitality Management, 2013（1）：278－286.

［25］Hu Y C, Wang J H, Wang R Y. Evaluating the performance of Taiwan homestay using analytic network process［J］. Mathematical Problems in Engineering, 2012（1）：1－24.

性别与权力：女性主义视角下乡村"家"空间的演变——以成都市明月村为例*

彭满洪　陈　兴

　　2015 年以来，党中央出台的一系列旅游扶贫、旅游脱贫利好政策为乡村旅游实践奠定了基础，以旅游为媒介的空间生产成为欠发达地区脱贫攻坚、振兴乡村经济的有效路径和重要举措。旅游的介入使传统乡村空间受到权力资本的裹挟和"浸染"，传统乡村在旅游带来的新的生产方式和生产关系作用下发生空间"流变"（Pred，2010），直接影响了农户"家"的居住空间秩序的改变（李伯华等，2008）。社区中被认为具有排他性、私密性的"家"空间也在发生"传统的家"向"商业的家"的转变（陆依依等，2018），商业化、资本化的旅游生产解构着原始"男耕女织"的农业生产模式，女性角色开始从幕后走向台前，她们逐渐掌握家庭话语权并通过主动融入社区空间成为乡村旅游的直接

---

　　* 彭满洪，陈兴. 性别与权力：女性主义视角下乡村"家"空间的演变——以成都市明月村为例 [J]. 地域研究与开发，2023（1）：155 – 160.

生产者和主体参与者,在这一过程中凸显了女性的独立与成长。

"家"本意是房屋、住所,学者们普遍承认"家"与有形房屋之间的关联,却否认将其简化解释为一个装满家具的"容器"(郑诗琳等,2016)、"存储库"(Mallett,2010)或庇护所。地理学术界通常认定"家"是一个多维概念或多层现象,它被视为是"房屋的物理单位"和"家庭的社会单位"的集合(Saunders et al.,1988),是物质空间通过环境构成和再现社会关系和社会制度的一种基本形式。然而,正如马西(Massey,1994)研究指出的女性角色历来在地理学研究中始终处于缺席的位置,此前甚至呈现出"无性空间"或"男性空间"的地理学研究态势。在"家"的空间地理研究中,家庭空间的性别权力议题长久以来没有受到学者的广泛关注。基于上述背景,本文将女性主义视角带入乡村旅游社区"家"空间的演变历程,探索这一空间域中的女性角色在场以及其成长的关系脉络,研究旅游介入下"家"空间的性别秩序变迁与权力关系的扭转。

一、理论框架

(一)性别、权力与空间

空间的性别属性是一种经由空间所展现的权力结构。无论是父权制中"男耕女织"的空间分配,还是母系氏族中"祖母屋"的存在,两性行为的差异在一定程度上映射出社会性别关系和社会权力结构的差异。

女性地理学家马西(1994)批判指出,空间和地方不是中性的,它们被赋予了性别特征。空间和地方在性别关系建构中产生了排斥和不平等,而这些差异产生的根源在于男性化的社会权力结构。女性作为空间中极重要的亚群体单元,面临着男权社会空间秩序的性别排斥与歧视。在英国煤矿业、纺织业与农业地区对比从业者性别关系的空间差异研究中,马西(1984)发现,社会劳动的空间分工实际表现为性别分工,并且充斥着父权主义和性别歧视。此外,在社会公共空间与休闲场域中,女性多被排除在外或是活动受到抑制(邓昭华等,2014)。早期美国的荒野一直与男性叙事联系在一起,历史上甚至被形容为极具风险的、男子气概的景观,丝毫没有女性的容身之地。麦克道尔(Mcdowell et al., 2005）探讨得出伦敦西提区公共空间为男性权威下的设计，男性气概彰显的空间使女性普遍感受到排斥和疏离。在乡村景观的性别研究中，周心琴（2007）探讨得出男性主宰乡村空间秩序，"男耕女织"的传统农业生产方式以及"男强女弱"的生理差异必然造成权力的分配偏向。女性空间的被忽视和被挤压体现出社会空间男权凝视与主导，而这种性别权力关系的不平等受到多数学者的驳斥。迪克西（Dixey, 1988）阐明女性反对自己被排斥在有酬工作的空间之外，反对自己被限制在无偿工作的家庭空间并要求社会空间劳动分工的性别平等。狄奥多拉（Theodora et al., 2018）认为，女性应该积极参与荒野景观、挑战父系社会权力界限来重新定义荒野和女性的定义。

（二）性别与"家"空间

20 世纪 70 年代，随着女性主义社会运动和女性理论思潮的发展，从社会性别视角研究地理学现象的女性主义地理学派应时而生，学者们以"空间和性别"为核心探讨空间和地方塑造过程中的社会性别分异，议题聚焦性别与空间、福利空间、性别与就业、公共空间的女性参与以及女性安全等方面（Massey, 1994; Zhen et al., 2016; Massey, 1984; 邓昭华等, 2014; Mcdowell et al., 2005; 周心琴, 2007; Dixey, 1988; Theodora et al., 2018; 毕恒达, 1996）。在女性主义地理学的空间研究中，"家"空间的地理问题历来是研究的热点议题，学者们最早开始关注在建筑与家居设计考虑引入女性气质的元素与符号，"家"空间的女性在场、女性需求及其对女性的意义、影响等研究逐渐升温（王欢, 2018; 胡毅等, 2010; 万蕙等, 2013; Alhuzail et al., 2018; Perkins et al., 1999; Jones, 2002; Chee, 2012）。

"空间就是性别"，我们生活的空间一直都处于性别的建构中（毕恒达, 1996）。同样地，空间的性别属性延续到"家"的空间内部（王欢, 2018）。"家"是性别化的空间，家庭总是与"庇护、养育、包含和容受"等形容女性所具备的特有气质联系在一起。胡毅等（2010）的研究总结"家"的女性化气质具体表现在：（1）家是由人类行为组织空间而非空间引导人类行为；（2）空间中女性的使用时间比男性多；（3）具有私密性；（4）具有心理感知层面的归属感。在此基础上，"家"似乎被人们普遍定义为女性的空间，一个可以避风遮雨的安全空间。正如万蕙和朱竑（2013）得出的"家"空间是越南妇女获取依赖支持的港湾,离开"家"空间之外的她们面临着排斥与隔离。尽管如此,"家"对女性的意义却是矛盾且复杂的,它可能被认为是"自由王国"———一个亲密的空间、一个"司法管辖区"、一个势力范围以及一个创造力发挥和安家的空间;其他时期它也可能被认为是"私人监狱",令人窒息且受制约（Alhuzail et al.,2018）。"家"可能和安全一样变成负值,成为一个恐惧、暴力和控制的空间（Perkins et al.,1999）,很大一部分妇女在家庭环境中日益遭受着暴力和性虐待（Jones,2002）。致力于研究家庭空间、情感话语和性别问题的女性主义地理学家池丽莲（Chee,2012）在关于马来西亚艺术家吉尔作品中的女性流动性与空间研究中论证了这一观点,当地穆斯林女性被隔离在私人"家"空间内成为普遍现象。通过规避控制的方式将女性群体限制在以"家"为中心的活动和住宅空间内,却忽视了女性的安全与社交的需求问题,如此看来,将"家"定义为女性的空间这一表述未免过于理想化,甚至有些讽刺的意味。

（三）权力与"家"空间

20 世纪 80 年代后期,西方人文地理学的文化转向思潮让"家"的研究开始进入人文、情感和意义的世界,学者们普遍将"家"看作复杂的社会空间系统,由物质空间、社会文化和情感关系融合而成（Blunt,2005）,并且在不断变化的过程中被权力关系所建构（Perkins et al.,1999）。

"家"本质上是一种经由空间所展现的权力结构,表现出家庭空间中性别关系的权力分配差异。在父权制的语境里,"女主内、女为次"被认为是天经地义,妇女必须无偿操持起家庭内务、服侍男性伴侣、照顾小孩长辈（汤佩等 2017）,并且将身处"家"空间内部的女性形象界定在"顺从、柔弱、奉献"等代名词之中。"家"空间里的男性主体掌握并占据着控制权,他们从来都被视为"家庭统治者",女性的"家"始终是在父系权力秩序下的"婆家"空间里被赋予的,在以丈夫或父亲为代表的男性权威下,"家"空间内部的女性言行始终受到控制（Seo,2014）。同时,家的空间设计和空间占有昭示了以男性为中心的父权体系,这种权力关系下的显著性别差异表现在:接待会客的书房、客厅等男性空间总是明亮宽敞的，而劳动忙碌的厨房、洗衣阳台等女性空间总是狭小逼仄的（Brickell，2012）；男性占有住宅空间的前部，女性则占有住宅空间后部（Bryden，2004）。

如前所述，"家"空间从来就是权力外化的体现并始终无法超越父权制权威，女性只有"家"的管理权和使用权，却无法拥有支配权（胡毅，2009）。甚至有学者在研究"家"的边缘化空间——厨房，发现空间霸权里的男性尽管将厨房定义为女性空间，却始终不肯将其空间主权下移给传统炉灶主体使用者的女性（许圣伦等，2006），女性的空间主动权受到男性空间霸权的挤占和压缩（王欢，2018）。随着女性主义运动的深入推进以及女性话语权的提升，女性主义地理学家开始批判将女性禁锢为从事家庭活动的主体，并将建立在父权体系下的"家"空间视为女性受压制的场所。在男权家长制操控的"家"空间中，女性群体能否突围父系权威下被动的他者定位，成长为主观能动的自我（胡毅等，2010），并逐步将"家"空间构造成一个女性主体主导的主动空间，一个女性自由行动言语、积蓄创造力和能量、强化主体意识和能动性的理想空间，值得女性主义地理学者进行更为深入的探索。

二、案例实证研究

（一）案例地概况

明月村地处四川省成都市蒲江县甘溪镇西部，距离成都市区 70 千米，是一个普通且平凡的川西林盘式传统农耕小村。2008 年以前的明月村月人均收入只有几百元，2020 年，明月村乡村休闲旅游收入达 3 300 万元，全村农民人均可支配收入达 2.7 万元。"文创+旅游"的发展模式为明月村乡村振兴注入新动能，在实现农耕自然村向文创产业村过渡的同时，促进明月村实现从市级贫困村向乡村振兴战略示范村跨越的历史性转变：2009 年前明月村是成都市的市级贫困村，村民以水稻种植和外出务工为生；2009 年后开始引进生态雷竹、有机茶叶、柑橘等经济作物，逐渐摆脱传统农业种植方式；2014 年"明月国际陶艺村项目"正式启动，引进外来文创项目 40 余个，引导村民旅游经营项目 30 余个。其中，女性创客作为主体参与的旅游项目有 32 个，占比达明月村文旅业态的 40% 左右，在明月村旅游创业实践和乡村振兴发展中发挥着越来越重要的作用。选择明月村"农耕自然村→文创产业村"的演变历史进行纵向研究，追踪探索不同阶段"家"空间演变下的女性成长历程，对于分析乡村旅游社区"家"空间性别与权力关系重构前后之间的变化具有很好的典型性和代表性。

（二）研究设计

课题组于 2020 年 12 月前往成都蒲江县进行实地考察，以乡村旅游热潮的明月村为案例对象，通过参与式观察和深度访谈探寻旅游介入下明月村实现"农耕自然村→文创产业村"转变的历程，研究旅游生产对"家"空间的变迁以及空间中女性成长的影响，从历史角度初步探索女性成长与"家"空间权力关系的基本构架。访谈对象以明月村"家"空间的女性群体为主，同时补充部分男性群体进行异质性分析，访谈人员共 22 人（女性受访者 F1～F16，男性受访者 M1～M6，东道主与新村民分别用 H 和 O 表示），受访时长均在 30 分钟以上。访谈地点一般选在受访者家中某一特定公共空间，并在受访者许可下对访谈全过程进行录音以及拍照记录。访谈问题涵盖受访人院落空间有无改建及改建原因、改建过程夫妻双方的协商及喜好差异、妻子对住宅空间设计的想法及装饰布置、空间的使用及日常活动、空间的生产及分配情况、改建前后的变化等方面。此外，梳理了明月村案例地的相关文献成果、书籍资料、新闻报道、历史照片等资料，作为二手材料补充。

三、女性成长与"家"的空间变迁

（一）农耕自然村时期：女性被动依附的从属空间

空间历来是社会性别建构的产物，"家"空间也不例外。千百年来，"夫为纲"的固化观念无形中塑造并强化家庭中"女性被动附属"这一社会共识，女性没有家庭话语权，她们被动游离在家庭核心空间之外。男女被定位于不同的空间和不同的角色：公共空间和男性主导以及私人空间和女性从属。

2009 年以前，明月村村民以种植传统粮食作物水稻、玉米为主，延续着日出而作、日落而息的农耕生活。"村里那时候都是跑水、跑土、跑肥的'三跑田'，只能种点玉米"（HM3，种地农户，70多岁）。这一时期的明月村属于典型的传统川西散居村落，农民大部分住房以庭院式林盘形态为主，宅院外围竹林环绕将外界公共空间与内院私密空间隔离，形成对外隐蔽、对内开敞的空间格局，女性在一定程度上被局限在封闭的、有限的内院空间。"家"的空间分配普遍遵循着传统"女主内、女为次"的性别分工模式，女性在家庭中始终扮演着洗衣做饭的妻子角色，日常活动多被束缚于"家"空间内窄小局促的家务劳动区域，如厨房、菜地、家禽舍等。"我家靠近路边，游客多，为了干净，村里面很少养家禽，以前养猪每天起早割草还是很累的"（HF2，谌塝塝附近村民，40多岁）。"家"的空间设计上，女性始终处在被动接受的从属状态。民间建筑工匠千百年来便以男性传承为主，男性工匠负责施工营造，双方关于房屋设计的方案修改也仅限于与"家"空间内的男人沟通。明月村建筑工匠杨安明从事传统泥瓦匠工艺20多年，其团队一直负责本地村民房屋住宅的修建工作。"我做这一行几十年，和小杨设计师合作好多次，我们家改造时她提出开大窗户，这透亮的设计我开始是不认可的"（HM2，村里民间瓦泥匠，40多岁）。

（二）过渡期间：女性开始觉醒的开放空间

家庭空间在时间推移与历史演变中逐渐变迁，"家"空间中女性的角色与地位、行为与思想必然随着社会的进步发生改变。乡村社区在旅游介入下产生新的生产方式和生产关系，传统"男主外、女主内"的家庭分工模式解构，封闭单一的家庭居住空间逐渐开放，这一时期的女性角色开始觉醒，并逐渐从幕后走向台前。

2009年以后，明月村通过引进雷竹、茶叶以及柑橘等经济作物逐步脱下"市级贫困村"的帽子。这一时期的明月村正处于地震灾后重建期，开始兴建集中居住小区，新村建设秉承现代化理念建造房屋空间，采用"离屋不离田"的集中聚居方式，改变了明月村传统"独门独户"的散居方式，在拉近村民邻里之间社会关系网络的同时，闲置了农户的家禽养殖空间，在一定程度上也解放了活动于内院空间的女性，并逐渐摆脱"女性被家务劳动束缚"的刻板印象。"搬到新村还是很安逸的，平时约着到小区活动中心打麻将，对面广场还会放电影"（HF4，新村村民，48 岁）。2012 年底，第一位新村民李女士来到了明月村，萌生修复明月古窑发展陶艺的想法，并取得浦江县政府的支持，自此明月村开始了文创兴村的探索之路。私密的"家"空间向外开放，女性开始走入公共视野，充分发挥自身学识优势和女性人格魅力。"李女士是明月村第一任操盘手，是她启动了明月古窑的修复工作，给明月村带来了新生"（OF7，合作社负责人，36 岁）。

（三）文创产业村时期：女性主动创造的自主空间

两性地位是衡量人类社会发展水平的指示器，并决定了空间占有的性别差异。作为空间生产的驱动力，旅游资本的介入加速了"家"空间的流动，女性主动挑战传统父权制下的空间性别秩序，主动争取家庭空间创造的自主权和主导权。

2014 年以后，明月村开始引入外来的激发因素，以陶文化为主题发展文创旅游让整个村子"活"起来。明月国际陶艺村项目的启动吸引了大批外来精英和社会资本涌入，权力和资本的双重作用挑战着传统父权体系下的"家"空间秩序，女性群体主动寻求成长机会，利用自家居住空间生产创造经济效益。"我们家豆花饭是村里的第一家农家乐，村里搞了很多免费的培训，还是要学习不然会被淘汰"（HF3，豆花饭老板李大姐，40 多岁）。当地村民将房屋改造或出租建成农家乐等旅游经营空间，原本的家庭生活空间转化成向家庭成员与游客共同开放的公共空间，居住与公共活动的交叠在商业化的"家"空间中以各种不同形式组合。"老房子租出去了，这两间房是留给我们住的，宁远就在旁边的房子里做扎染事业"（HF1，宁女士房东高大娘，70 多岁）。这一时期的女性主体觉醒并自觉走出家门，在新村民的带动下开始主动争取"家"空间的自主权。对于女性而言，家不仅仅是日落休息的居住空间，它更是一个生活美学空间，在这个空间里她们将艺术、美学等元素融入生活，对空间的功能设计和装饰布置寻求主动创造权。"看到我们家房子盖得漂亮，大娘们会主动请教怎么把家布置得漂亮一点、怎么种花、怎么做手工，美丽的事物大家都喜欢嘛"（OF14，民宿主人，20 多岁）。以女性成长为主题的生活美学体验空间"明月远家"是新村民宁女士亲手为女性朋友们打造的女性空间，她希望带给女性朋友"为了自己，取悦自己"的体验，正如"明月远家"所表达的理念标签：女性、家、内在成长。女性空间作为"家"空间下女性形象的隐射，展现了女性要求平等对话的独立意识和自主意识。

四、"家"的空间秩序重构

（一）家庭分工与女性话语空间重构

空间实践历来受权力影响，具体表现为空间生产与再生产的过程中缔造联结各种社会关系。作为权力分化和空间生产的驱动力，外来资本的嵌入促使明月村居民生活居住的空间主体向旅游生产的空间载体转变，传统的"家"在旅游的空间生产实践中向商业化的"家"演变过程中，明月村社区家庭空间的性别分工以及女性话语权发生重构（见图1）。自2015年以来，明月村社区老村民和以宁女士为代表的新村民，通过改建或租赁的方式将当地"家"的私人生活空间改造成开放性的经济生产空间，通过旅游经营为外来游客提供住宿、餐饮、体验等现代旅游服务。当下，明月村社区女性创业经营的旅游项目不断增加，女性群体已然成为乡村旅游社区"家"空间生产的重要主体和主力军，在明月村旅游实践和乡村振兴发展中发挥着越来越重要的作用。这一时期的劳动分工也开始消除传统性别化的家庭惯例，早些时候被刻板印象固化为"家"空间中女性的职责，比如烹饪、家居装饰等，男性群体开始参与其中，并在传统意义上被认为是在女性的"家"空间内展现才能。此外，旅游生产的实践与社区经济的发展为明月村的女性提供与男性同等的成长机遇，女性主体在乡村旅游开发中施展自身学识和个人才华，为家庭的经济供养作出贡献，这意味着一种新的性别分工方式和家庭角色定位被重新定义。旅游业正在引领女性增强权能，她们不再被动囿于家庭劳务的唯一承担者，主动寻求成长并成为家庭供养的重要参与者和直接生产者，从而实现家庭话语权从失语向在场、从边缘化向中心化的转移。

（二）性别秩序与空间权力关系重构

性别因素的影响存在于空间生产和空间话语的各个层面，"家"的空间生产和生活实践总是遵循着一种特定的性别秩序，具体表现出家庭权力关系

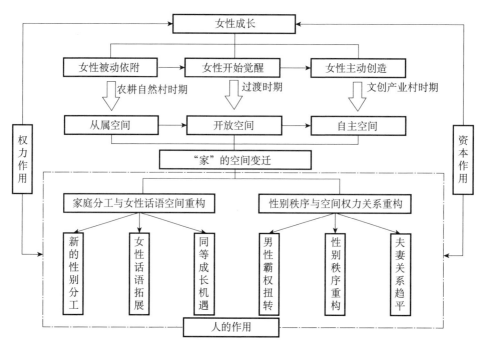

图1 女性成长与"家"空间性别、权力秩序的重构

的两性差异,即男女之间的权力关系格局。"家"空间内的每个人自出生起,就开始认知并接受周边环境对性别角色、两性秩序及规范的定位和建构,并以潜移默化的方式根植于家庭日常生活的交往中。在明月村"文创 + 旅游"的乡村发展实践中,城市资本向乡村空间的渗透重塑了东道主社区"家"的空间秩序和权力关系,这一时期明月村的女性群体觉醒并开始主动争取"家"空间的自主权,传统父权家长制度受到冲击,自古以来"男尊女卑、男强女弱"的家庭权力格局发生转变。乡村振兴实践的机遇让原本跟丈夫王先生安于普通茶农生活的彭女士在自家院落中开启了岚染工坊的创业之旅。这对创业夫妻档的家庭权力分工以作为土家族扎染技艺非物质文化遗产代表性传承人的妻子为主导,负责扎染、蜡染系列产品的开发运营与工艺体验,丈夫王先生则担当家庭的辅助角色支撑妻子的创业。伴随着女性主体性的成长和女性话语空间的拓展,以男性家长权力主导的性别话语不可避免地被削弱,家庭中的夫妻关系趋于平等化,"家"空间的性别秩序甚至出现"女主

外、男主内"的颠倒，直接扭转了传统意义上"男尊女卑、男强女弱"的家庭权力格局。

五、结论与讨论

（一）结论

成都市明月村"农耕自然村→文创产业村"的变迁进程表明，权力、资本以及人才的汇聚加速了乡村"家"空间变迁下女性主体性的成长与女性话语权的拓展，扭转了刻板印象下"男尊女卑"的权力秩序和"男主女次"的性别秩序。其一，政府赋权。蒲江县政府提出地震灾后重建规划，打造文创园区，旅游的介入加速了社区"家"空间的商业化与功能化，并将"家"空间中的女性从冗杂繁复的起居行为中解放出来，传统"男耕女织"的家庭性别分工模式面临解构，这一时期的女性开始从安于居室、居向幕后到充分利用自身学识和人格魅力在台前发光。其二，资本支撑。通过引入外来资本拓展文创品牌输出，探索出"政府搭台、文创撬动、产业支撑"的乡村旅游振兴模式，加速解构了传统社区"家"空间中男性家长制的空间性别秩序，女性自主将区隔公共空间与密闭空间的家门敞开并向大众游客开放，将"家"的生活居住功能与商业生产功能交叠在同一空间内，主动融入乡村旅游的生产。其三，人才助力。以宁女士为代表的新村民通过明月讲堂向当地女性传授新知识、新思想和新文化，助推当地女性的生活空间对外开放、交往空间向外拓展，并完成了由家庭空间服务者到公共空间服务者的转变，部分女性成长为空间经济生产的当家人和操盘手。

（二）讨论

本文立足女性主义视角探讨乡村旅游实践路径下明月村社区"家"空间的演变进程以及空间域中女性主体的成长转变过程，扩充了女性主义地理学性别与空间的相关研究，丰富了"家"空间地理研究中关于性别与权力关系的理论，从方法上丰富了旅游介入下"家"空间中女性在场的作用以及女性主体成长路径的相关探索，对发挥女性主体的特殊作用、实现乡村旅游社区的可持续发展具有重要的理论意义和参考价值，并为偏远欠发达地区的乡村振兴与旅游发展、女性成长与社会进步寻求良性发展路径。此外,本文重点探析同一女性主体在"家"空间重构中的家庭劳动分工以及权力变化,未来可进一步探索不同区域的女性主体在"家"空间中的性别与权力差异,就不同区域下"家"空间的重构对于女性主体的空间意义与空间认同展开研究。

参考文献

［1］毕恒达. 已婚妇女的住宅空间体验［J］. 本土心理学研究,1996(6):300-352.

［2］邓昭华,刘垚,赵渺希,等. 城市公园游憩行为的性别差异:以广州人民公园为例［J］. 地域研究与开发,2014(5):109-114.

［3］胡毅,张京祥,徐逸伦. 基于女性主义视角的我国居住空间历史变迁研究［J］. 人文地理,2010(3):29-33.

［4］胡毅. 女性居住行为特征及其影响因素研究:以南京市为例［D］. 南京:南京大学,2009.

［5］李伯华,曾菊新. 农户居住空间行为演变的微观机制研究:以武汉市新洲区为例［J］. 地域研究与开发,2008(5):30-35.

［6］陆依依,保继刚. 西双版纳傣族"家"的旅游商业化研究［J］. 地理研究,2018(5):967-980.

［7］汤佩,陶伟,丁传标,等. 西方人文地理学文献中的"家"［J］. 地域研究与开发,2017(6):165-170.

［8］万蕙,朱竑. 中越通婚中越南女性的空间排斥研究:以云南省河口县桥头村为例［J］. 地理科学,2013(5):549-575.

［9］王欢. 空间的性别建构与解构［J］. 中华女子学院学报,2018(4):120-124.

［10］许圣伦,夏铸九,翁注重. 传统厨房炉灶的空间、性别与权力［J］. 浙江学刊,2006(4):205-209.

［11］郑诗琳,朱竑,唐雪琼. 旅游商业化背景下家的空间重构:以西双版纳傣族园傣家乐为例［J］. 热带地理,2016(2):225-236.

［12］周心琴. 西方国家乡村景观研究新进展［J］. 地域研究与开发，2007（3）：85 － 90.

［13］Alhuzail A N. "My Private Kingdom and Sometimes My Private Jail" the Meaning of Home in the Lives of Bedouin Women：Changes in the Home and Social Spaces and Their Implications for Bedouin Women［J］. Journal of Gender Studies，2018（6）：711 － 724.

［14］Blunt A. Cultural Geography：Cultural Geographies of Home［J］. Progress in Human Geography，2005（4）：505 － 515.

［15］Brickell K. "Mapping" and "Doing" Critical Geographies of Home［J］. Progress in Human Geography，2012（2）：225 － 244.

［16］Bryden I. There Is No Outer Without Inner Space：Constructing the Haveli as Home［J］. Cultural Geographies，2004（1）：26 － 41.

［17］Chee L. The Domestic Residue：Feminist Mobility and Space in Simryn Gill's Art［J］. Gender Place and Culture A Journal of Feminist Geography，2012（6）：1 － 21.

［18］Dixey R. A Means to Get out of the House：Working-class Women, Leisure and Bingo［J］. Women in Cities，1988（7）：117 － 132.

［19］Jones G. Experimenting with Households and Inventing "Home"［J］. International Social Science Journal，2002（164）：183 － 194.

［20］Mallett S. Understanding Home：A Critical Review of the Literature［J］. Sociological Review，2010（1）：62 － 89.

［21］Massey D. Space, Place, and Gender［M］. Minneapolis：University of Minnesota Press，1994：185 － 191.

［22］Massey D. Spatial Divisions of Labour：Social Structures and the Geography of Production［M］. London：Macmillan Press Ltd，1984：341 － 349.

［23］Mcdowell L，Kathryn R，Diane P，et al.. Women's Paid Work and Moral Economies of Care［J］. Social and Cultural Geography，2005（2）：219 － 235.

［24］Perkins H C，Thorns D C. House and Home and Their Interaction with

Changes in New Zealand's Urban System, Households and Family Structures [J]. Housing Theory & Society, 1999 (3): 124 – 135.

[25] Pred A. Structuration and Place: On the Becoming of Sense of Place and Structure of Feeling [J]. Journal for the Theory of Social Behaviour, 2010 (1): 45 – 68.

[26] Saunders P, Williams P. The Constitution of the Home: Towards a Research Agenda: Housing Studies [J]. Housing Studies, 1988 (2): 81 – 93.

[27] Seo Y S. A Study on Women's Space & Place in Sukyeongnangjajeon [J]. The Journal of Language & Literature, 2014 (6): 177 – 198.

[28] Sun Z, Luo W. Gendered Construction of Macau Casino: A Social Semiotic Analysis of Tourism Brochures [J]. Leisure Studies, 2016 (5): 509 – 533.

[29] Theodora G W, Elizabeth S V. Delegitimizing Wilderness as the Man Cave: The Role of Social Media in Female Wilderness Empowerment [J]. Tourist Studies, 2018 (3): 332 – 352.

乡村游客与居民民宿真实性感知比较研究——以成都明月村为例*

陈铭馨　余正勇　陈　兴　张　喆　郭思颖

伴随共享住宿的兴起与乡村振兴的全面推进，乡村民宿真实性感知逐渐成为旅游体验研究的新课题。真实性作为游客出游的内在动机，影响着游客个性化的民宿体验品质与满意度。

民宿作为新兴旅游业态，被视为解决"三农"问题和助推乡村振兴的有力抓手（游上等，2018），在带动乡村建设和发展（杨庆媛等，2021）的同时，也促进了地方文化的回归与重塑（卢世菊等，2019），影响着乡村三生空间的重构，多维度表征着乡村真实性及乡土性（侯玉霞等，2021）。民宿作为有温度的生活方式（王璐等，2021），其好客性质、家的感觉和真实性体验区别于酒店的标准化住宿（陈瑶等，2020）。相关研究注重从主客体角度切入民宿的体验感知，在感知客体方面，民宿游客的体验感知呈现层次性，既有实体空间、主人服务和区位环境的三维划分（侯玉霞等，2021），也有围绕功能性感知与文化感知的二维分解；在感知主体方面，民宿微空间包含民宿顾客、民宿主和民宿平台三元主体（黄和平等，2021）。有研究认为，民宿等共享住宿不

* 陈铭馨，余正勇，陈兴，等. 乡村游客与居民民宿真实性感知比较研究——以成都明月村为例［J］. 技术与市场，2022（2）：130–133.

仅激发了游客的客观性真实体验,也营造了一种"家"的定制真实(Wang,2007),并在主客互动与交流中逐渐获得建构真实和存在真实体验。随着旅游民宿对于美丽乡村建设的作用日益显著,民宿感知状况研究对旅游民宿和乡村发展至关重要(桑祖南等,2018)。但国内对于民宿真实性体验的研究尚处于起步阶段(陈瑶等,2020),且多集中在游客真实性感知方面。李超然(2016)通过对在线评论的归纳梳理,初步将民宿游客的真实感知提炼为文化和情感真实两个维度。焦彦等(2017)基于真实性视角讨论了市场体验规律,强调了主客互动过程的重要性,居民主体的参与对原真性的强化也非常重要(张涛等,2019),是游客民宿真实性感知的重要组成部分。然而,现有研究主要从游客视角进行探讨,忽视了社区居民作为体验者的角色,对社区居民的话语权关注不够(张星培等,2019),遮蔽了地方居民的生产生活诉求(徐红罡等,2012),不利于乡村整体发展。因此,综合研究游客和地方居民对民宿真实性的感知情况及差异具有必要性,既有助于指导游客端的民宿消费空间塑造,也有助于引导居民端的宜居生活构建。

鉴于此,研究综合考虑旅游主体与地方居民主体的角色变量,构建多维度民宿真实性感知评价模型,包括客观真实性、建构真实性、后现代真实性和存在真实性四种广泛接受的真实性维度,对乡村游客与地方居民的民宿真实性感知进行比较研究。

一、文献回顾及问卷设计

(一)旅游体验真实性研究

旅游体验研究多围绕旅游体验概念性质(张丽,2017)、体验模式(Uriely et al.,2002)、影响因素等议题的探讨。真实性作为旅游体验的核心概念(Cannell,1973),一直以来备受学界关注。真实性,即接近原真的程度,是一个基于主观价值和话语立场的动态概念,演变出绝对的真实、接近绝对意义的真实复制、符合人们意向的真实复制以及权威认定的真实与否等含义(Bruner,1994)。真实性研究由早期的遗产领域逐渐向旅游产品、活动仪式和游客体验领域拓展,被分为四个类型,包括客观主义真实、建构主义真实、后现代主义真实和存在主义真实(Wang,1999)。也有学者结合具体的案例研究将真实性感知构面分为客观真实性、建构真实性和存在真实性三个维度（张涛等，2019；肖轶楠等，2020），不同的研究视角有助于丰富对旅游真实性研究探讨。客观主义真实具有绝对的衡量标准，只与旅游客体本身有关，是建构主义真实的基础（Boorstin，1964）；建构主义真实是旅游主体基于客观真实基础上的主观建构（Cohen，1979）；后现代主义真实性不在乎是否真实，认为模仿和虚像比"真实"还要真实，呈现"超真实"状态（徐伟等，2012）；存在主义真实包括个体内在真实（Brown，2012）与人际互动真实（Kolar et al.，2010），强调自我的感知与参与互动中的人际获得（Wang，1999）。

随着共享住宿的兴起，民宿成为游客青睐的个性化住宿产品，满足了市场多样化体验需求。民宿的评价体系构建一直是学者们关注的热点，大量研究针对民宿资源（李德梅等，2015）、民宿信誉、民宿景观（余正勇等，2020）、游客民宿感知、游客民宿满意度等进行评价体系建构。不同民宿体验研究维度划分虽有差异，但也存在共性。大致与文化和旅游部最新公布的旅游行业标准《旅游民宿基本要求与评价》（LB/T 065-2019）及第1号修改单所列条例相吻合，主要集中在民宿的基础设施、区位环境、资源特色、服务品质、互动活动、地方文化等方面。

（二）乡村民宿真实性问卷设计

乡村民宿真实性感知评价体系的构建要在现实场景的基础上，以民宿内在特点及外在乡村环境为前提，于真实性理论框架中进行具体要素的考察和选取。民宿依托乡村闲置房屋和宅院进行改造利用，从而为游客提供走进田园、体验乡村文化和生活的机会，既有对乡村传统资源文化的传承和保护，也有融入现代技艺、理念的创意设计和更新改造。总体来看，乡村民宿是新与旧、传统与现代、真实与伪真实的结合体，其真实性体验感知的要素来源必然涉及民宿本体及其赖以生存和发展的乡村环境两个构面。乡村民宿空间既作为游客休闲度假的消费空间，也是地方居民生产生活的原生空间，真实性感知影响着游客的旅游体验（陈瑶等，2020）与再次消费意愿，也关乎地方居民的精神文化认同和地方归属（张涛等，2019）。因此，民宿真实性的感知构建需要兼顾游客和地方居民的差异诉求。既要厘清民宿自身的评价标准，也要考虑到乡村聚落的真实性，进而充分地结合和比对乡村与民宿标准的内在耦合点，科学、系统、全面地选取最能体现乡村民宿真实性的指标元素。

鉴于此,本文基于真实性理论视角,在综合参考真实性评价研究(肖轶楠等,2020;Cho,2012)、民宿相关评价研究(李德梅等,2015)和乡村真实性评价研究(徐伟等,2012;刘滨谊等,2002)的基础上,广泛征求旅游行业和民宿协会专家、乡村振兴局工作人员及乡村旅游领域学者的意见并确定问卷变量,包括客观真实性、建构真实性、后现代真实性和存在真实性4个核心变量维度和17个测量标准(见表1)。

表1 乡村民宿真实性感知测量标准

核心变量	测量题项	核心变量	测量题项
客观主义真实性(A)	民宿多是传统建筑、房屋(A1)	后现代主义真实性(C)	民宿的功能和景观标识很到位(C1)
	民宿风格古朴,原汁原味(A2)		民宿的休闲娱乐活动丰富(C2)
	民宿与乡村整体风貌相符合(A3)		民宿的网红景观很吸引人(C3)
	民宿分布遵从村落格局(A4)		民宿设计和主题风格新颖多样(C4)
	民宿对乡村传统建筑保存完好(A5)		
建构主义真实性(B)	民宿的经营具有地方特色和氛围(B1)	存在主义真实性(D)	民宿让我融入相关活动(D1)
	民宿餐饮产品具有原有品质(B2)		民宿的服务周到、热情好客(D2)
	民宿的地方文化延续完好(B3)		民宿让我重新认识了自己和乡村生活(D3)
	民宿手工文创和当地产品丰富(B4)		村内民宿让我感觉温馨、很享受(D4)

最终调查问卷包括两个部分:人口统计基本特征部分包括性别、年龄、收入和学历4个题项,真实性感知测量量表部分包括18个题项。量表部分观测指标采用李克特五点量表评定,根据赞同程度从"非常不赞同"到"非常赞同"依次赋值1~5分。

二、材料及研究方法

(一)调研地概况

本研究主要以明月村作为问卷发放地。明月村位于四川省成都市蒲江县甘溪镇西部,占地6.78平方千米,有村民727户、2 266人。全村拥有雷竹6 000亩、茶园3 000亩、生态种植业较为发达。自2013年以来,明月村在政府的主导下依托明月窑提出"文创+服务"的文化创意思路,重点引入外来创客和培育地方居民开办民宿等服务项目近30个,成为新晋"网红民宿"打卡地和

"理想村"生活之地。民宿吸引了大批游客慕名前来休闲度假，不仅带动了地方旅游经济收入，也有效促进了乡村振兴建设。先后获评"中国乡村旅游创客示范基地""全国乡村旅游重点村""中国传统村落活化最佳案例"，入选国家乡村振兴案例，成为民宿实践和乡村振兴的成功范例。

（二）研究方法

为了比较分析游客与地方居民对民宿的原真性感知，本研究主要采用独立样本 T 检验方法进行。独立样本 T 检验包括 F 检验和 T 检验两部分，其中，通过 F 检验处理比较两组及两组以上样本之间的方差，而 T 检验则用于判断两组平均值在选定方差较为显著的条件下，二者是否存在真正的差异。

（三）抽样调查

在 2020 年 10～11 月、2021 年 6～7 月，课题组采用方便抽样方式向明月村游客进行问卷发放。游客抽样以现场调查为主，辅以网络问卷进行，对于居民抽样则全部采用现场调查方式，调查的地点主要有明月食堂、游客中心、明月农夫集市等人口密集的地方。其中，地方居民包括民宿主及职员、旅游合作社工作人员和普通居民等。项目组共发放问卷 500 份，面向游客和居民各 250 份，回收有效问卷 485 份，其中，游客问卷 246 份，居民问卷 239 份，有效问卷率为 81.25%。居民及游客样本统计特征（见表 2 和表 3）。

表 2　　　　　　　　　　本地居民样本统计特征

基本特征	样本分组	频数	百分比（%）	基本特征	样本分组	频数	百分比（%）
性别	男	87	36.4	学历	高中以下	60	25.1
	女	152	63.6		高中（含在读）	55	23.0
年龄	20 岁以下	10	4.1		大专（含在读）	58	24.3
	20～29 岁	27	11.2		本科（含在读）	52	21.8
	30～39 岁	38	15.8		硕士及以上	14	5.9
	40～49 岁	92	38.4	月收入	2 000 元以下	26	10.9
	50～59 岁	65	27.1		2 000～3 999 元	46	19.2
	60 岁及以上	7	2.9		4 000～5 999 元	95	39.7
					6 000 元及以上	72	30.1

表3　　　　　　　　　　　　游客样本统计特征

基本特征	样本分组	频数	百分比（%）	基本特征	样本分组	频数	百分比（%）
性别	男	92	37.4	学历	高中以下	15	6.0
	女	154	62.6		高中（含在读）	35	14.2
年龄	20 岁以下	12	4.8		大专（含在读）	68	27.6
	20～29 岁	75	30.4		本科（含在读）	92	37.3
	30～39 岁	82	33.3		硕士及以上	36	14.6
	40～49 岁	46	18.6	月收入	2 000 元以下	36	14.6
	50～59 岁	28	11.3		2 000～3 999 元	43	17.5
	60 岁及以上	3	1.2		4 000～5 999 元	75	30.5
					6 000 元及以上	92	37.4

在样本性别分布方面，游客和地方居民男女比例相差不大，女性占比皆大于男性。调研过程中发现，明月村游客群体中女性较多，村内居民多以女性为主，不少男性居民外出务工或做生意。

在样本年龄分布方面，游客样本 20～29 岁与 30～39 岁的群体为调研的主要人群，分别占 30.4% 与 33.3%，40～49 岁的群体占 18.6%，三类群体共占 82.3%。可知游客样本年龄层集中在 20～50 岁，案例地旅游群体主要是中青年群体。地方居民样本中 40～49 岁与 50～59 岁的受访者为调研的主要群体，分别占 38.4% 与 27.1%，30～39 岁占 15.8%，三类人群共占 81.3%。地方居民样本年龄层集中在 30～60 岁，地方居民较外来游客年龄总体偏大，反映出案例地在地居民以中老年人群为主。

在样本受教育程度分布方面，游客学历以大专、本科、硕士为主，分别占 27.6%、37.3%、14.6%；而地方居民学历程度以高中以下、高中、大专为主，分别占 25.1%、23.0%、24.3%。总体上来看，外来游客学历水平高于地方居民。

在样本家庭收入分布方面，游客样本在 4 000～5 999 元和 6 000 元及以上的分别占 30.5%、37.4%，地方居民样本占 39.7%、30.1%，游客和地方居民样本收入情况整体差异不大，都集中在 4 000～5 999 元和 6 000 元及以上两个段，结合现场调研发现游客和地方居民普遍经济条件较好，明月村居民收入可观。

三、结果分析

本研究通过内部一致性 a 值对样本信度进行检测。各真实性感知维度 Cronbach's α 系数如表 4 所示，Cronbach's α 均在 0.8 以上，表明本研究中测量变量的信度较为理想。

表 4　　　　　　　　真实性感知维度一致性的 a 值

类别	Cronbach's α
客观主义真实性感知	0.899
建构主义真实性感知	0.881
后现代主义真实性感知	0.908
存在主义真实性感知	0.908

（一）客观主义真实性感知比较分析

遗产客观真实性包括客观存在性和客观保护性两个部分（肖轶楠等，2020）。为此，本研究设置了五个题项，其中，A1 ~ A3 题项为民宿的乡村事实客观存在性陈述，A4 题项和 A5 题项是民宿对乡村聚落风貌的保护性陈述。

表 5　　　　　　　游客居民客观主义原真性感知对比

项目	平均值		标准差		t 值
	游客	居民	游客	居民	
民宿多是传统建筑、房屋（A1）	3.34	3.85	1.066	0.894	2.575 *
民宿风格古朴，原汁原味（A2）	3.50	3.91	0.953	0.915	2.217 *
民宿与乡村整体风貌相符合（A3）	3.70	3.93	0.952	0.827	1.334
民宿分布遵从村落格局（A4）	3.71	4.07	0.847	0.854	2.075 *
民宿对乡村传统建筑保存完好（A5）	3.39	4.02	0.888	0.830	3.666 ***

注：* 表示 $p < 0.05$；*** 表示 $p < 0.001$。

对于乡村民宿的客观真实性感知，由分析发现（见表 5），游客的民宿客观真实性感知平均值较低，集中在 3.3 ~ 3.8；而居民集中在 3.8 ~ 4.1，在民宿对乡村风貌建筑的客观保护性方面都超过了 4 分。对比平均值可知，在乡村民宿的客观存在性感知方面，游客和居民的感知程度普遍较低，且除民宿与乡村的整体风貌题项外存在显著差异，说明民宿对乡村客观事实存在性的展示程度不够。而民宿对于乡村建筑风貌的客观保护性方面总体均值较高,表明民宿对乡村风貌的保护较好,同时,居民的保护性感知明显高于游客,存在显著差异。

(二) 建构主义真实性感知比较分析

建构主义真实主要是由地方经营氛围、文化、文创等塑造的(张星培等,2019)。本研究围绕乡村民宿设置了4个题项,包括民宿的经营特色和氛围、餐饮产品和品质、地方文化、手工文创和本土产品4个方面。

对于建构主义真实性感知,由分析发现(见表6),在平均值分布上,游客的民宿建构性真实性感知普遍不高,低于4分;而居民的建构主义真实性感知评价一致性较高,高于4分。对比平均值来看,除民宿手工文创和产品外,游客与居民对于乡村民宿的建构真实性感知存在显著差异,且游客的感知程度显著低于居民感知。

表6   游客居民建构主义真实性感知对比

项目	平均值		标准差		t 值
	游客	居民	游客	居民	
民宿的经营具有地方特色和氛围 (B1)	3.73	4.07	0.863	0.800	2.004 *
民宿餐饮产品具有原有品质 (B2)	3.66	4.17	0.900	0.709	3.417 *
民宿的地方文化延续完好 (B3)	3.70	4.22	0.893	0.696	3.231 *
民宿手工文创和当地产品丰富 (B4)	3.91	4.15	0.900	0.666	2.075

注: * 表示 p < 0.05。

(三) 后现代主义真实性感知比较分析

后现代主义真实性不在乎传统的客观真实,认为仿真的事物远比原物更真实(徐伟等,2012)。乡村民宿作为一种备受青睐的住宿业态,为了吸引游客,常常借助系列特殊的景观标识、网红效应、主题风格和体验活动带给体验者不一样的经历与回忆。据此,本研究设计了4个后现代主义真实性感知题项。

对于后现代主义真实性感知,由分析发现(见表7),在平均值方面,游客的后现代主义真实性感知整体较低,低于3.7分;居民的后现代主义真实性感知整体高于3.8分,其中C1题项超过了4分。对比平均值发现,居民的后现代主义感知程度高于游客，且在 C2 和 C3 两个题项上存在显著差异。

表 7 游客居民后现代主义真实性感知对比

项目	平均值		标准差		t 值
	游客	居民	游客	居民	
民宿的功能和景观标识很到位（C1）	3.55	4.02	0.851	0.774	2.878
民宿的休闲娱乐活动丰富（C2）	3.25	3.80	0.977	0.859	3.009*
民宿的网红景观很吸引人（C3）	3.36	3.96	0.962	0.918	3.179*
民宿设计和主题风格新颖多样（C4）	3.64	3.89	0.903	0.795	1.458

注：* 表示 $p < 0.05$。

（四）存在主义真实性感知比较分析

存在主义真实性既包括个体内在真实，也包括人际互动真实（Wang，2007）。随着旅游的深入发展，人们出游不仅是为了发现和体验"他者"的世界与生活，更是为了寻找自我、充实自我，追求一种理想的生活方式。本研究围绕乡村民宿的存在真实性设计了 4 个题项。

对于存在主义真实性感知，由分析发现（见表 8），在平均值方面，游客对于乡村民宿的存在真实性感知整体在 3.5 分以上；而居民除了 D1 题项外，对民宿的真实性感知都超过 4.1 分，具有较高的感知程度。对比平均值发现，乡村民宿存在主义真实性各题项中，游客与居民的平均值都较高，居民感知程度均高于游客，且二者感知评价存在显著差异。其中，居民与游客对于"村内民宿让我感觉很温馨、很享受"的评分都达到最高。

表 8 游客居民存在主义真实性感知对比

项目	平均值		标准差		t 值
	游客	居民	游客	居民	
民宿让我融入相关活动（D1）	3.45	3.87	0.893	0.749	2.559*
民宿的服务周到、热情好客（D2）	3.66	4.17	0.815	0.893	3.411**
民宿让我重新认识了自己和乡村生活（D3）	3.57	4.17	0.828	0.739	3.835***
村内民宿让我感觉温馨、很享受（D4）	3.68	4.26	0.897	0.681	3.627***

注：* 表示 $p < 0.05$；** 表示 $p < 0.01$；*** 表示 $p < 0.001$。

四、游客与居民对乡村民宿真实性感知差异分析

由上述分析结果可知，游客与居民对于乡村民宿真实性感知存在的差异，有必要进一步分析二者差异背后的可能原因。乡村民宿的客观真实性感知主要体现在民宿客观存在性和客观保护性两个维度，客观存在性细化为民宿对传统建筑、房屋风格、乡村风貌的展示，而客观保护性具体表现在民宿对村落格局的遵循和传统建筑的保存两个方面。游客与居民的民宿客观真实性感知差异主要集中在以上方面，外来游客的感知评价显著低于地方居民。根据理论梳理和现场调研，笔者认为，差异形成的原因有以下方面：第一，民宿的客观真实性感知是客观存在的，可以根据具体的衡量标准加以鉴定，但严苛的标准存在一定的权威性影响。客观真实性有严苛的衡量标准，这些标准往往是由地方政府、行业专家和乡村精英等加以制定，且这些人群在乡村社区群体中具有较强的话语权和影响力，受到"权威性"和"专业性"的影响，地方居民对于民宿的客观真实性感知呈现较高的评价。而游客大多抱着休闲放松、探奇求异的游玩心态，评判过程往往不会"过于较真"，完全凭自己直觉进行打分。第二，对于民宿客观真实性的判断依赖于一定的专业知识背景，游客与居民的民宿信息存在不对称性。相比生于斯、长于斯的居民，外来游客了解明月村民宿的渠道大多通过零碎的网络、自媒体资讯，亲朋好友介绍、旅游手册等的介绍，对于民宿乃至明月村的了解度都不是太高，因而导致感知出现差异。

对于民宿的建构主义真实性，地方居民的感知评价整体好于外来游客，二者在经营氛围特色、餐饮产品口味和品质、地方文化延续情况方面感知评价存在显著差异，而对于手工文创的感知不存在差异。原因在于，建构真实是体验者根据自身经验、知识和偏好对于具体事物的社会性建构（张星培等，2019），受到社会因素影响，不同个体对于民宿的真实性有着动态地、差异化地建构。地方居民群体与民宿有着错综复杂的关系网络，该群体包括外来的民宿项目创客、本土民宿创业精英、就地民宿就业者和民宿果蔬原材料的供应者。因此，他们普遍对地方民宿较为熟悉，与民宿的人和物有着特殊的联结和感情，对民宿真实有较好的感知。而游客一方面可能对于本土民宿较为陌生，相关感受浮

于表面，对于目的地的接触度和文化熟悉度处于劣势；另一方面不自觉地将其他地方的民宿与明月村的民宿进行比较，容易形成落差，进而形成较低的感知评价。

对于民宿的后现代主义真实性，地方居民整体感知略高于外来游客，在民宿体验活动和民宿网红景观方面存在显著差异。民宿作为新兴产业既是对传统乡村风貌的延续和保护，更是一种融合现代功能和艺术审美的创意改造设计，满足了后现代主义思潮对于"超真实"的需求。而存在差异的原因可能在于以下方面：其一，明月村的民宿改造不是一味地迎合游客需求，更注重本地文化肌理和居民诉求。民宿作为明月村谋求振兴的战略途径之一，重在传承和创新本土文化，尊重居民的价值取向和生产生活诉求，既满足居民对过去乡村生活的怀旧体验，也营造了当下温情的乡居生活，成为居民喜闻乐见的新事物，有机地融入了乡村聚落和居民生活，从而有较好的感知评价。其二，游客和居民对民宿的熟悉程度和真实要求存在差异。相比游客的短暂邂逅、粗浅一瞥或简单体验，地方居民早已习惯将民宿作为家乡的一道风景线和乡民间"串门子"的好去处，因而居民比游客更加熟悉民宿。同时，游客基于见多识广的游历经验对民宿网红景观、体验活动、主题风格等有着比居民更高、更多样的要求，因而整体感知评价低于居民。

对于民宿存在主义真实，地方居民真实感知显著高于外来游客。民宿作为好客性住宿，其个体内在真实性来源于体验者自我感悟与自我思索，而人际互动真实性则是体验者在参与和体验过程中与其他游客、地方居民和民宿主等的交流互动中获得。居民与游客感知差异的原因也主要集中这两方面：首先，个体的资源信息和生活背景导致个体内在真实性感知差异。个体内在资源包括个体自身特征、知识文化和关系网络等方面，而生活背景包括个体以往的生活成长经历和目前甚至未来的生活愿景。明月村居民包括新乡民和老村民，社区通过"外引内培"、讲堂、晨跑、环保等村民集体活动拉近新老村民距离，构建和谐社区关系，在新村民的带领和民宿产业的助推下，老村民变富、乡村变美，使居民自身的获得感和主体感增强。对居民而言，乡村是自己生长的"家"，对地方民宿等认同较高，而对大多数都市游客来说，明月村仅仅是他们短暂停留之地，尚未形成地方认同，所以评价不高。其次，互动体验程度影响二者感知。民宿虽为好客性住宿产品，经营者热情招待游客，但游客终究是外来的"客人"，仍然具有浓郁的商业氛围，游客的互动程度与文化涉入程度也有所局限。而居民作为民宿创业者、经营参与者或民宿原材料供给者，与民宿的人和物发生着频繁的生活实践与互动，随着民宿旅游的兴起，触发社区群体文化自觉和地方认同，居民的主人翁意识日渐增强，并主动参与到民宿经营和旅游实践之中，将民宿视为适合乡村发展的方式和传递乡村美好生活的有效途径。因此，居民的存在真实性显著高于外来游客。

五、结论

本研究基于乡村民宿真实性感知模型，通过独立样本 T 检验方法，围绕民宿客观主义真实感知、建构主义真实感知、后现代主义真实感知和存在主义真实感知四个维度对游客与居民感知评价加以比较分析。总体上，地方居民的真实性感知评价好于外来游客。其中，在客观主义真实感知方面，除民宿与乡村整体风貌题项外，游客和居民客观真实感知方面存在显著差异，且客观保护性评价高于客观存在性评价。在建构主义真实感知方面，除民宿手工文创题项外，居民建构真实感知显著高于外来游客。在后现代主义真实感知方面，居民仅在民宿体验活动和网红景观两个题项上与游客存在显著差异。在存在主义真实感知方面，居民与游客的感知评价打分都较高，其中地方居民在个体内在真实和人际互动真实方面都显著高于外来游客。

明月村作为乡村振兴战略背景下民宿旅游兴村的成功范例，依托地方陶瓷文化、传统林盘风貌和优越的生态资源探索出"文创＋服务"的创意发展思路。结合地方发展历程和调研分析发现，明月村在大量引进外来创客的同时注重培育本土精英人才，民宿设计改造过程并非一味地迎合游客凝视需求，更多的是关注地方文化肌理和村落风貌格局，尊重居民的主体地位和价值取向，并借助讲堂、集市、晨跑等丰富的活动增进新老村民的日常生活互动实践，让社区居民在物质和精神层面都得到满足，有较好的生活体验和地方文化认同。随着旅游的兴起，居民自发地参与乡村旅游实践，民宿作为适合乡村风貌维护和经济增收的有效途径，通过民宿创业、就业和合作等多种方式与地方居民构建了错综复杂的关系网络，民宿俨然成为居民熟悉的靓丽的风景线，整体感知评价较好。而乡村民宿的发展既要重视居民的真实性感知，也要注重游客的真实性诉求。基于前面的分析与讨论，明月村民宿进一步的真实性塑造可以从以下方面展开：第一，应依托居民的良好评价促进和带动游客的感知评价，注重对明月村真实性符号的深入挖掘与合理借用，多维度强化民宿的客观存在性呈现；第二，丰富乡村民宿营销内容和途径，加深游客对民宿信息的了解，有利于引导游客对民宿的真实性感知建构；第三，鼓励居民的参与实践，增进游客与居民、民宿主之间的交流互动，促进游客人际互动真实的产生。通过围绕客观、建构、后现代和存在主义四个方面，综合提升乡村民宿的游客真实性感知，提高其旅游体验满意度和目的地忠诚度，激发其重游意愿的产生，充分发挥民宿助推乡村振兴的作用。

参考文献

［1］陈瑶，刘培学，张建新，等. 远方的家——中国游客共享型住宿的入住选择与体验研究［J］. 世界地理研究，2020（1）：181 – 191.

［2］侯玉霞，代涵奕. 乡村民宿旅游导向下民族村寨"三生空间"的演变与重构——以恭城瑶族自治县红岩村为例［J］. 贵州民族研究，2021（2）：93 – 100.

［3］黄和平，邝振华. 民宿文化微空间的游客感知多维分异与地方认同研究——以上海地区为例［J］. 地理研究，2021（7）：2 066 – 2 085.

［4］焦彦，徐虹，徐明. 游客对商业性家庭企业的住宿体验：从建构主义真实性到存在主义真实性——以台湾民宿住客的优质体验为例. 人文地理，2017（6）：129 – 136.

［5］李超然，张超. 游客对民宿的原真性体验研究——以丽江古城"亲的"客栈为例［J］. 旅游纵览（下半月），2016（14）：72 – 73 + 75.

［6］李德梅，邱枫，董朝阳. 民宿资源评价体系实证研究［J］. 世界科技研究与发展，2015（4）：404 – 409.

［7］刘滨谊，王云才．论中国乡村景观评价的理论基础与指标体系［J］．中国园林，2002（5）：77－80．

［8］卢世菊，吴海伦．精准扶贫背景下民族地区民宿旅游发展研究［J］．贵州民族研究，2019（1）：135－138．

［9］桑祖南，冯淑霞，时朋飞，等．基于IPA理论的旅游民宿感知：重要性、满意度和差异——以湖北省恩施州为例［J］．资源开发与市场，2018（7）：992－997．

［10］王璐，郑向敏．乡村民宿"温度"与乡村振兴［J］．旅游学刊，2021（4）：7－10．

［11］肖轶楠，李玺．文化遗产地中外游客原真性感知比较研究——以北京城为例［J］．干旱区资源与环境，2020（4）：203－208．

［12］徐红罡，万小娟，范晓君．从"原真性"实践反思中国遗产保护——以宏村为例［J］．人文地理，2012（1）：107－112．

［13］徐伟，李耀．古村落旅游真实性感知的指标构建及评价——基于皖南古村落的实证数据［J］．人文地理，2012（3）：98－102．

［14］杨庆媛，张荣荣，苏康传，等．基于巴渝民宿的乡村营造研究［J］．西南大学学报（自然科学版），2021（7）：1－10．

［15］游上，史策．发展民宿旅游助力乡村振兴［J］．人民论坛，2018（13）：96－97．

［16］余正勇，陈兴，李磊，等．民宿对乡村文化传承创新的评价指标体系构建［J］．四川旅游学院学报，2020（6）：81－86．

［17］张丽．基于小众群体的旅游地主客交往理论新探索．地域研究与开发，2017（6）：82－86．

［18］张涛，李玺，温慧君．民俗节庆原真性对游客体验的影响研究——以那达慕为例［J］．干旱区资源与环境，2019（6）：192－197．

［19］张星培，乌铁红．民族饮食文化空间的主客真实性体验差异——以格日勒阿妈奶茶馆为例［J］．美食研究，2019（3）：5－12．

［20］Boorstin D. The Image：A Guide to Pseudo-events in America［M］New

York: Harper & Row, 1964: 77 – 11.

[21] Brown L. Tourism: A catalyst for existential authenticity [J]. Annals of Tourism Research, 2012 (1): 176 – 190.

[22] Bruner E M. Abraham Lincoln as authentic reproduction: a critique of postmodernism [J]. American Anthropologist, 1994 (2): 397 – 415.

[23] Cannell M D. Staged authenticity: Arrangements of social space in tourist settings [J]. American Journal of Sociology, 1973 (3): 589 – 603.

[24] Cho M H. A study of authenticity in traditional Korean folk villages [J]. International Journal of Hospitality & Tourism Administration, 2012 (2): 145 – 171.

[25] Cohen E. Rethinking the sociology of tourism [J]. Annals of Tourism Research, 1979 (1): 18 – 35.

[26] Kolar T, Zabkar V. A consumer-based model of authenticity: An oxymoron or the foundation of cultural heritage marketing [J]. Tourism Management, 2010 (5): 652 – 664.

[27] Uriely N, Yonay Y, Simchai D. Backpacking experiences: a type and form analysis [J]. Annals of Tourism Research, 2002 (2) : 520 – 538.

[28] Wang N. Rethinking authenticity in tourism experience [J]. Annals of Tourism Research, 1999 (2): 349 – 370.

[29] Wang Y. Customized Authenticity Begins at Home [J]. Annals of Tourism Research, 2007 (3): 789 – 804.

触媒理论下民宿对乡村生态振兴的影响研究——以成都明月村为例*

游贤雨　余正勇　何　昊　陈　兴

党的十八大以来，生态文明建设上升到国家战略高度，伴随党的十九大乡村振兴战略的提出，如何协同好乡村振兴与绿水青山的内在关系、统筹推进美丽乡村建设、构建宜居家园成为时代新命题。民宿作为都市人群追求"诗意栖居"的现实空间，也是联结"乡愁"的精神载体，促进了城乡资本、人才等要素的双向流动，是美丽乡村和生态文明建设的手段和着力点（张海洲等，2019）。

民宿得益于良好丰富的自然资源和环境，其发展的向好也必然需要保护好周边环境，维护当地生态质量，这一观点已然成为各界共识。随着民宿行业的兴起，相关研究综合探讨了民宿与地方产业经济、文化传承、社会治理和生态建设的影响关系与协同路径。其中，关于民宿发展与生态构建方面，早期研究多以生态理念视角探讨了民宿的规划和装饰（李琴等，2020），围绕设计理念层、营造技术层和环境体验层方面分析了民宿的可持续性设计（华亦雄等，

* 游贤雨，余正勇，何昊，等.触媒理论下民宿对乡村生态振兴的催化研究——以成都明月村为例［J］.湖南农业科学，2021（7）：100–106.

2016），尝试将民宿建设为乡村旅游转型升级的样板（叶辉，2013）。民宿除了具有良好的经济效益外，能够成为当地绿色经济发展的排头兵（姜岩，2019），在经营管理过程中践行节能环保理念，注重规划引领（朱晓辉等，2019），绿化周围环境。游上等（2019）基于自组织理论视角，重构乡村民宿聚落"三生"空间协同演化优化模型，有助于乡村"三产"联动发展，从而助力乡村振兴。魏燕妮（2020）基于北京市郊乡村民宿案例的研究，发现打造特色品牌、提升服务水平、创新经营模式、健全监管体制，有助于推动地方建立乡村民宿业发展综合管理体制，实现乡村"生态美"与"百姓富"的有机统一。有学者认为，生态旅游游客和民宿游客对生态景观的选择喜好存在较大差异（Kuo et al.，2012），因而如何实现民宿旅游与生态民宿的融合发展具有重要意义。

然而，尽管学界围绕乡村生态建设和民宿发展议题积累了丰富的研究文献，但多围绕乡村民宿规划设计、景观修复、经济带动等方面分析其对地方生态的影响带动作用，将民宿实践视为生态建设的有效路径。较少有研究基于实际案例探讨民宿本身对乡村生态振兴的作用机制及内在逻辑。鉴于此，本文以四川蒲江明月村作为典型案例，尝试引入触媒理论审视和分析民宿产业对明月村生态振兴的作用机制，提炼出以民宿作为生态触媒持续催化乡村生态振兴建设的内在逻辑和路径。

一、触媒理论基础及研究框架

（一）触媒理论

"触媒"是指一种催化剂，以少量物质促成显著的化学反应，在高效率运行的同时，该物质原本质量和属性损耗少或者不损耗。触媒反应发生期间，被触媒所催化的事物或环境则是触媒效应。1989 年，韦恩·奥图和唐·洛干（1994）在《美国都市建筑：城市设计的触媒》一书中将城市触媒概念引入建筑学界。城市触媒理论最初被应用于城市开发和街道更新中，目的在于分析和探讨出城市规划和城市研究中可供利用的元素，以此为出发点研究如何优化城市发展模式。

触媒理论引入城市规划领域以来，引起了国内外学者广泛而深刻的探讨，现有的文献主要研究城市规划、建筑设计、旅游等领域。金广君等（2006）对城市触媒的特点进行系统性总结，并且分析说明了城市设计中触媒的影响范围；

申红田等（2016）提出了基于触媒理论的旧城更新建议，总结归纳触媒策略：引入新元素、激发效应、强化效应、修复效应和创造效应；罗秋菊等（2010）以会展中心为研究对象，说明了触媒在城市空间发展中的触媒作用；周有军等（2010）以特色空间为触媒探究四川平乐古镇的保护和可持续发展道路。大量研究相继将触媒理论引入地方旅游发展（程露等，2019）、传统村落保护规划（王鑫鑫等，2018）之中，有学者认为寻找乡村触媒是解决乡村问题的关键（翟辉，2016）。以往研究中，触媒理论在乡村与生态问题研究中得到了很好的运用。

本文将民宿视为生态触媒，在乡村地域内发挥着宽泛而深远的触媒效应，激活了乡村丰富的储量资源，带动地方发展建设。而引入触媒理论，有助于深化民宿对乡村生态振兴机制构建和催化作用的认识。

（二）民宿对乡村生态振兴的表现

1. 民宿的触媒效应

在乡村振兴战略的背景下，乡村民宿作为一种新兴业态在全国各地乡村涌现，备受政府、资本和出游者等喜爱。"乡村民宿"融合当地自然景观、人文意识、物质材料、生活生产方式，为旅游者提供一种乡土自然、生态原真的住宿体验服务。而结合触媒理论审视乡村民宿的兴起与火爆现象背后，民宿作为一种生态触媒，能够对乡村生态振兴产生重要作用，主要表现为民宿单体的局部触媒效应、民宿的带状触媒效应和环状触媒效应（见图1）。

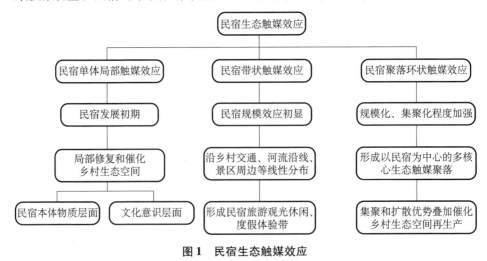

图1　民宿生态触媒效应

民宿单体的局部触媒效应：民宿发展初期，单个民宿对乡村空间肌理的局部生态修复和催化。一方面体现在民宿本体的物质层面，涵盖闲置宅院、民居的盘活，废弃老旧物件的摆设活化利用，地域性景观元素的装饰呈现，传统风貌建筑的维护，民宿环保新材料、低碳节能装置和功能融入，生态厕所的引入；另一方面是文化意识层面的触发，例如乡土材料保护利用意识、地方文化符号元素展示、民俗乡村文化传承、手工技艺和艺术展示。

民宿的带状触媒效应：民宿规模效应逐渐显现，沿着乡村交通、河湖沿线和景区周边等线性分布，依托民宿的带状分布整合沿线资源形成民宿生态旅游观光带，休闲度假体验带，塑造乡村发展特色主题，提升市场吸引力。

民宿聚落的环状触媒效应：民宿发展程度进一步提升，规模化和集聚化程度加强，在乡村地域内形成了以民宿为中心的多中心生态触媒聚落，民宿集聚优势和扩散优势叠加形成强有力的环状触媒效应。

总体来说，乡村地域内民宿生态触媒效应与民宿的发展程度密切关联，民宿初期在单体民宿的引导带动下形成局部的修复更新，随着民宿的增加，逐渐呈现带状的触媒效应，当民宿规模化发展到一定程度时，民宿聚落或民宿协会联盟形成，以环状或面状触媒效应持续催化乡村生态空间的塑造与再生产，全面激发地方内源性发展动力和外部发展力量。

此外，乡村振兴目标的实现有赖于城市和乡村的统筹发展，协同推进。而民宿生态触媒效应的发挥有助于破解城乡发展失衡格局，推动城乡经济、社会和生态建设融合发展。在城市化和逆城市化共存的时代背景下，乡村民宿的兴起在一定程度上扭转了乡村要素向城市的单向流动，逐渐向城乡要素双向流动转换。民宿促使城市的理念、技术、信息、人才、资本、服务等要素资源向乡村流动，乡村自然生态环境的治理和人文生态的修复，又为城市提供了体验良好的生态环境、优质的空气质量、乡愁情怀、农耕休闲的机会。民宿在保留乡村景观风貌和传统文化的同时，其生态触媒效应也强化了城乡生态资源的互补和共享，有助于破解城乡生态二元结构，构建城乡融合发展的乡村生态建设模式，促进乡村生态振兴和绿色发展（见图2）。

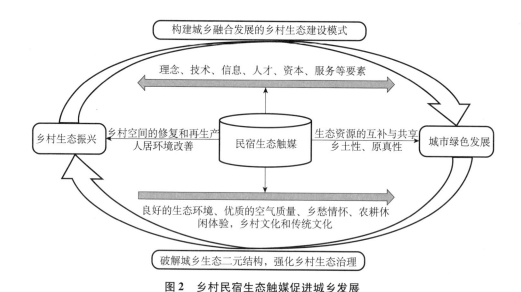

图2　乡村民宿生态触媒促进城乡发展

2. 民宿生态触媒的作用路径

本文认为，民宿引导下乡村生态振兴是以乡村自然生态和人文生态为中心，发展过程中突出乡村性、生态性、可持续性的乡村转变和更新行动及举措。民宿催化效应覆盖乡村生态政策、人才、活动、产业、理念等多维度振兴方面，由于其生产和消费的在地性和同步性，为乡村发展营造了良好的乡村人居环境和人文环境，进一步实现乡村地方主体相互促进。因此，以民宿业为代表的旅游可以成为实现乡村生态振兴的有效触媒之一，具体实践中，可从民宿产业视角探讨乡村生态振兴的具体路径。

如图3所示，民宿作为乡村生态触媒点，借助民宿产业的发展联动政府、外来精英、地方乡贤等众多主体，注入乡村发展的空间，成为乡村生态治理和发展的实践主体，共建共享营造生态社区，在政府政策导向下确定乡村生态发展基调，外来精英引导人才、产品、资金等各类资本要素进入乡村，联合地方乡贤及游客共创生态想象空间，通过能人带动、主客互动、生态活动、乡土美食等途径构建循环发展的人文生态空间，从而传承和振兴乡村文化生态。此外，依托民宿产业实践和理念引领，联动第一产业和第三产业，将乡村传统手工业、农业与民宿业、文创产业融合发展，链式带动乡村产业生态振兴；社区

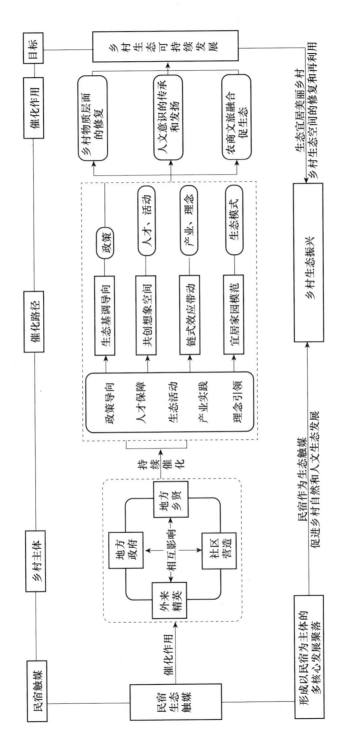

图3 民宿生态触媒对乡村生态振兴的催化作用

培训现代生态观、环保观、可持续发展观,强化村民基于共同体价值的生态振兴意识,修复和优化自然生态和人文生态,激发和培育乡村地区的自我管理能力,依靠内部和外部力量构建生态振兴的互动空间,进一步促进乡村生态可持续发展,实现乡村的生态振兴,宜居建设。

二、案例分析及生态发展困境

(一) 案例概况

1. 发展现状

明月村,位于四川省成都市蒲江县甘溪镇西部。距离成都市区 90 千米,占地 6.78 平方千米,有村民 727 户、2 266 人。明月村地处蒲江、邛崃、雅安三地交界地带,该地高岭土丰富,邛窑历史悠久,村内的明月窑被誉为活着的邛窑。全村拥有雷竹 7 000 亩、茶园 2 000 亩,森林覆盖率达 46.2%。

从市级贫困村到乡村旅游示范基地,明月村发展经历了三个阶段(见表 1):2009 年以前—2009～2013 年—2013 年以后。2013 年后明月村开始发展民宿等创新服务产业,通过优化乡村生态环境,依托竹海茶山松林古窑等资源,启动明月国际陶艺村项目,引入新村民,新老村民共同发展文创产业和乡村旅游项目,获得诸多荣誉,成为乡村振兴的优秀样板。2018 年 9 月 3 日,四川省乡村振兴大会代表到明月村考察,明月村乡村振兴工作受到与会代表的高度赞扬。

表 1 明月村发展阶段

时间	主要产业	发展状况	环境政策
2009 年以前	茶叶、柑橘	土壤质量不宜种植,农作物产量低	农民工进城 农村经济结构调整
2009～2013 年	雷竹笋、柑橘、茶叶等	土壤有机质含量低、农药污染严重	城乡统筹 反哺农业 新农村建设
2013 年以后	茶叶、雷竹笋、陶器、文创旅游等农商文旅融合发展	发展生态农业和传承手工业,提高环境保护意识	乡村建设 生态农业 环境保护

2. 生态状况

2009 年以前，主要依靠传统农业谋生，当地土壤干土坚硬、湿土透水性差，当地农作物产量低；2009～2013 年，引入雷竹、柑橘、茶叶等经济作物，生猪、家禽养殖量大幅减少，农家肥减少，导致化学肥料用量增加，土壤有机质含量减低，农药污染严重。明月村生态状况演变和农业经济状况如表 2 和表 3 所示。

表 2   明月村生态状况演变

时间	主要产业	自然生态	人文生态
2009 年以前	传统农业	土壤质量不宜种植，农作物产量低	缺失
2009～2013 年	雷竹、柑橘、茶叶等	土壤有机质含量低、农药污染严重	缺失
2013 年以后	民宿、文创、猕猴桃等农商文旅融合发展	发展生态农业和手工业，培养环境保护意识，重视环境教育和社区发展，构建"文创＋"模式的生态村	传承明月窑文化注入文化之魂追求理想之村

表 3   明月村农业经济状况

时间	肥料	种植	养殖	林业	手工艺
2009 年以前	农家肥菜籽饼秸秆化肥	油菜、小麦、玉米、水稻	猪牛鸭鸡鹅	乔木：马尾松、水杉、板栗、木桐子等 灌木：油茶、杜鹃、覆盆子等 地被：野生菌等	染布制陶竹编
2009～2013 年	农家肥菜籽饼化肥	油菜、水稻、玉米柑橘、茶叶、柚子	猪鸡鸭鹅	马尾松、竹	制陶
2013 年以后	化肥	柑橘、茶叶、雷竹、猕猴桃	猪	马尾松、竹	染布制陶

（二）生态困境

1. 人口流失，地方主体缺少

人才是乡村生态治理的主体，在一定程度上，人才的数量和质量决定了乡村生态环境的发展。农村主要劳动力人口和内部精英大量迁入城市，农业从事人员减少，明月村"空心化"成为常态，地方主体缺失意味着乡村生态环境治理的中坚力量不足，引发人文生态的衰败。传统川西院落、民居、宅院闲置，年久失修，无人问津，地方性建筑消损；文化展演、实践、保护、传承主体的缺失，导致地方文化景观和民俗活动的弱化和消损；建设主体的缺失，影响地方文化认同构建，乡村生态内生发展动力不足。

2. 产业单一，产业动能不足

明月村传统经济的发展方式多为粗放式，对乡村的生态环境建设造成了很大的阻碍。2009 年以前，明月村过度依赖传统农耕作业，化肥和农药的过度使用引发土壤板结、肥力下降、产量下降等农业困境；传统手工制陶缺乏相关产业联动，处于衰败停滞状态，失去经济效益；过度依赖农耕和林木经济，导致"低经济、高污染"的生态恶性循环。

3. 保护乏力，生态意识薄弱

目前，多数乡村居民的生活生产观念是粗放发展式，以满足自身利益为需求，肆意消耗自然资源。明月村村民环保意识缺乏，生活和劳作垃圾随意堆积和焚烧；绿化认识不到位，生活以柴火为主，大量砍伐马尾松，树木覆盖面积急剧下降；缺乏对有机蔬菜、有机水果等生态产品观念，过度依靠传统化肥、农药等增加产量，种植的经济林木和蔬果产量低、污染大，在市场中缺乏竞争优势。整体生态意识、环保态度和生态行为较差。

三、明月村民宿生态触媒作用机制分析

（一）民宿改造选择：生态基调导向

1. 政策引导民宿发展

政府的有力支持和政策引导是民宿发展的重要推动力。甘溪镇政府出台若干促进文化创意和旅游产业发展的政策文件，成立项目工作领导小组，下设领导小组办公室和工作推进组，凝聚各方力量，成立多个社会组织，共同参与村级治理。争取 187 亩国有建设用地指标，盘活集体建设用地和闲置宅基地资源。2015 年以来通过"明月国际陶艺村"项目共引进民宿 26 个，政府明确民宿在环境、经济、社会、文化等方面目标要求，确定生态发展基调，合理引导乡村民宿健康可持续发展。

2. 民宿优势

民宿是乡村发展的生态化产业之一，有利于促进地区经济发展，实现人与

自然和谐相处。明月村民宿从规划、设计、运营符合《旅游民宿基本要求与评价》：（1）周边环境整洁，建筑外观与周边环境相协调，就地取材，突出了川西民居特色风貌；（2）采用节能产品，室内装修材质生态环保，突出了明月窑文化和竹海茶山文化；（3）倡导游客绿色消费、保护生态环境，带动当地村民创业，提供就业机会，参与当地春笋艺术节、诗歌音乐会、陶艺体验等文化推广活动；融合一二三产业，利用当地"明月窑文化、竹海茶山文化、有机农业资源"等资源开发旅游商品和文创产品，形成了"明月果、明月茶、明月笋"等系列明月村生态品牌。

（二）民宿生态实践：营造生态空间想象

1. 民宿能人带动

人力资本是乡村振兴的生产要素治理，明月村坚持外引内培，通过提档升级新村面貌和配置招财引智政策，吸引百余名有影响力、有创造力、有情怀的艺术家和文化创客入住，邀请全国有影响力的乡建研究者和实践者开展产业、技术、文化方面的培训，年培训约 1.5 万人次，吸引 150 余名村民返乡创业就业，助推乡村人才振兴。

2. 景观功能塑造生态空间想象

（1）自然生态实践。

民宿初期产生局部触媒效应，生态修复局部乡村空间。在民宿本体的物质层面通过景观元素再利用，盘活闲置宅院、民居，保留传统川西院落构架，活化废弃老旧物件。改变生活方式，使用天然气，修建生态厕所，全村通水、电、气、暖、网络。运用乡土材料、修复传统风貌，民宿强调使用当地材料，木头、废旧物作为地标指示牌，室内装饰和摆件多用环保材料，复原传统乡土风貌，客房建设引入环保新材料、生态厕所，融入低碳节能装置和功能。

（2）人文生态实践。

民宿单体的文化意识层面，局部催化主客共创生态空间强化体验。客房建筑、客房周边环境、室内等物品陈设设计融入当地制陶文化及竹山茶海文化。有情怀的民宿主人和游客产生情感共鸣，深层互动，人文交融。多方主体共同参与，挖掘体验因子，提供地方元素符号、民俗、手工艺、文创产品等文化意识的展示空间,强化文化体验感。乡土美食营造乡愁空间,因地制宜,新鲜绿色、生态健康的食物保证了游客体验的真实性和原始性。社区引导生态环保生活,主客共同参与晨跑捡垃圾活动,提高环境保护意识,共建共享生态社区。

(三) 民宿生态理念:链式效应带动

1. 民宿旅游产业融合

随着民宿数量增加和质量强化,规模效应逐渐显现,带状触媒效应整合沿线资源,形成"民宿+"休闲度假体验带,带动产业融合发展,构建乡村发展多元化特色主题。

坚持"农商文旅"融合发展,产业链式效应带动产业生态化。明月村现建成雷竹园区 7 000 余亩,坚持有机茶叶基地 2 000 余亩,良好的生态本底为乡村旅游提供基础。沿乡村交通、河流沿线打造出林盘民宿、农事体验、家庭农场、研学课堂、文创休闲于一体的旅游生态产业圈,形成"民宿+生态农""民宿+陶艺""民宿+文创"等乡村旅游体验带、民宿旅游观光带。文创产业精准挖掘乡村原有的文化内涵、人文景观、自然景观等元素,提炼出独特的精神内涵,丰富乡村民宿旅游的产品项目,以合理的方式满足市场需求同时保护乡村人文环境,保护乡村乡土文化。

2. 社区培训,引领示范

社区参与是乡村生态振兴的关键防线,社区组织不断催化乡村生态空间的再生产。明月乡村研习社、明月讲堂、明月夜校等社区组织通过常态化的讲座以及对话等形式,普及环境知识、规范环保行为、推广生态技术、倡导生态生产、开展生态活动。奥北环保公司参与明月村垃圾分类工作,筹办明月村晨跑活动,联合村民开展了一系列环保活动,如家庭可持续机会、环保手工小课堂、环保小达人。普通村民、回归的地方乡贤积极参与生态环境治理工作,在垃圾分类、村庄卫生、河塘治理、山林保护等方面发挥了重要作用。

(四) 宜居家园模范:民宿生态触媒的持续催化

民宿进一步发展,规模化和集聚化程度加强,形成以民宿为中心的多核心生态触媒聚落,环状触媒效应的持续催化作用激发地方内外发展力量,形成乡村生态发展"明月村模式",塑造生态宜居家园典范。

1. 坚持生态优先，建设美丽新村

明月村践行"两山"理论，注重茶山、竹海、松林等生态本底的保护和发展，积极推进景观梳理、绿道建设、风貌整治、院落美化和川西林盘整治，统筹执行"七改七化"（改水、改厨、改厕、改圈、改院、改习惯；硬化、绿化、美化、亮化、净化、文化、保洁员专职化）。不断改善乡村宜居宜业宜游发展环境，积极推动绿道、驿站、污水管网等基础设施建设，已建成文化广场2 300余平方米、旅游环线8 800米、绿道7 700米。明月村已成为望得见山看得见水记得住乡愁幸福美丽新乡村。

2. 坚持文化传承，打响产业品牌

坚持特色化的发展方向，着力打造"明月村"特色文化品牌，连续举办春笋艺术节、中秋诗歌音乐会等特色文化活动，创设"明月书馆""陶艺博物馆"等公共文化空间，孵化"音乐种子计划""明月文舍"等文化创意项目，培育明月之花歌舞队、明月古琴社、明月诗社、守望者乐队等特色文艺队伍6支200余人，创作《明月甘溪》《明月集》等原创歌曲和原创诗集，开展产业、文化方面的培训，参与人次每年达1.5万人次。明月特色文化品牌助推人文生态振兴。

明月村先后获评"全国文明村""中国乡村旅游创客示范基地""2018年中国十大最美乡村""2019年中国美丽休闲乡村""全国乡村旅游重点村""文化和旅游公共服务机构功能融合试点村""全国乡村治理示范村""中国传统村落活化最佳案例"等40余个国家、省、市级殊荣，入选"联合国国际可持续发展试点社区"，被国家乡村振兴局收录为仅有的20个乡村振兴案例之一，入选全国乡村产业高质量发展"十大典型"。

明月村民宿生态触媒振兴生态路径探析如图4所示。

四、结论与讨论

（一）结论与启示

随着"两山"理论、生态文明建设和乡村振兴等战略的提出，乡村生态振兴建设成为现实课题。本文引入触媒理论，以乡村民宿作为乡村生态建设的触

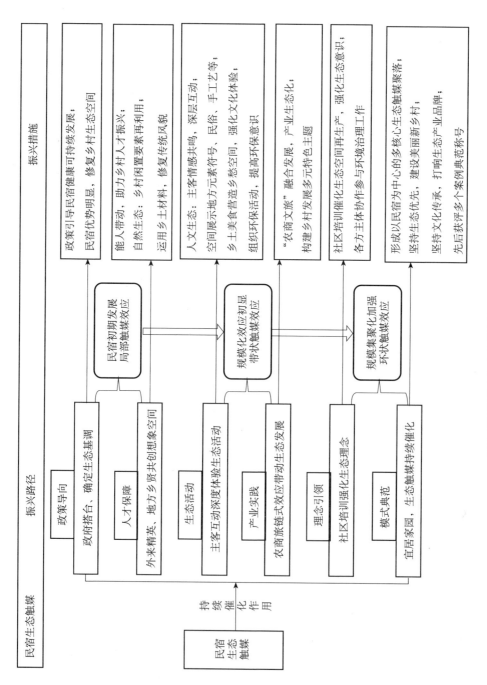

图4 明月村民宿生态触媒振兴生态路径探析

媒点，提出"民宿生态触媒"的催化效应及生态振兴路径，包括民宿不同的发展阶段所呈现出的民宿单体的局部触媒效应、民宿的带状触媒效应、民宿聚落的环状触媒效应，发现在乡村地域内，以民宿为中心，明确各协作主体的功能，引导生态空间的局部修复和再利用，维护乡村传统风貌，促进乡村生态空间的塑造和再生产，进而通过民宿聚集优势和扩散优势叠加的持续催化作用，对乡村生态产生正面的、积极的影响，形成"造血"式的生态振兴模式，推动乡村经济、社会、文化、生态的可持续发展。

在明月村实践案例中，在政府政策引导和能人带动下，民宿通过生态改造和选择有机结合生态文明发展思路，初步发挥局部触媒效应，实现人与自然、经济发展和生态环境的协调共生；通过生态自然和人文实践，营造生态想象空间；而随着民宿规模化效应的逐步显现，乡村创客及精英践行民宿生态理念，坚持"农商文旅"产业融合发展，实行社区培训理念示范，发挥民宿带状触媒效应，引导乡村空间生态再生产；最终以民宿为中心的多核心生态触媒聚落持续催化和激发明月村地方内外发展力量，协同构建明月村生态宜居家园，成功塑造了以民宿为生态触媒的乡村生态振兴案例。

（二）研究局限与未来展望

本文结合成都明月村实际案例探究，引入触媒理论探讨和验证了民宿作为生态触媒催化生态振兴的可行性，有助于深化乡村民宿对乡村生态影响的认识，同时，为类似乡村的民宿产业发展与乡村生态振兴建设提供参考借鉴。本文主要通过对触媒理论的引介，梳理相关研究成果和民宿实践案例进而提出民宿生态触媒效应的三种形态，并借助明月村案例对该观点进行审视和验证，最终论证了前面理论和观点的适宜性和有效性。但本文未能结合具体的量化数据和标准对民宿的生态触媒效应加以标度和量化，不易形象地展示民宿对乡村生态振兴作用程度。因此，后续研究有必要结合多种分析方法进行进一步探讨，为我国乡村振兴和美丽乡村建设提供进一步参考和借鉴。

参考文献

[1] 程露，车震宇，陈行. 旅游触媒体影响下云南石林县域的乡村振兴路

径探析［J］．中国名城，2019（3）：24 – 29．

［2］华亦雄，周浩明．生态美学视域下"洋家乐"的可持续设计解读［J］．生态经济，2016（2）：221 – 224．

［3］姜岩．辽宁乡村民宿发展问题研究［J］．农业经济，2019（8）：53 – 54．

［4］金广君，陈旸．论"触媒效应"下城市设计项目对周边环境的影响［J］．规划师，2006（11）：8 – 12．

［5］李琴，霍山．生态理念下的滨海民宿设计［J］．新型建筑材料，2020（10）：181 – 182．

［6］罗秋菊，卢仕智．会展中心对城市房地产的触媒效应研究——以广州国际会展中心为例［J］．人文地理，2010（4）：45 – 49 + 146．

［7］申红田，严建伟，邵楠．触媒视角下城市快速轨道交通对旧城更新的影响探析［J］．现代城市研究，2016（9）：89 – 94．

［8］王鑫鑫，朱蓉．触媒理论引导下的古村落保护开发研究——以无锡严家桥为例［J］．西部人居环境学刊，2018（6）：111 – 115．

［9］韦恩·奥图，唐·洛干．美国都市建筑：城市设计的触媒［M］．王劭方，译．台北：创兴出版社有限公司，1994．

［10］魏燕妮．乡村振兴战略背景下北京乡村民宿业可持续发展路径研究［J］．生态经济，2020（9）：135 – 141．

［11］叶辉．"洋家乐"：乡村旅游转型升级的样板［N］．光明日报，2013 – 02 – 21（16）．

［12］游上，江景峰，谢蕴怡．自组织理论视角下乡村民宿聚落"三生"空间的重构优化——以海南省代表性共享农庄为例［J］．东南学术，2019（3）：71 – 80．

［13］翟辉．乡村策划：寻找乡村触媒［J］．西部人居环境学刊，2016（2）：15 – 17．

［14］张海洲，虞虎，徐雨晨，郑健雄，陆林．台湾地区民宿研究特点分析——兼论中国大陆民宿研究框架［J］．旅游学刊，2019（1）：95 – 111．

［15］周有军，黄耀志，李秀，等．保护古镇中的触媒持续引导旅游发

展——探讨四川平乐历史文化古镇保护和发展的方法［J］. 小城镇建设，2010（5）：100－104.

［16］朱晓辉，黄蔚艳. 基于调查分析的舟山乡村民宿旅游发展研究［J］. 中国农业资源与区划，2019（2）：174－180.

［17］Kuo F，Kuo C. Integrated Bed and Breakfast into EcoTourism in Guan Ziling areas in Taiwan［J］. Procedia-Social and Behavioral Sciences，2012（5）：503－510.